Dagmar Ziegler

# Zwischen Familientradition und Schulversagen

Zur Bildungssituation der zweiten Generation süditalienischer Arbeitsemigranten in der Bundesrepublik Deutschland

Haag + Herchen

Die Deutsche Bibliothek – CIP-Einheitsaufnahme

**Ziegler, Dagmar:**
Zwischen Familientradition und Schulversagen : zur Bildungssituation der zweiten Generation süditalienischer Arbeitsemigranten in der Bundesrepublik Deutschland / vorgelegt von Dagmar Ziegler. – Frankfurt am Main : Haag und Herchen, 1995
Zugl.: Frankfurt (Main), Univ., Diss., 1994
ISBN 3-86137-295-9

**D. 30**
ISBN 3-86137-295-9

Fichardstraße 30, 60322 Frankfurt am Main

Produktion: Herchen KG, Frankfurt am Main
Herstellung: Boscolo & Königshofer, Karlsruhe
Printed in Germany

Verlagsnummer 2295

# Inhalt

# Vorwort

Im Rahmen der Bemühungen des Italienischen Generalkonsulats in Frankfurt am Main um die Förderung der von der Sonderschuleinweisung bedrohten Emigrantenkinder hat die Verfasserin zwischen 1983 bis 1987 selbst Betreuungen übernommen. Sie legt ihrer Untersuchung 35 Betreuungsprotokolle aus diesem Zeitraum zugrunde, die sie qualitativ auswertet.

Da sie vor allem mit Familien aus dem süditalienischen ländlichen Raum zu tun hat, versucht sie in einer Lebensweltanalyse ihre Vergangenheit und Wanderungsgeschichte, ihre Traditionen und Normen zu erforschen, um dann die Auswirkungen der Migration auf das Familiensystem, besonders der Rolle der Frau zu erkunden. Das daraus resultierende Beziehungssystem zwischen Mutter und Kindern kann sich als förderlich oder als Entwicklungshemmung darstellen. Ein besonderes Gewicht kommt dabei der Sprache zu, die zwischen dem süditalienischen Dialekt, der italienischen Hochsprache und dem Deutschen zu vielfältigen Konfliktlagen führen kann.

Die Verfasserin hat selbst intensiv Italienisch gelernt, um so auch im Sinne des interkulturellen und situativen Lernens die Wechselseitigkeit der Lernprozesse zu demonstrieren. Da sie aber auch als Rüstzeug ein gut fundiertes psychoanalytisches Verstehen mitbrachte, wurde die schulische Förderung der Kinder oft zum Anlaß für langdauernde auch familientherapeutische Bemühungen, die sich angesichts der spezifischen Kulturkonflikte und familiären Belastungen als notwendig, in der Regel auch als erfolgreich erwiesen.

Daneben kann der Ansatz der Verfasserin zur Handlungsforschung gerechnet werden, denn es ging zuerst um Veränderungsprozesse bei Kindern und Eltern und erst in zweiter Linie um die wissenschaftliche Analyse der in ausführlichen Protokollen dokumentierten Entwicklungsverläufe. Dieses inhaltsanalytische Vorgehen und die daran anschließenden Integrationen sind eingebettet in eine Lebensweltanalyse, die den familiären und historisch regionalen Hintergrund historisch-systematisch und mit Auswertung ethnologischer Forschungsergebnisse aufschließt.

Diese Lebensweltanalyse führt in der Praxis der Betreuung zu einem vertieften Verstehen der Emigrantenkinder, ihrer Probleme und ihrer Familien. Dies wird vor allem in den 4 Familienportraits deutlich. Das vertiefte Verständnis für die Besonderheiten der Lernstörungen bewirkt in der Regel erhebliche Veränderungen in den Familienbeziehungen wie Verbesserungen im Schulerfolg.

Die Untersuchung verknüpft also in ihrem methodischen Ansatz ethnologische Ansätze mit Handlungsforschung und inhaltsanalytischem Vorgehen. Dadurch entsteht ein außerordentlich intensives und mehrperspektivisches Bild der Kinder und ihrer Familien. Die Stärke der Abhandlung liegt in der Zusammenschau des kulturhistorischen Hintergrundes der Familien mit den Problemen der Migranten oder ihrer Kinder sowie in den daraus folgenden pädagogisch-therapeutischen Interventionen.

Bei diesen wird überzeugend nachgewiesen, daß die Betreuung der Kinder mit Lernstörungen, besonders der italienischen oder ausländischen, nicht ohne Einflußnahme auf Familienbeziehungen einerseits und Schulkonzepte andererseits denkbar und erfolgreich ist. Auch gelingt in der Verbindung mehrerer methodischer Zugänge und ihrer theoretischen Begründungen eine Annäherung an eine lebensweltliche und ganzheitliche Sicht und Umgangsweise, die in der vorliegenden Arbeit mit großem Einfühlungsvermögen umgesetzt wird.

Die Art der mehrperspektivischen Sicht und Behandlung der Lern- und Verhaltensprobleme italienischer Migrantenkinder macht das Buch auch für einen breiteren Leserkreis interessant.

Gerd Iben

# 1. Einleitung

Die Thematik der vorliegenden Untersuchung entwickelte sich aus der pädagogischen Praxis heraus. Innerhalb einer Fördermaßnahme für Kinder italienischer Arbeitsemigranten, die entweder als sonderschulgefährdet eingestuft oder bereits in die Sonderschule eingewiesen worden waren, ließen sich besonders für die Kinder süditalienischer Herkunft kaum überwindbare Schwierigkeiten bei der Gestaltung und Durchführung der Förderung feststellen. Sobald das Kind positiv auf die pädagogischen Angebote der Fördermaßnahme reagierte, zeigte sich auch eine Stärkung seines schulischen Interesses. Dann folgten jedoch gegenläufige Reaktionen des Familiensystems und verursachten somit für das Kind ein Chaos, da es sich zwischen den unterschiedlichen Erwartungshaltungen nicht mehr zu behaupten wußte. Ansätze der pädagogischen Betreuerpersonen, wiederum gegenzusteuern und die Eltern von einer Zusammenarbeit zu überzeugen, schlugen fehl - stattdessen verhärteten sich in vielen Fällen die unterschiedlichen Positionen der Eltern und Pädagogen.

Da der Arbeit Daten zugrunde liegen, die vor der deutschen Einheit von 1990 erhoben wurden, bezieht sich die im weiteren Verlauf ausgeführte Problemstellung auf die Lebenswelt der süditalienischen Arbeitnehmer und ihrer Kinder in den alten Bundesländern. Die Lebenswelt-Analyse der ausländischen Arbeitnehmer in den neuen Ländern würde den Rahmen der vorliegenden Arbeit bei weitem überschreiten. Sie müßte sich gezielt an den dortigen allgemeinen Lebens- und Arbeitsbedingungen orientieren und bedürfte daher einer gesonderten Untersuchung.

Die Problemstellung wird anhand folgender Hypothesen analysiert:

1. Ein großer Teil der süditalienischen Familien - in besonderem Maße diejenigen aus den ländlichen Bereichen Siziliens - haben auch nach jahrzehntelanger Trennung von ihren beschützenden Großfamilien die daraus entstandenen Konsequenzen auf einer unbewußten Ebene gehalten. Das durch die Trennung entstan-

dene Leid konnte somit weder verkraftet noch aufgearbeitet werden.

2. Ziel des Familiensystems ist das Unbewußt-Halten des Trennungsschmerzes. Jedes Familienmitglied hat die Aufgabe, dieses Interesse zu vertreten, unter Zurückstellung der eigenen Interessen. Im Familiensystem vorhandene Energien, die zum positiven Einrichten der Familie in ihrer Umgebung genutzt werden könnten, bleiben gebunden und sind nicht frei verfügbar. Solange jedes Familienmitglied systemkonform handelt, ist diese Schutzfunktion gewährleistet, die Familie kann sich als geschlossenes System behaupten, es entsteht keine Gefahr. Im Gegensatz dazu werden Bestrebungen der Kinder, sich nach außen zu öffnen und sich verstärkt an ihrer außerfamilialen Umgebung zu orientieren, von den Eltern unbewußt als Angriffe auf das Familiensystem empfunden und dementsprechend existentiell bekämpft.

3. Im traditionellen süditalienischen Familiensystem kommt der Frau im Hause eine wichtige Rolle zu; zwar würde sie sich aus Loyalität zu ihrem Ehemann immer in einer ihm untergeordneten, eher dienenden Position darstellen, tatsächlich hält sie jedoch die Fäden des gesamten Familienlebens fest in der Hand. Dabei setzt sie ganz gezielt ihren Ehemann zur Vertretung der familiären Interessen in der (dörflichen) Öffentlichkeit ein, bleibt aber für Außenstehende weitgehend im Hintergrund. Der durch die Arbeitsemigration erfolgte Situationswechsel hat sich auf den Wirkungskreis der Frauen insofern besonders stark ausgewirkt, als ihnen zum einen die tägliche Kommunikation innerhalb des sozialen Umfeldes des Dorfes fehlt und zum anderen ihr Aufgabengebiet auf einen großen Teil der außerfamilialen Kontaktpflege ausgedehnt ist.

4. Die Mutter-Kind-Beziehung hat durch dieses Phänomen in der Fremde eine besondere Qualität als Stabilisator ihres psychischen Gleichgewichts bekommen. Ihr Nicht-Loslassen-Können ist eine Ursache für die Lernstörung des Kindes. Dies kann sich sowohl auf vergangene Episoden beziehen, daß im Vorschulalter kein oder nur ein zu kurzer Kindergartenbesuch stattfinden konnte, als auch auf die aktuelle Situation, wenn sie dem Kind unbewußt

vermittelt, es füge ihr Schaden zu, sobald es sich eigenständig entwickelt und ein Stück weit von ihr löst. Die Mutter nimmt im Betreuungsverlauf eine Schlüsselposition ein - sowohl hinsichtlich einer Integrationshemmung des Kindes als auch seiner Förderung und Unterstützung (vgl. König 1989).

5. Die deutsche und italienische Sprache - insbesondere die jeweilige Hochsprache - werden von den süditalienischen Eltern als Machtfaktor und -instrument betrachtet und gefühlsmäßig ambivalent besetzt. Einerseits wünschen sie sich, daß ihre Kinder beide Hochsprachen erlernen ("damit sie es einmal besser haben als wir"), andererseits treten hier Identifikationsprobleme offen zutage: Anpassung an die Sprache der "Überlagerer" (Giordano 1992) bedeutet neben der Möglichkeit, Machtpotential zu erwerben, eine Abkehr von der traditionsgebundenen Persönlichkeit. Das Erlernen der deutschen Sprache birgt durch die kulturellen Unterschiede der beiden Gesellschaften einen weiteren Grund zur Verstärkung ihrer inneren Abwehr.

6. Die Sprache als sehr wichtiges Kulturgut gibt innere Stabilität und ermöglicht den kommunikativen Austausch mit der Umgebung. Unter diesem Aspekt stellt es eine schwerwiegende Unterlassung von pädagogischer Seite dar, Muttersprache und Hochsprache nicht wertfrei nebeneinander zu vermitteln. Nur auf diese Weise kann eine Erziehung zu reifen, selbständig denkenden Bürgern erfolgen, die sich in verschiedenen Gesellschaften zurechtfinden können.

7. Pädagogische Interventionen zur Lösung der Problemstellung sollten institutionen- und nationalitätenübergreifende Aktivitäten beinhalten. Hier bietet sich die Möglichkeit, auf längere Sicht die Polarisierung der Standpunkte durch die verschiedenen schulischen, außerschulischen und familiären Interessen zu verringern und gemeinsam einen größeren Handlungsspielraum zu schaffen. Wie die in Kapitel 5 beschriebene Initiative des Generalkonsulats Frankfurt am Main zeigt, kann die Einbeziehung einer nationalen Behörde positive neue Impulse hervorrufen, gleichermaßen beinhaltet sie jedoch die Gefahr einer Verhärtung der Klassi-

fizierung "deutsch - nicht-deutsch". Hiermit können sich undefinierte Beziehungsformen verfestigen. Solange keine definierte Klärung erfolgt, besteht die Gefahr, daß sie sich zu "Beziehungsfallen" (Stierlin) entwickeln, deren Eigendynamik eine Auflösung immer schwieriger gestaltet.

Der empirische Teil der Arbeit bedient sich der Kasuistik als wissenschaftlicher Untersuchungsmethode. Das im Jahre 1980 begonnene Projekt zur Förderung schulschwacher italienischer Kinder, initiiert vom Schulausschuß (Co.As.Sc.It.) des Italienischen Generalkonsulats Frankfurt am Main, wird hierbei zugrunde gelegt. Es werden Betreuerprotokolle von 35 verschiedenen Einzelbetreuungen, die in den Jahren 1983 bis 1987 stattfanden, qualitativ untersucht. Dem kindlichen Schulversagen auf der einen stand auf der anderen Seite in der Mehrzahl der Fälle eine sehr problematische familiäre Konstellation sowie eine nur begrenzt über ihre eigenen Interessen hinausblickende Lehrerschaft gegenüber. Die Falluntersuchungen sind alle im Frankfurter Raum angesiedelt, einige wenige in verschiedenen Taunusstädtchen im Einzugsgebiet Frankfurts. Für das Verständnis der Lebenswelt der süditalienischen Familien ist diese Aussage insofern von Bedeutung, als die ökonomischen Möglichkeiten der Familien hierzu einen Widerspruch darstellen, der auf die Betreuungen wiederum zurückwirkt; zum anderen treten für die süditalienischen Familien im kleinstädtischen Lebensumfeld andere subtile Gegensätze auf: Die schützende Funktion der "Ghettobildung", d.h. die Abschwächung der kulturellen Konfrontation durch ein Lebensumfeld, das weitreichende Orientierungsmöglichkeiten an der Heimatkultur anbietet, fehlt hier größtenteils. Und damit wird Isolation zu einem besonders großen Problem, das die Öffentlichkeit jedoch kaum wahrnimmt. Auf der anderen Seite bietet das Lebensumfeld Kleinstadt auch Chancen zu einem Miteinander, die in der Großstadt gerade durch die "Ghettobildung" nicht mehr bestehen. Hier kann - bei genügender Sensibilisierung der Öffentlichkeit - Nähe hergestellt werden, die für einen echten Kontakt zwischen den beiden Kulturen notwendig ist (Greverus 1988:49ff).

Historisch-systematische Forschung unter Hinzuziehung anthropologisch-ethnologischer Literatur sollen einen Einblick in Entstehung und Hintergründe spezifisch süditalienischer gesellschaftlicher Verhaltensweisen vermitteln, die sich auf die Kinder übertragen und die auch in der familiären Abwehrhaltung gegenüber Fördermaßnahmen wiederzufinden sind. Die unter den süditalienischen Arbeitsemigranten auftretenden Gefühle existentieller Bedrohung durch das Leben in der Fremde und ihr daraus resultierendes Abwehrverhalten werden anhand von in Deutschland entstandener Emigrantenliteratur dargestellt und interpretiert. Sowohl die innerpsychische Auseinandersetzung mit den unterschiedlichen Normen und Werten der beiden Gesellschaften wird hierbei thematisiert als auch die Probleme des einzelnen beim Aufbau einer eigenen, aus beiden Kulturen bestehenden Identität. Es entsteht daraus eine Analyse des kindlichen Schulversagens wie es auch Aufschluß gibt über die Hintergründe der offensichtlichen Widerstandsfähigkeit der süditalienischen Eltern gegenüber den angebotenen Fördermaßnahmen.

In der Erhebungsmethode fließen teilnehmende Beobachtung und Ansätze der Handlungsforschung ineinander. Vorrangige Zielsetzung dabei ist nicht Grundlagenforschung, sondern die Konzeptionsentwicklung, die eine Situationsveränderung (Iben 1981:99) für die süditalienischen Kinder und Familien bewirkt. Der Ansatz der familienorientierten Einzelbetreuung greift Erkenntnisse auf, die der zu Beginn der siebziger Jahre entwickelte Lebenswelt- bzw. situative Ansatz (Iben 1970) insbesondere für die pädagogische Arbeit mit Randgruppen geliefert hat. Dabei wurde die Arbeit mit sozial Benachteiligten entscheidend von der Verringerung der Barrieren zwischen Helfern, Pädagogen, Sozialwissenschaftlern und den "Klienten", Obdachlosen, ausländischen Arbeitnehmern oder Mitgliedern anderer gesellschaftlicher Randgruppen, geprägt. Zurückgehend auf die *Befreiungspädagogik* (Paolo Freire), wird die Lebenswelt der sozial Benachteiligten, ihr eigener direkter Erfahrungsbereich, zur Grundlage des Lernens. Gemeinsam werden dabei Schlüsselsituationen bewußt gemacht, anhand derer anschließend Lernschritte zur Problembewältigung ausgearbeitet werden. Die vorliegende Untersuchung verknüpft den Lebensweltansatz mit familientherapeutischen und psychoanalytischen Momenten (Richter, Stierlin, Selvini-Palazzoli). Sie zeigt dabei einen neuen Weg auf, der sowohl die betroffenen Kinder in ihrer Aufnahmefähigkeit und -bereitschaft stärkt als auch ihre Eltern in die Arbeit mit einbezieht. Basierend auf der Analyse der Struktur ihrer Herkunftsgesellschaft werden diejenigen Elemente herausgearbeitet, die - trotz eines zum Teil über 15jährigen Deutschlandaufenthaltes - in ihrer traditionellen Form und mit ihren traditionellen Inhalten beinahe unverändert weiterbestehen und die in sehr starkem Maße das Zusammenwirken von schulischer und privater Sphäre sowohl im Kindes- als auch im Erwachsenen-Bereich betreffen. Einmal mehr bestätigt sich damit Ibens Aussage, "daß in Randsituationen des Bildungswesens gewöhnlich Alternativen entstehen, die zur Herausforderung des Bestehenden werden" (in Brink/Thies 1984:11).

Für den Pädagogen beinhaltet das Konzept neben der Betreuung des Kindes, die in dessen häuslichem Umfeld stattfindet, einen umfassenden Tätigkeitsbereich: Die Zusammenarbeit mit den Eltern einerseits, damit sie die Lernschritte ihrer Kinder bejahen und langfristig unterstützen, zum anderen das Werben um Unterstützung des Kindes auf institutioneller Seite, bei Lehrern und Schulleitern, um hier aus dem Teufelskreis heraustreten zu können, der das süditalienische Kind, Mitglied einer stigmatisierten Bevölkerungsgruppe, als Versager festschreibt. Mit der Konzeption der familienorientierten Entwicklungsförderung soll zum einen den Eltern die Möglichkeit gegeben werden, schulische Belange und Anforderungen selbst einschätzen zu lernen und - losgelöst von möglicherweise eigenen Vorurteilen gegenüber der Schule - die Interessen ihrer Kinder positiv wahrnehmen zu können. Pädagogische Überzeugungsarbeit muß dabei gegenüber den Eltern insofern geleistet werden, als "die Einsicht Lernen = Wissen = soziale Integration" (Adams/Haas 1970) vermittelt und damit eine grundsätzliche Einstellungsänderung bewirkt werden muß. Im weiteren Verlauf kann ihre "Lernhelferfunktion" (ebenda:58) angeregt und damit eine dauerhafte Beteiligung an der kindlichen Lernentwicklung erreicht werden. Die pädagogische Beratungssituation, die zwischen Betreuerperson und Eltern besteht, entwickelt sich mit der Zeit zu einem Dialog, innerhalb dessen Eltern wie Betreuer mit "andersartigen aber als gleichwertig eingeschätzten Kompetenzen" (Iben 1981:21) ausgestattet sind.

Zwangsläufig muß auch die Frage nach der Tauglichkeit bzw. nach den Grenzen der Methode gestellt werden: So kann die Beratung nicht völlig losgelöst von Beeinflussung gesehen werden, denn sie verfolgt eine Situationsveränderung. Aus diesem Grund hebt Iben als einen wesentlichen Anspruch hervor, "daß die Selbstbestimmung des Klienten prinzipiell anerkannt wird." (ebenda:19). Innerhalb der Familientherapie ermöglicht die systemische Betrachtungsweise grundsätzlich das Erkennen von Verflechtungen, die im Rahmen von therapeutischen Einzelgesprächen sehr gut verborgen bleiben können (u.a. Boszormenyi-Nagy/Spark 1992). Innerhalb des familientherapeutischen Settings können derartige Zusammenhänge gedeutet und transparent gemacht werden. Jedes Familienmitglied lernt hier seine eigenen Beteiligungen und Verstrickungen im Laufe der Sitzungen kennen.

Versteckte Abhängigkeiten oder Bündnisse zwischen einzelnen Familienmitgliedern werden auch im Laufe der familienorientierten Einzelbetreuungen sichtbar, zumal diese in der häuslichen Umgebung stattfinden und in vielen Fällen mehrere Familienmitglieder anwesend sind. Das Konzept beinhaltet weiterhin, durch die teilnehmende Beobachtung des Betreuers, eventuelle Verstrickungen oder Delegationen als mögliche Hintergründe von Lernstörungen und -blockaden zu erkennen. Eine therapeutische Aufarbeitung derselben ist jedoch innerhalb der Betreuung nicht möglich. Es kann weiterführend vom Betreuer die Teilnahme an familientherapeutischen Sitzungen angeregt und empfohlen werden.

Ein wichtiger Teilbereich - für das Aufdecken gravierender Mißverständnisse zwischen der "mitteleuropäisch empfindenden" Lehrerschaft auf der einen und einer süditalienischen Elternschaft auf der anderen Seite geradezu unerläßlich - ist dabei das unterschiedliche Verständnis von gesellschaftlichem Zusammenleben, die kaum bis in alle Einzelheiten für einen Außenstehenden zu durchschauende Funktion von Beziehungen und Beziehungssystemen, welche die süditalienische Lebenswelt bestimmen. Diese nehmen wechselnde Erscheinungsformen an, einmal offerieren sie dem Betrachter einen Hauch von unkompliziertem Süden, gewissermaßen von "dolce vita", an der auch er selbst teilzunehmen eingeladen ist, doch beinahe im gleichen Atemzug erscheinen sie als absolut starres System, in das einzudringen unmöglich ist und der Versuch auch sehr dramatische Entwicklungen mit sich bringen kann.

Die Auseinandersetzung mit dem Problemkreis "schulische Entwicklung der Kinder ausländischer Arbeitnehmer" zieht sich seit nunmehr beinahe einem Vierteljahrhundert durch die Erziehungs- und Sozialwissenschaften. Bereits in den siebziger Jahren zeigten verschiedene Autoren einen direkten Zusammenhang auf zwischen familiärer Situation der ausländischen Kinder und ihrer Rollenfindung innerhalb der deutschen Schule und Gesellschaft. Ihrem Aufgabenbereich wurde zugeschrieben, die Bedürfnisse der ausländischen Kinder zu erkennen und ihnen damit ihre Persönlichkeitsentfaltung zu ermöglichen (Müller 1974:9f). Die Betrachtung der schulischen Rolle nimmt in der pädagogischen Literatur seit langem einen zentralen Platz ein, da hier die Bedingungen geschaffen werden, die zum Lernen hinführen. Die Schule trägt somit entscheidend dazu bei, Lebenschancen zu determinieren (vgl. Boos-Nünning 1983:62). Reiser stellt die selektive Funktion der Schule in den Vordergrund, die Lernbehinderung durch die Einweisung in die Sonderschule festschreibt (1981:28), die diese gleichzeitig in besonders starkem Maße bei ausländischen Kindern diagnostiziert.

Den Aspekt des kulturellen Widerspruchs, in dem die gesamte Familie in der Arbeitsemigration lebt, heben besonders die Arbeiten von Liguoras (1981) und Zografou (1982) für die griechischen Arbeitnehmer in der Bundesrepublik Deutschland hervor, wobei auch die Frage nach der Verringerung des kulturellen Widerspruchs durch Schaffung von Nationalschulen diskutiert wird. Die konflikthafte Beziehung zwischen Heimatkultur und Schule ist für die verschiedenen Nationalitäten behandelt worden: Glumpler (1985) beschreibt den schulischen Werdegang türkischer Kinder und Jugendlicher unter Berücksichtigung insbesondere des Bayerischen Schulmodells, während Cavalli-Wordel die Schicksale italienischer Migrantenkinder darstellt. Hier sind jeweils die Positionen der Lehrer in besonderem Maße berücksichtigt, die mit den ausländischen Kindern zusammentreffen, ihre Handlungsspielräume, um den Kindern zu helfen; es werden aber auch die Grenzen aufgezeigt, an die sie innerhalb der Institution Schule leicht stoßen. Bei der Diskussion um Schulmodelle bzw. Beschulungsangebote gewinnt die Erwartungshaltung des Aufnahmelandes über "Assimilation oder Dissimilation" (Harandt 1987:251ff) eine wichtige Rolle, mit der auch die oft gestellte Frage nach dem "Einwanderungsland Bundesrepublik" wieder aufgegriffen wird. Modelle, die tendenziell einen verstärkten Einfluß des muttersprachlichen Unterrichts anstreben, sind insgesamt eher umstritten, da sie einer Integration der Kinder und Jugendlichen in die deutsche Gesellschaft entgegenlaufen bzw. die bereits vorhandenen Widersprüche in den Lebensumständen der Kinder nochmals verstärken können (Tomaselli 1982:II).

Die Kinder italienischer Arbeitsemigranten sind im Verlauf der pädagogischen Auseinandersetzung des öfteren untersucht worden, gehörten ihre Eltern doch zu den ersten "Gastarbeitern" in der Bundesrepublik - später dann schreckte die große Anzahl italienischer Kinder in Sonderschulen (Niedermeyer-Ansaloni 1974; Liguori-Pace 1983; Apitzsch 1990) die Erziehungswissenschaftler auf. Busch erkennt nationalitätenspezifisch unterschiedliches Verhalten bei Streß- und Krankheitsverhalten (1983:9). Cavalli-Wordel benennt die familiären Bedingungen als eine häufige Ursache des Schulversagens der italienischen Kinder, klammert die Analyse derselben jedoch aus ihrer Untersuchung aus (1989:187). Die vorliegende Forschungsarbeit greift diese Gedankengänge auf und führt sie weiter. Wie verhält es sich bei der familiären Auseinandersetzung mit ihrer institutionellen Umgebung? Werden institutionelle Anforderungen, wie beispielsweise die Schulpflicht ihrer Kinder, für die süditalienischen Eltern bereits zu streßauslösenden Faktoren? Es wird ein Hauptaugenmerk darauf gelegt, weshalb sich gerade ihre Kinder als besonders schwierig gegenüber den angebotenen Fördermaßnahmen erweisen, selbst wenn sie in Deutschland geboren oder seit ihrer frühesten Kindheit hier aufgewachsen sind. Inwieweit sind es verinnerlichte traditionelle Lebens- und Verhaltensmuster, die ihre Akkulturations- und Enkulturationsprozesse erschweren oder gar verhindern? In diesem Zusammenhang wird die familiale Sozialisation unter besonderer Betrachtung der erschwerten Bedingungen analysiert. Man könnte diese als eine "auseinandergebrochene familiale Sozialisation" bezeichnen, da das Auseinanderreißen der gewohnten, stabilisierenden familiären Gemeinschaft durch die Arbeitsemigration ein entscheidender Faktor ist und für fehlende Positionen auch im Laufe der Jahre kein adäquater Ersatz gefunden werden konnte. Ist die meridionalitalienische Familie durch die Aufgabe ihrer großfamiliären Struktur so stark verunsichert, daß sie als Schutzmechanismus nur noch den Rückzug in sich selbst praktizieren kann? Wenn dies so ist, welche Möglichkeiten haben einzelne Familienmitglieder, doch aus der familiären Umklammerung auszubrechen? Welche Rolle übernehmen die Erziehungswissenschaften und verwirklichen dabei ihren Anspruch, für die "Fähigkeit zur Selbsterkenntkenntnis, Selbstkritik und zur Partizipation am gesellschaftlichen Handeln" (Schirmacher 1990:177) aller Menschen einzutreten?

## 2. Süditalienische Familien in der Bundesrepublik Deutschland

Das meridionale Italien, der Mezzogiorno, erstreckt sich über die Regionen Abruzzen, Molise, Kampanien, Apulien, Basilicata, Kalabrien, Sardinien und Sizilien, also eine Strecke von ca. 1.500 km. Verständlicherweise gibt es, z.T. bedingt durch ganz unterschiedliche historische Ereignisse, wie griechische, nordafrikanische, normannische, spanische Einflüsse durch diverse Besetzungen, in den einzelnen Regionen Süditaliens spezifische Eigenheiten, deren jeweilige Bedeutung für die dort ansässige Bevölkerung nicht erfaßt werden könnte, subsumierte man sie einfach unter dem Oberbegriff "Süditalien". Reimann und Reimann unterteilen in Anlehnung an Rossi-Doria den Mezzogiorno in "interno und esterno" (1985:91f), was sich grundsätzlich auf die Unterschiede zwischen fruchtbaren und verkarsteten Gegenden bezieht, die zwangsläufig unterschiedliche (Über-)Lebensbedingungen bieten. Analog dazu lassen sich auch die geographischen Unterschiede (Küste - Landesinnere - Bergdorf - Ebene) interpretieren.

In ähnlicher Weise handelt es sich bei der mit dem Oberbegriff "süditalienische Arbeitsemigranten" umschriebenen Bevölkerungsgruppe unserer Gesellschaft - darüber soll der Begriff nicht hinwegtäuschen - keineswegs um eine homogene Gruppe, sondern um eine, die sich bereits in früherer Zeit durch verschiedene, historische wie geographische Bedingungen sehr heterogen entwickelt und - je nach Region - sehr unterschiedliche spezifische Eigenheiten ausgeprägt hat. Der Begriff dient innerhalb dieser Arbeit nur als Orientierung in dem begrenzten Umfang, als alle Familien, die im folgenden betroffen sind, ihre Heimat im italienischen Mezzogiorno haben. Hingegen kann nicht Ziel der Darstellung sein, eine Typisierung vornehmen zu wollen, die auf bereits bestehenden Vorurteile basiert, diese ergänzt und verstärkt.

Bei oberflächlicher Betrachtung mag man vielleicht trotzdem auf der Ähnlichkeit der Fälle bestehen mit dem Argument, daß sich hier in Deutschland die Lebensumstände vieler ausländischer Arbeitnehmer sehr gleichen. Dies trifft gerade im städtischen Lebensumfeld auf den ersten Blick auch zu, jedoch nicht auf Grund gleicher Charakterstrukturen der ausländischen Arbeitnehmer, sondern vielmehr wegen der vorhandenen Lebensbedingungen in der Stadt: heruntergekommene Altbauwohnungen beispielsweise, für die sich keine deutschen Mieter fanden, werden, bevor sie leerstehen, an Ausländer vermietet. Auf diese Art und Weise entstandene ghettoähnliche Bezirke, ganze Stadtviertel, die hauptsächlich von ausländischen Arbeitnehmern und ihren Familien bewohnt werden, werden dann im nachhinein als Beweis herangezogen, daß es "die Ausländer" sind, die sich doch mit Vorliebe diese Gebiete als Wohngegend ausgesucht haben. Es handelt sich hierbei eher um ein strukturelles Problem: Gestiegene Mietpreise, teilweise kaum noch erschwingliche Mieten grenzen die Wahlmöglichkeiten der ausländischen Arbeitnehmer (wie auch der Deutschen mit geringem Einkommen) ganz erheblich ein. So entstanden in vielen deutschen Großstädten Viertel (siehe Berlin-Kreuzberg), mit einem Bevölkerungsanteil von bis zu zwei Dritteln (Reimann 1987:181). Vorurteile verhärteten sich im Laufe der Jahre und ermöglichten gerade im städtischen Wohnumfeld nur in Ausnahmefällen (beispielsweise Vermieter, die ebenso an Ausländer wie an Deutsche vermieten) ein natürliches Zusammenwachsen der gesamten, deutschen und ausländischen, Bevölkerung. Mit dem Entstehen von "Quasi-Ghettos" hat die Problematik eine Eigendynamik entwickelt, wodurch mittlerweile auch eine Lösung schwer realisierbar geworden ist.

Eine ansatzweise Gemeinsamkeit der verschiedenen Regionen des Mezzogiorno besteht in der geringen Ansiedlung von Industrie - diese zumeist in Form kleiner oder mittlerer Betriebe. Das Land wird vorwiegend agrarisch genutzt bzw. in Küstengebieten bildet der Fischfang die wichtigste Einnahmequelle. Hier finden sich zwar auch Parallelen zu verschiedenen Gegenden des nördlichen Italiens, wie z.B. Teile der Emilia-Romagna, jedoch kann dort durch gut organisierte landwirtschaftliche Kooperativen eine hohe Produktivität erzielt werden (vgl. Giordano/Hettlage 1979). Die agrarische Nutzung des Südens dagegen wird noch heute von traditionell starren Beziehungsstrukturen bestimmt. Zahlreiche Autoren heben die stark familistischen und klientelistischen Organisationsformen hervor, die ein solidarisches Zusammengehen der Bevölkerung so gut wie unmöglich machen (Reimann/Reimann 1985:109; Giordano et al. 1986 u. 1989), Giordano macht für das relative Scheitern der süditalienischen Agrarreform-Genossenschaften die "Beharrungstendenz der traditionellen, nicht über den Familienkreis hinausreichenden Organisationsstrukturen" (1992:106) verantwortlich. Die Ursachen hierfür lassen sich historisch lange zurückverfolgen: Das Leben der untersten Gesellschaftsschichten war bestimmt vom Überlebenskampf gegen Armut, Hunger, Krankheiten. Daraus hatte sich über viele Jahrhunderte ein Weltbild etabliert, das von einigen Autoren unter dem Begriff der "Kultur der miseria" (Reimann/Reimann 1985:101) subsumiert wird - ein Weltbild, das an eine durchgreifende Verbesserung der Lebenssituation aus eigenem Antrieb nicht glaubte. "Die Bezeichnung miseria-Kultur impliziert die Konfliktsituation, da *miseria* als Elend den Begriff *Armut* entscheidend in dem Aspekt eines negativen Bewußtwerdens von Armut erweitert und die Diskrepanz zwischen kulturellen Zielvorstellungen und objektiven Lebensbedingungen hervortreten läßt."(Greverus 1971:297). Giordano verknüpft hiermit den Begriff der "Überlagerungsgesellschaft": Jahrhundertelange Unterdrückung durch verschiedene Eroberer ließ im Bewußtsein des Volkes eine ganz spezifische Mentalität entstehen, welche die Tatsache der Uberlagerung durch fremde Herrscher ähnlich einem naturgegebenen Schicksal hinnimmt (Giordano 1992). Analog dazu richtet sich Hoffnung auf Wunder von außen; die Heiligenverehrung hat einen großen Stellenwert, wie Aberglauben oder Verhexungsvorstellungen im süditalienischen, insbesondere im sizilianischen Leben, eine besondere Rolle spielen (u.a. Zimmermann 1982:122 und 142ff, Abate/Behrmann 1983:148f ).

Bewegungen wie der "brigantaggio", das Brigantentum, das den Süden Italiens noch über 1860 hinaus beherrschte, müssen mehr als Ausdruck des Aufbegehrens gegen die nochmalige Verschlechterung der Lebensbedingungen der Landbevölkerung nach der Vereinigung Italiens betrachtet werden, als daß sie eine konkrete Zielsetzung wie beispielsweise die Umverteilung der politischen Macht verfolgten (vgl. Magni/ Scanzi 1977: 118; Zimmermann 1982:22, Giordano 1992:83ff). Daneben nennt Zimmermann in der Geschichte die "fasci siciliani", die sizilianischen Bauernaufstände, in denen Bauern und Kleinpächter ansatzweise Solidarität praktizierten, um damit bei den Grundbesitzern und Großpächtern bessere Pacht- und Arbeitsbedingungen zu erwirken. Da Bauern und Handwerker jedoch nicht aus ihrer traditionell untergeordneten sozialen Rolle hervortreten konnten, hatte dieser Zusammenschluß letztendlich keinen Bestand. "Die intellektuellen Führer waren gleichzeitig Angehörige der besitzenden Klasse und keinesfalls gewillt, die bestehende Ordnung zu durchbrechen" (Zimmermann 1982:30). So blieben die Strukturen des früheren Feudalsystems größtenteils bestehen. Klientelare Beziehungen bestimmten auch nach seiner offiziellen Abschaffung im letzten Drittel des vorigen Jahrhunderts weiterhin die Umgangsformen in der ländlichen Gemeinschaft, soziale Interaktionen fanden (und finden noch heute) weitgehend über persönliche Beziehungen statt und verlaufen zwischen den verschiedenen sozialen Schichten in ritualisierter Form. Ihre eigene Situation weitgehender politischer Ohnmacht haben die Bauern und Handwerker derart verinnerlicht, daß sie sie als "diffus schicksalsgegeben" erleben. Sie fügen sich ihr und bewirkten damit eher Stabilisierung des vorhandenen Systems, als dessen Veränderung (ebenda:15f).

## 2.1 Lebensumstände vor dem Umzug nach Deutschland

Die Tradition der Arbeitsemigration geht ins letzte Jahrhundert zurück, an dessen Ende die erste große Auswandererwelle stand, und zwar hauptsächlich nach Übersee (Nord- und Südamerika, Australien). Im Unterschied zu den innereuropäischen "emigrati" war die Tragweite der Entscheidung zum Verlassen der Heimat für diejenigen, die nach Übersee gingen, wesentlich größer: Das Wissen um die räumliche Distanz und die daraus resultierende Tatsache, die Heimat für längere Zeit nicht mehr wiedersehen zu können, wie auch die lange, sehr beschwerliche Reise gleich zu Beginn, ließ sie zwangsläufig einen anderen Weg der Auseinandersetzung mit und des Abschiedes von all dem führen, was sie in der Heimat aufgaben; es verstärkte neben Heimweh und Verzweiflung auch den Willen zu einem Neuanfang, gleichermaßen Überlebensstrategie, gekoppelt zuweilen an die schmerzliche Erkenntnis, daß "das Leben, entfernt von den eigenen emotionalen Bindungen, noch viel schwerer sein kann als jenes trostlose (Leben), das sie aufzugeben gezwungen waren" (Di Stasio 1991:7., Übers.d.Verf.). Hilfestellung bei der Suche nach einem Halt in der neuen Umgebung gab man sich ansatzweise gegenseitig. Das Einleben und Zurechtfinden wurde erleichtert durch die Tendenz, dorthin zu ziehen, wo sich bereits Verwandte oder andere Dorfbewohner angesiedelt hatten. Schilderungen der Bewohner eines kampanischen Bergdorfes besagen, daß alle "emigrati" beispielsweise, die nach Übersee gingen, nach Australien auswanderten und dort noch heute in derselben Kleinstadt wohnen (u.a. Di Stasio 1991:11ff). Hier spiegelt sich der Wunsch wider, das Verlassen des Heimatdorfes durch den Zusammenschluß vieler Dorfbewohner erträglicher zu machen und damit eine eigene Gemeinde in der fremden Umgebung zu gründen, in der man sich gegenseitig Halt gibt und die dem einzelnen - in Erinnerung an die verlassenen Familien- und Dorfgemeinschaften - einen gewissen Schutz bietet.

Auch die süditalienischen Arbeitsemigranten in Deutschland orientierten sich zu Beginn meistens so. Abate/Behrmann (1983) beschreiben dies u.a. für die "Germanesi", die sich bei der Wahl des Emigrationszieles verstärkt danach richteten, ob schon eine heimische Dorfgemeinde in Deutschland existierte. Durch diese Herangehensweise wurde der Start in der neuen, fremden Umgebung erheblich erleichtert, man gab sich gegenseitig Hilfestellung bei der Arbeitssuche und bei den täglich auftretenden Problemen. Ein Stück Heimat - wenn auch ein zerrissenes - konnte damit immer präsent bleiben. Ebenso wie Wünsche nach Kontakt und Geborgenheit bis zu einem gewissen Grad hier erfüllt werden konnten, wurde das erlittene Heimweh durch die Gemeinsamkeit erträglicher. (vgl. u.a. Busch, 1983:195ff und Monferrini 1987)

Der nur sehr zögerlich verlaufende Umbruch nach der Auflösung des Feudalsystems hatte zwar die ehemals im Abhängigkeitsverhältnis von ihrem Feudalherren stehenden Landarbeiter aus dieser repressiven Beziehung befreit, sie blieben jedoch der neuen Situation gegenüber weitgehend orientierungslos, während ihre ehemaligen Herren sich bei der Abwicklung von Verwaltungsangelegenheiten interessiert beteiligten, somit die "neuen" mit den "alten Herren" identisch waren. "Bauern und Handwerker gingen die gleichen klientelaren Beziehungen mit den neuen Herren ein, die sie früher mit den Baronen verbanden" (Zimmermann 1983:14). Landbesitz blieb in vielen Gegenden Süditaliens weiterhin in der Hand der ehemaligen Feudalherren bzw. einiger weniger Großgrundbesitzer, bis die Landreform in den fünfziger Jahren eine gerechtere Verteilung bringen und damit auch den ehemals abhängigen Landarbeitern und Kleinbauern den Zugriff auf ein eigenes Stück Land ermöglichen sollte (Zimmermann 1982:13). Dies bestätigt auch Giordano, indem er auf die vorwiegend individualistische Verteilung des Landes (ca. 83 %) hinweist, während nur ca. 10 % in kollektive Bewirtschaftung übergingen. (1992:96).

Ansatzweise fand mit Beginn der 50er Jahre der Wandel hin zur Leistungsgesellschaft statt: Aufbau von Produktionsstätten, Verschieben der Bewertungskriterien mehr nach Leistung als nach Status. Konsum wurde zum Bestandteil des Wohlstands. "Insgesamt kann man aber den aufkommenden Gegensatz zwischen der agrarisch-humanistischen Geistesverfassung und einer neuen industriell-progressiven als die bedeutendste Umwälzung annehmen, die eine Lockerung des sozialen Gefüges bewirkt und somit Initiator für einen sozialen Wandel ist, der wiederum rückwirkend einen ökonomischen Wandel mobilisiert" (Zimmermann 1983:16). Unter dieser Prämisse stand die Agrarreform in direktem Zusammenhang mit der angestrebten Industrialisierung Süditaliens, innerhalb der der Landwirtschaft jedoch nur geringe Bedeutung zukam, "nämlich insofern, als sie auch selbst zum industrialisierten Sektor" (Giordano 1992:150) werden sollte; man ging davon aus, daß sich die großen sozialen Probleme Süditaliens allein durch die Industrialisierung bereits lösen würden (ebenda:152).

Zimmermann stellt die Hypothese auf, daß die verschiedenen sozialen Prestigegruppen ihre Rollen seit der Zeit der Feudalordnung verinnerlicht und sie deshalb ihre Gültigkeit bis heute nicht verloren haben. Im bäuerlichen Subsystem gilt handwerkliche Arbeit als minderwertig, kulturelle Ideale werden bei der Oberschicht angesiedelt und verknüpft mit Schönheit, Bildung, Würde, Stolz und Unabhängigkeit. Die genannten Eigenschaften werden zu Charakterzügen aufgewertet und der jeweiligen privilegierten Schicht zugeordnet. Analog dazu muß die eigene Situation als Mitglied einer unterprivilegierten Bevölkerungsschicht in fatalistischer Geisteshaltung ertragen werden. Die verinnerlichten Werte und Normen orientieren sich am Weltbild der "miseria" - ein Schicksal, das prinzipiell jeden ereilen kann -, in dem momentan die unterste Schicht lebt, das jedoch auch für die oberen Schichten aktuell werden kann. "Nicht die wirklichen Ursachen der miseria, wie ungünstige klimatische Verhältnisse, Wasserarmut, schlechte Bodenverhältnisse, Erdbeben, Krankheiten, isolierte Lage, Überbevölkerung oder die sozial Privilegierten, die nach Möglichkeit alle Mittel monopolisieren und die hoffnungslose Lage noch erschweren, werden verdammt, sondern alles richtet sich gegen eine Welt des übermächtigen Schicksals, gegen die - wie die Erfahrung zeigt - ein Auflehnen sinnlos ist" (ebenda:21f).

Wenngleich diese Ängste im Weltbild der sizilianischen Bevölkerung schichtübergreifend wirksam sind, bestehen Unterschiede in der Bewältigung bzw. Abwehr dieser Ängste (ebenda:20). Dazu ist m.E. von entscheidender Bedeutung, daß den Mitgliedern der oberen Schichten schlichtweg mehr Auswege offenstehen, die "miseria" abzuwehren und sie schon deshalb den endgültigen sozialen Abstieg wesentlich weniger befürchten müssen als die unteren gesellschaftlichen Gruppierungen.

Die privilegierte Schicht Siziliens zeichnet sich noch heute dadurch aus, daß sie von manueller Arbeit weitgehend unabhängig ist, ihre (innerhalb des Schichtenspektrums sehr kleine) Gruppe verkörpert das andere Extrem, Kontakte mit der restlichen Bevölkerung sind weitgehend ritualisiert. Sie nimmt am gesellschaftlichen Leben der sizilianischen Umgebung kaum teil, sondern orientiert sich vielmehr am kulturellen Vorbild der norditalienischen Großstädte. Die Ursprünge des Verhaltens und Rollenverständnisses dieser Gruppe sieht Zimmermann in ihrer feudalen Tradition, von der restlichen Bevölkerung wird ihre Rolle akzeptiert und nicht hinterfragt (ebenda:25). "Sogenannte emporgekommene Angehörige der Oberschicht sind weitaus weniger akzeptiert, da bekannt ist, daß sie aus darunterliegenden Schichten aufgestiegen sind, sie selbst, Akademiker, Großpächter, Gewerbetreibende und Unternehmer, versuchen, durch Übernahme der Verhaltensmuster der erstgenannten, sich diesen anzunähern" ebenda:26).

Mit Hilfe der Emigration konnten Mitglieder der unteren Bevölkerungsschichten sich aus den traditionellen dörflichen Beziehungsgeflechten lösen, die ihre Rolle vor Ort sehr einengten und einen Wandel dort - zumindest nicht so schnell - ermöglichen würden. Hierin sahen die Landarbeiter und Kleinstbauern eine echte, vielleicht die einzige Chance, den vorhandenen starren gesellschaftlichen Strukturen zu entkommen. Die Konsequenz der Auswanderung war jedoch "nur zu oft die Abwanderung der Unternehmerischen und ein Konservieren des Zustandes durch die resigniert Zurückbleibenden" (Zimmermann 1982:16). Reimann und Reimann verknüpfen mit der Auswanderungstendenz den Wandel von traditionaler zur modernen Teilkultur. Allerdings weisen sie darauf hin, daß "auch in rückständigen Gemeinden Siziliens ein erhebliches Mobilitätspotential vorhanden ist, wobei jedoch eine große Diskrepanz zwischen Motivation und Möglichkeit zum Handeln, zwischen Wunsch und dessen Realisierbarkeit besteht" (Reimann/Reimann 1985:160).

Abate/Behrmann bezeichnen die Migration für die kalabresische dörfliche Gemeinschaft "als wichtigsten Mobilitätsfaktor auf allen Ebenen der Schichtungsordnung ... durch sie ist sozialer Aufstieg möglich bzw. kann sozialer Abstieg verhindert werden" (Abate/Behrmann 1983:192). Giordano stellt dagegen noch einen zusätzlichen Faktor heraus, den die Migration im Süden Italiens bewirkt hat: Für den Bevölkerungsteil, der nicht emigrierte, wuchs die Chance, das Land der Weggegangenen zu pachten und somit die eigenen Erträge zu vergrößern, ihr Überleben am Ort zu sichern (1992:111).

Die italienischen Arbeitnehmer, die nach dem Ende des zweiten Weltkrieges mit zeitlich begrenzten Arbeitsverträgen (über 9 Monate) angeworben wurden, wohnten oftmals in firmeneigenen Unterkünften. Sie hatten hinsichtlich des Lebensstandards wenig Ansprüche und Erwartungen an ihre deutschen Arbeitgeber; eine kurze entbehrungsreiche Zeit in der Fremde nahmen sie ohne Klagen auf sich, der Wunsch nach einer eigenen Wohnung stellte sich - schon auf Grund der zeitlichen Begrenzung ihres Aufenthalts - nicht, außerdem wurden die eigenen Lebenshaltungskosten so gering wie möglich gehalten, um den größten Teil des verdienten Geldes unangetastet in die Heimat zu schicken.

Auch später wurde der Schritt in die Arbeitsemigration unter der Prämisse des temporär begrenzten Szenenwechsels ausgeführt. Wenn auch keine konkreten Pläne bezüglich der Aufenthaltsdauer und auch kaum Vorstellungen über die unterschiedliche Lebensweise existierten, so war man doch überzeugt, spätestens nach 5 Jahren wieder in die Heimat zurückzukommen. Diese Zeit sollte ausreichen, um einen Existenzaufbau in der Heimat zu gewährleisten, der den sozialen Aufstieg ermöglichte.

## 2.2 Ursprüngliche Zielsetzung des Deutschlandaufenthaltes - ihre Verwirklichung und Veränderung im Laufe der Jahre/Jahrzehnte.

Mit der hier vorliegenden Themenstellung wird versucht, die grundlegende angenommene Zielsetzung, das Erreichen einer Statusverbesserung und die "Bildung einer neuen sozialen Schicht" in der Heimat (Elias 1983:201) transparent zu machen. Dies beinhaltet die Analyse der elterlichen Erwartungen, die mit dem Auslandsaufenthalt verknüpft werden, und deren Wandel. Der Erfahrungshintergrund wird geprägt von zahlreichen existentiellen Problemen in der Heimat, und auch die individuellen Problemlösungsstrategien zur Bekämpfung der Misere werden davon stark beeinflußt. Beim Zusammentreffen zweier Kulturen entwickeln sich diese als Ergebnis von Akkulturation, dem "Erwerb von Elementen einer fremden Kultur durch die Träger einer gegebenen Kultur" (Bernsdorf 1969:13). Sie können damit auf längere Sicht u.U. eine Angleichung von Wertvorstellungen, Handlungsweisen und Einstellungen traditioneller gegenüber fremden Kulturen bewirken, wenngleich "die ethnographische Kulturkunde eine Menge Fälle anführen [kann], in denen Träger einer gegebenen Kultur ihnen angebotene Fremdelemente nicht übernahmen, obwohl man eine Akkulturation 'zweckrational' hätte erwarten dürfen" (ebenda:14).

Ligouras stellt in seiner Untersuchung griechischer Arbeitsemigranten in Deutschland dar, daß von den Eltern positive Anhaltspunkte der neuen soziokulturellen Elemente nur schwer angenommen werden können, währenddessen die Konfrontation mit den negativen soziokulturellen Elementen ununterbrochen stattfindet. Für ersteres führt er die Vorstellung eines zeitlich begrenzten Deutschlandaufenthalts an. Letzteres wird innerhalb der täglichen Arbeitssituation nachhaltig unterstützt und forciert durch "die ablehnende Haltung der deutschen Gesellschaft gegenüber den griechischen und anderen ausländischen Arbeitnehmern" (Ligouras 1981:51). Hier finden sich - begründet schon durch die weit verbreitete Übernahme von Arbeiten mit niedrigem sozialen Status - große Parallelen zur gesellschaftlichen Rollenwahrnehmung der süditalienischen Arbeitsemigranten, obwohl ihrer Mißtrauenshaltung gegenüber der außerfamiliären Umgebung, anderen sozialen Schichten sowie Institutionen erfahrungsgemäß eine nochmalige Verstärkung erhält. Dies kommt in ihrer besonders starken und umfassenden Abwehr zum Ausdruck.

In Anbetracht wirtschaftlicher Rezession, steigender Arbeitslosigkeit und Inflation und der offenkundigen Zunahme ausländerfeindlicher Tendenzen innerhalb der Bevölkerung hat die Verunsicherung der ausländischen Arbeitnehmer in Deutschland grundsätzlich zugenommen, so daß der Wunsch nach Integration nicht wachsen konnte, sondern sich eher ihre innere Abwehr gegenüber kultureller Beeinflussung noch einmal verstärkte.

Gerade innerhalb der Bevölkerungsgruppe der "Gastarbeiter" steht nur wenigen die Möglichkeit zur Verfügung, auf sprachliche Ausdrucksformen wie die literarische zurückzugreifen, um das Selbstverständnis der (nicht nur) italienischen Arbeitsemigranten zu beschreiben. Es ist eine Darstellungsweise, die weit über die Form der bloßen Beschreibung hinausgeht, da hier eigene Beteiligung und persönliche Betroffenheit stark zum Ausdruck kommen. Es ergeben sich für den

Betrachter neue, sensible Blickwinkel. Verschiedene Autoren von Emigrantenliteratur verleihen der unscheinbaren, eher stummen Gruppe der Arbeitsemigranten ihre Stimme. Sie selbst haben durch ihr Schreiben eine neue Heimat und damit einen Weg gefunden, ihre Vergangenheit aufzuarbeiten und Gegenwart zu erkennen (vgl. u.a. Biondi 1985:9). Ihr Schicksal, Menschen zu sein, "in denen sich zwei Welten mischen" (Taufiq 1983:7), bleibt bestehen.

Der Zeitfaktor des Deutschlandaufenthalts gewinnt bei der Betrachtung der Zielsetzung und ihrer Veränderung eine große Bedeutung: Wie bereits weiter oben beschrieben, wurde der Schritt zur Emigration unter der Prämisse eines temporär begrenzten, überschaubaren Szenenwechsels durchgeführt. Wenn auch keine konkreten Vorstellungen über Klima, Lebensweise und Arbeitsumstände in Deutschland existierten, so war - wie Einzelgespräche belegen - die Auffassung vorhanden, spätestens nach 5 Jahren wieder in die Heimat zurückgekehrt zu sein, und für diese Zeit dachte man, diverse Unannehmlichkeiten in Kauf nehmen zu können (s. Kap. 5). Der Erfolgsdruck, der aus dieser unausgesprochenen Zielsetzung entstehen konnte oder sogar entstehen mußte, verhalf ihnen nicht dazu, ihre Situation zu überschauen bzw. eine realistische Betrachtungsweise z.B. über eine mögliche Veränderung von Wohn- oder Arbeitssituation zu entwickeln. Diesbezügliche Lebensplanung, gezielte berufliche Weiterbildungen beispielsweise, und jede tiefere persönlichen Anbindung an die deutsche Umgebung wurden über lange Zeit vermieden.

Wichtige Anzeichen eines stillen Leidens an ihrer bedrückenden Situation machte sich bei vielen italienischen Eltern bemerkbar, indem sie körperliche Krankheitssymptome entwickelten: Innerhalb der Einzelgespräche stellten sich für die Familienväter sehr häufig Magenerkrankungen heraus bis hin zu Magengeschwüren. Bei den Müttern dagegen äußerten sich die körperlichen Leiden in Form ständiger Kopfschmerzen - und dies schon über Jahre: Zu einem Zeitpunkt, da weder die aktuelle Lebenssituation ein gewisses Gefühl von Geborgenheit vermittelte noch konkret die Aussicht auf Rückkehr bestand, litten also die Väter wie Mütter still vor sich hin und hielten damit ein labiles familiäres Gleichgewicht aufrecht. Sie unterdrückten ihre Aggressionen so gut es ging, auch wenn als Konsequenz eine Selbstzerfleischung stand

(Dethlefsen/Dahlke 1983:185). Mit diesem Verhalten entsprachen die Väter wiederum dem traditionellen Bild des patriarchalischen Familienoberhauptes, das keinerlei Gefühlsregung zeigen darf und dementsprechend einsam vor sich hin leidet. Analog dazu konnten Zukunftsängste bei Ehefrauen sich in ständigen Kopfschmerzen äußern (ebenda:216f). Ein Zusammenhang zwischen den Symptomen und möglicher ungeklärter Positionen und Lebensumstände wurde jedoch kaum hergestellt. Eher noch wurde über das Leiden ein "sekundärer Krankheitsgewinn" (Laplanche/Pontalis 1977:274f) erzielt. Man bekam als Leidender ein wenig mehr von der so dringend benötigten Zuwendung. Konsequenzen in der Betrachtung der eigenen Erwartungen mußten nicht zwingend folgen.

Wirklich zum Tragen kommt die Veränderung von Erwartungen sowohl an die deutsche Umgebung als auch an sich selbst erst nach langer Zeit des Deutschlandaufenthalts, in der sich die Eltern darüber klar wurden, daß das Ziel der Rückkehr noch immer nicht erreicht ist und von Jahr zu Jahr weiter in die Ferne rückt, jedoch auch zum Hierbleiben noch keine Entscheidung gefallen ist. Die Vorläufigkeit des Lebens in der Fremde wird dadurch aufrechterhalten. Hier zeigen sich verschiedene elterliche Verhaltensmuster bezüglich der Weitervermittlung an ihre Kinder, die sich auf deren Bereitschaft und Fähigkeit auswirken können, mit den Widersprüchen und Ungereimtheiten ihrer Zwei-Kulturen-Identität fertigzuwerden. So wird den Kindern zumindest die Möglichkeit gegeben, ihre momentane Position zu erfassen und zu formulieren, wie Amodeo die Rolle des "deutschen Fräulein aus Kalabrien" beschreibt (1983:109). Die Bewußtheit über ihre innere Zerrissenheit stellt eine Chance dar, aus der gespaltenen Identität eine vollständige, aus beiden Bereichen und Nationaliäten bestehende, zu gewinnen.

Aus einer desillusionierten Haltung der Eltern entwickelt sich jedoch schnell Resignation; ein Wandel des Lebensgefühls, der auch in den Familienreports (Kap. 5.4) zum Ausdruck kommt. Die Eltern hatten sich zu Beginn ihres Deutschlandaufenthalts meist nur sehr begrenzt bewußt mit ihrer Situation in der Fremde auseinandergesetzt. Eine der größten Veränderungen in ihrem Leben bestand für sie ja bereits im Verlassen der Heimat. Der Charakter der Vorläufigkeit, den ihr Leben danach über viele Jahre in Deutschland angenommen hatte mit dem einzigen Ziel der Rückkehr, drückt die Sehnsucht nach dem "aufgeschobenen Leben" aus; die besseren Zeiten, die für die Zukunft herbeigesehnt wurden, bildeten einen diametralen Gegensatz zum aktuellen Lebensinhalt mit seinen Alltäglichkeiten, Demütigungen und begrabenen Hoffnungen.

Mit dem Heranwachsen ihrer Kinder und deren Erleben der Situation als Fremde in Deutschland beginnen sich die Probleme zu verdichten (u.a. Hernando 1981:162): Die Suche der Kinder nach einem generellen Verwurzeltsein bzw. ihre Erkenntnis, auf nichts Derartiges zurückgreifen zu können, ist ein tiefer Einschnitt im Weltbild der Eltern und stellt ihre - lange hinausgezögerte - alleinige Zielsetzung der Rückkehr zum Teil in Frage. Die Kinder sprechen mit ihrer Identitätssuche in der hiesigen Umgebung - ihrer Heimat - und der daraus resultierenden streckenweisen Ablehnung ihres Italienischseins das nicht gelöste elterliche Problem aus. Die Betrachtung der Vergangenheit ist dann von elterlicher Seite häufig mit der Erkenntnis verknüpft, vieles nicht vorausgesehen zu haben, und große Zukunftsangst tritt auf, die bezüglich des Loslassen-Könnens ihrer Kinder ihr Abwehrverhalten begünstigt.

Ein gewichtiges Argument für die Zukunftsangst stellt die Angst der italienischen Arbeitsemigranten vor dem "Rausschmiß" aus Deutschland dar, der nach Überzeugung der meisten Italiener (aber nicht nur dieser), unabhängig von der rechtlichen Absicherung in Deutschland irgendwann einmal erfolgen werde. Es sind Gefühle der subtilen allgemeinen Klimaverschlechterung gegenüber den ausländischen Arbeitnehmern in Deutschland, die von ihnen sehr sensibel registriert wird (u.a. Abate 1981:98 und Piccolo 1987:107f): Die existentiellen Ängste werden hier deutlich. Entsprechende Wahrnehmungen kamen auch in den Familien im Zuge der Analysen ihrer eigenen Rolle in Deutschland zum Ausdruck, die im Rahmen der pädagogischen Einzelgespräche thematisiert wurde. Für die Position der Eltern war der Einfluß dieses Gedankenganges deutlich sichtbar - natürlich beeinflußte er in starkem Maße die Motivationsfähigkeit der Kinder.

Das dahinterstehende Mißtrauen der Eltern gegenüber der Ausnutzung staatlicher Macht wie auch der Vorwurf eines gewaltigen Desinteresses seitens der Bevölkerung (vgl. Dikmen 1985:21f) oder die Übernahme von Vorurteilen ist dabei stark ausgeprägt und mag von manchem Betrachter als sehr subjektiv und übertrieben angesehen werden. Er erhält jedoch immer wieder aufs neue Nahrung durch subtil diskriminierendes Verhalten im alltäglichen Zusammenleben von "Inländern" und "Ausländern". Ein Verstehen von seiten der "Inländer" kann, ja muß auch erst erlernt werden. Dabei kann formales Erlernen die persönliche Erfahrung nicht ersetzen.

## 2.3 Aktuelle Betrachtungsweise der Heimat

In der heutigen Zeit spielt die Arbeitsemigration für den Süden Italiens nicht mehr die gravierende Rolle wie zu Beginn dieses Jahrhunderts oder noch vor 20 Jahren: Auf der einen Seite hat sich durch die Gelder der im Ausland lebenden Dorfbewohner ein bescheidener Wohlstand im Dorf entwickeln können, zum anderen hat bis zu den achtziger Jahren eine Rückwanderungswelle stattgefunden, während der die erste Generation der innereuropäischen Arbeitsemigranten in die Heimat zurückkehrte.

Der Stellenwert, den die Arbeitsemigration in den Augen der nicht emigrierten Bevölkerung heutzutage hat, stimmt nicht mehr überein mit demjenigen vor 20 bis 30 Jahren: Seinerzeit waren es die "fessi", die Dummköpfe, die in der Armut des Südens verharrten (Cornelisen 1978:90). "Ihnen schienen die Fabriken in Mailand und Deutschland erschreckender als das geizige Land in der Lucania" (ebenda:10). Die nicht so ängstlichen dagegen verließen die Heimat: die "furbi", die Schlauköpfe, die ihre einzige Chance im Weggang sahen. Diese Sichtweise blieb über eine lange Zeitspanne bestehen und hatte auf seiten der "emigrati" eine sehr materiell ausgerichtete Selbstdarstellung zur Folge. Mittlerweile hat sich die Betrachtungsweise geändert und die "fessi" von damals haben beispielsweise durch manche staatliche Unterstützung beim Aufbau kleiner landwirtschaftlicher Betriebe - diese wurden gezahlt, als der italienische Staat bemerkte, daß sich der Süden immer mehr leerte (u.a.. Abate/Behrmann 1983:190) - nunmehr ihr Auskommen. Die sogenannten Dummen sind heute vielmehr die "emigrati", da sie ihre Heimat aufgaben und heute noch darunter leiden.

Die Differenzierung von "fessi e furbi" ist eine gängige Sichtweise der ländlichen süditalienischen Sphäre und entspricht einem Menschenbild, das sich in Verlierer oder Gewinner aufteilt (vgl. u.a. Moravia 1980:71f): Eine Entsprechung findet es in der traditionell zugesprochenen Verläßlichkeit ausschließlich familialer Beziehungen, die an anderer Stelle bereits beschrieben ist. Vertragliche Regelungen, etwa Zusammenschlüsse zur Bewirtschaftung des Landes (z.B. Kooperativen, ähnlich denen in der Emilia-Romagna), werden von vornherein mißtrauisch betrachtet. Sie werden gegründet, um Subventionen zu erhalten, gelten ansonsten jedoch als nicht effektiv (Schneider 1986:59f). Die Überzeugung, bei seinem Gegenüber keine Redlichkeit voraussetzen zu können, genausowenig wie bei sich selbst, ist beinahe unerschütterlich. Tatsächlich muß das nicht bedeuten, daß die Sizilianer weniger redliche Menschen sind, es ist nur ein Ausdruck des unbändigen Mißtrauens, mit dem man der Umwelt begegnet. Auf der anderen Seite versucht man nach Möglichkeit, seine etwaige Gutmütigkeit zu verbergen, sonst könnte man ja selbst zu den "fessi", den Dummköpfen, gezählt werden.

Der Weggang hat oftmals auch nach vielen Jahren nichts an Brisanz eingebüßt. Konflikte sind auf dem damaligen Stand konserviert worden, die Heimat ist aus diesem Grund emotional zwiespältig besetzt. Gründe und Zeitpunkt des Weggangs aus dem Heimatdorf sind meist weniger spektakulär, als im Nachhinein zuweilen interpretiert wird, wenngleich individuell betrachtet ungemein einschneidend: Standen zum einen Prozesse des Erwachsenwerdens dahinter, des Wunsches nach Distanz zur allgegenwärtigen Familie, der Versuch, Machtkämpfe im streng patriarchalischen System zu umgehen, oder drückte sich darin eine Auflehnung aus gegen die Übernahme vorbestimmter Rollen, so lassen sich zum anderen auch Träume darin wiederfinden, auf diese

Weise seinen Horizont zu erweitern und einen anderen Teil der Welt kennenzulernen. So hat der Wechsel des Lebensumfeldes - dies kann speziell für diejenigen italienischen Eltern gesagt werden, die im Alter zwischen 18 und 25 Jahren ihre Heimat verließen - auch ein Stück weit die Suche nach Selbstverwirklichung zum Inhalt, allerdings mit dem Hindernis, daß eine Rückkehr an noch strengere Maßstäbe geknüpft ist: entweder in Reichtum als "signori", dann haben sich die Opfer gelohnt, oder aber als nochmaliger, endgültiger Verlierer. In der Emigrantenliteratur erscheint mir Biondis Figur des Passavanti hierfür ein treffendes und nachdenkenswertes Beispiel (Biondi 1982:7ff).

Es kommen Effekte zum Tragen, welche durch die Landflucht überall in der industrialisierten Welt ausgelöst wurden: Das Land, das noch vor 30 bis 40 Jahren mehr als zwanzig Familien ernährt hat, liegt mittlerweile brach. Seine erneute Bearbeitung, insbesondere der Bau von Bewässerungsanlagen, Ankauf landwirtschaftlicher Geräte o.ä., bedürfte großer Investitionen. Doch das in der Fremde ersparte Geld reicht in den meisten Fällen gerade zum Bau eines Hauses, jedoch das strukturelle Problem der Sicherung des Lebensunterhalts ist noch ebensowenig gelöst wie in der Generation zuvor und würde eine noch größere Armut nach sich ziehen. Ein Zurückkehren in die ländliche Umgebung kommt deshalb eher einem Rückschritt gleich und ist rational wie auch emotional eher negativ besetzt. So geschieht es auch nicht selten, daß die neu gebauten "palazzi" nur als Alterssitze dienen und solange leerstehen, bis die Eigentümer das Rentenalter erreicht haben. Die nachfolgende Generation, der die Eltern die "miseria" eigentlich ersparen wollten, könnte in den "palazzi" zwar wohnen, wenn sie remigrieren würde, jedoch die Grundvoraussetzungen zum Leben müßten neu geschaffen werden (vgl. Giambusso 1985:15): Selbst das Ackerland, das früher viele Familien ernährte, müßte nach jahrzehntelangem Brachliegen erst wieder urbar gemacht werden.

Für den familiensystemischen Bereich ist die Emigration eines Teils der Familie grundsätzlich ein schwerwiegender Einschnitt gewesen, eine Wunde, die nur langsam vernarbt. In der Heimat hatte sie unweigerlich zur Folge, daß die vorher bestehende feste Konstellation der Großfamilie zerrissen wurde, die von der räumlichen Verfügbarkeit aller lebte und die allen Mitgliedern Sicherheit bot. Weggang beinhaltet schon per se ein Stück weit das aktive Zerreißen der Familienbande, die in der ursprünglichen Form nie wieder zusammenwachsen werden. Abate/Behrmann verweisen auf die veränderten Beziehungen, die sich heute auf den engsten Familienkreis beschränken und sich "nur noch in äußersten Notfällen auf die Nachbargemeinschaft und die erweiterte Verwandtschaftsgruppe" bezieht (1983:193).

Der Weggang als Verrat an der Familie stellt eine sehr extreme Interpretationsmöglichkeit dar, in der die mangelnde Fähigkeit zur Ablösung von der Familie aggressiv besetzt wird. In dieser rigiden Interpretationsweise kann die tiefe persönliche Kränkung nicht verborgen bleiben, unter denen die Zurückgebliebenen manchmal auch nach Jahrzehnten latent immer noch leiden (d.h.: zurückgelassen = verlassen). Bei dem "emigrato" löst sie in der Regel Schuldgefühle aus. Er leidet dann nicht nur unter seinem Weggang, sondern zusätzlich unter der Tatsache, seinen Angehörigen soviel Leid zugefügt zu haben.

Eine andere Sichtweise drückt sich darin aus, daß der Weggang die Trennung von einer möglicherweise zu engen familiären Bindung erleichtert, die auf süditalienischer dörflicher Ebene nicht funktionieren würde. Hier ziehen die Heranwachsenden nicht ohne weiteres aus dem Elternhaus aus. Ausnahmen dazu bilden Studienaufenthalte in einer weiter entfernten Stadt, nach deren Abschluß kommen die erwachsenen Kinder jedoch selbstverständlich wieder zurück in die familiäre Umgebung und wohnen im Elternhaus. Selbst wenn sie heiraten, bleiben sie häufig im Elternhaus oder dem der Schwiegereltern wohnen. Erst in jüngerer Zeit nimmt auch hier der Trend zu, sich anderenorts und weiter entfernt von beiden Schwiegereltern-Parteien eigene Räumlichkeiten zu kaufen oder zu mieten. Letzteres galt für die dörfliche Lebensweise allenfalls als Notlösung, da der eigene Wohnraum das einzige Mittel darstellte, um der eigenen Familie und den nachfolgenden Generationen Sicherheit zu garantieren sowie diese auch weiterhin räumlich an die Familie zu binden.

Die Loslösung von der Familie, die ohne Arbeitsemigration mit Sicherheit anders verlaufen wäre, konnte durch den räumlichen Abstand relativ unbewußt realisiert, die eigene Distanzierung von der Familie, die vielleicht in eine fruchtbare Auseinandersetzung mit seiner eigenen

Rolle hätte münden können, vermieden werden. Die mangelnde innere Ablösung von der Familie zeigt sich hier als Faktor zur Ausbildung einer depressiven Persönlichkeitsstruktur (Riemann 1978:59ff). Im Umgang mit den nachfolgenden Generationen, in erster Linie mit den Kindern, kann sich daraus die elterliche Tendenz ableiten lassen, Bestrebungen zur Selbständigkeit seitens der Kinder zu unterbinden, da sie mit starken Verlustängsten gekoppelt sind. Ein Erklärungsmuster für die entstandenen Persönlichkeitsstrukturen bieten hier die von Erdheim entwickelten Adoleszenztypen (vgl. Erdheim 1982:315ff): Von der "eingefrorenen Adoleszenz", in der die Eltern ihre Hoffnungen und Größenphantasien begraben haben, bietet der Glaube und das Verharren in ihrer Tradition einen Halt. Diese Adoleszenz konnte ihre Persönlichkeit auf der Beziehungsebene nicht ausreifen lassen und lebt nach wie vor durch den Aufbau von Schuldgefühlen eine unechte, undefinierte Beziehung. Die auf diese Weise vermittelten Schuldgefühle gestatten dem einmal Weggegangenen nur unzureichend, seine Geschichte, die seines Wegganges und seiner persönlichen "miseria", aufzudecken.

Der Preis einer nicht geglückten Adoleszenz, eine auf der Beziehungsebene über Jahrzehnte hin ungeklärte Bindung an die Familie, verknüpft mit starken Schuldgefühlen, hält sich jedoch bis heute aufrecht. Hieraus resultieren Orientierungslosigkeit am Ort des aktuellen Daseins und auch in der Heimat: Viele Autoren verweisen auf die unechten, teilweise verlogenen Beziehungen, die sich zwischen den "emigrati" und der Heimat aufgebaut haben (u.a. Abate 1981:94 und Chiellino 1982:51). Der eigene Standpunkt wird streckenweise als trostlos erlebt und gleichzeitig auch als unveränderbar festgeschrieben. Eine Rückkehr in die Heimat, die über lange Jahre als das Ziel des Auslandsaufenthaltes fungierte, wird damit gleichermaßen zwiespältig besetzt, denn sowohl die Sorge um den dortigen Status löst Unsicherheit aus als auch der zeitliche Wandel, der die Heimat in vieler Hinsicht selbst erreicht hat, läßt eine weitere Unsicherheit entstehen, nämlich diejenige, ob man sich je wieder richtig einleben kann. Dies kommt durch die teilweise Aufhebung von Traditionen bei der zu Hause gebliebenen Bevölkerung zum Ausdruck, währenddessen für viele "emigrati" die Zeit zwischen ihrem Weggang und heute quasi stehengeblieben zu sein scheint.

Der Wandel beispielsweise hinsichtlich der häuslichen Erziehung der Mädchen, zu der mittlerweile auch die Schulbildung selbstverständlich dazugehört (Cardella 1990), stellt sich für den Süden Italiens in der Weise dar, daß sehr viele Jugendliche und junge Erwachsene eine über die acht Pflichtschuljahre hinausgehende Schulbildung genossen haben, also ein relativ hoher Bildungsstand erreicht worden ist. Dies brachte jedoch auf der anderen Seite die Konsequenz mit sich, daß auch die Zahl arbeitsloser Akademiker im Süden stetig anstieg (Cederna 1986:284), während ihr Kontakt zu den traditionellen Berufen in Handwerk und Landwirtschaft immer mehr abnahm (ebenda:285). Cornelisen deutet diese Entwicklung in ihrer Beschreibung der Basilicata bereits 1978 an und verweist dabei auf die falsch verstandene Beschützerrolle der Eltern: Sie, die sich ein Leben lang aufgeopfert haben, billigen das Nichtstun ihrer - mittlerweile erwachsenen - Kinder, "selbst nachdem sie in zwanzig Jahren Hunderte von frischgebackenen Schreibtischarbeitern als Arbeitslose erlebten, die ihr Leben dahinbringen, bis ihnen eine ihren Ansprüchen angemessene Position geboten wird. Oft geschieht dies nie." (Cornelisen 1978:118). Im Verständnis der süditalienischen Arbeitsemigranten in Deutschland wird damit die Bedeutung der Schulbildung für den eigenen Lebensunterhalt zwangsläufig relativiert; der Blick in die Heimat zeigt, daß der größte Teil der jungen Erwachsenen mit akademischer Ausbildung nach Norditalien abwandern müssen, um ihren Beruf auszuüben.

Die Betrachtung der Heimat ist grundsätzlich mit der eigenen Rückkehr verknüpft. Soll diese vor dem Rentenalter stattfinden, muß zwangsläufig die Frage nach einem Arbeitsplatz gestellt werden. Die Rückwanderung der letzten 15 bis 20 Jahre hat einerseits die Heimatgemeinden vor große Probleme gestellt (vgl. Bechtle-Kühnemund 1989:15), da ein verstärkter Ansturm auf die dortigen Arbeitsplätze erfolgte, während gleichzeitig die Überweisung von Devisen nachließ. Andererseits kam hierdurch auch der Aspekt der "produktiven Rückkehr" zum Tragen, die Ankurbelung der sozio-ökonomischen Entwicklung in den Heimatgebieten durch in der Fremde erworbene Qualifikationen und Know-how, was sich im Aufbau neuer Unternehmen zeigen sollte und damit zur Sicherung alter und Schaffung neuer Arbeitsplätze hätte beitragen können (vgl. Schulte 1986:6f). Eine Stabilisierung der Arbeitsmarktlage in den Heimatregionen ist hierdurch jedoch noch immer nicht erreicht worden, und auch der Aufbau von Kooperativen brachte noch keine durchschlagenden Erfolge: Die Projekte sind abhängig von der politischen und gesellschaftlichen Unterstützung "auf lokaler, regionaler, nationaler und internationaler Ebene" (ebenda:45). Daneben weist Bechtle-Kühnemund auf den bestehenden "informellen Arbeitsmarkt" hin, der für Außenstehende schwer durchschaubar, da innerhalb des informellen Beziehungsnetzes der Gemeinde angesiedelt, ist (Bechtle-Kühnemund 1989:80f). Das Motto "Arbeit gibt es immer" stellt zwar erst einmal eine gewisse Sicherheit dar und läßt etwaige ungeschriebene Abmachungen über Einzahlung von Sozialabgaben, Tariflohn oder Regelmäßigkeit der Beschäftigung offen. Die Autorin spricht im Nachfolgenden von einem "System geregelter unregelmäßiger Arbeit, in dem "weit mehr Arbeitskräfte beschäftigt werden können, als Arbeitsplätze vorhanden sind, denn mit Hilfe des Prinzips der Rotation wird der Arbeitskräftestrom nach den Spielregeln monopolitanischer Überlebensstrategie ventiliert." (ebenda:103).

Durch diese Zukunftsaussicht ist die Auseinandersetzung mit der Heimat für viele der langjährig in Deutschland lebenden italienischen Arbeitsemigranten der ersten Generation stark ambivalent. Die Perspektive, sich an die ortsüblichen Gepflogenheiten anzupassen, stehen der in Deutschland gemachten Erfahrung eines relativ geregelten und abgesicherten Arbeitsplatzes diametral entgegen, ein Nicht-Anpassen ließe die Möglichkeit, doch in der "miseria" zu enden, nahe rücken. Die Aussicht auf einen bloßen Altersruhesitz beinhaltet mehr Resignation als Hoffnung.

Bechtle-Kühnemund beschreibt den Ausbildungsweg von Lehrjungen, die anfänglich ohne offziellen Lehrlingsstatus in den Betrieb aufgenommen werden, als "Ragazzo-Karriere": "Dieses Hineinwachsen [...] dient [...] vor allem einer Sozialisierung, die die Durchsetzung und Erhaltung hierarchischer Prinzipien und die Bindung an den Betrieb garantieren. Das Hinnehmenmüssen einer anfänglichen Vogelfreiheit und Willkür im Arbeitsverhältnis, dem jugendliche Arbeitskräfte bis zur Übernahme in den offiziellen Lehrlingsstatus ausgesetzt sind, hat die

Funktion einer Initiation." (Bechtle-Kühnemund 1989:42). Dies erklärt eine weit verbreitetete Sorge bei den italienischen Arbeitsemigranten über die Zukunftsaussichten ihrer Kinder in der Heimat, wenn sie Deutschland noch vor dem Ausbildungsabschluß verlassen.

Tendenzen der Bewußtmachung gehen in neuerer Zeit von den jungen Akademikern Siziliens, Kalabriens, Kampaniens und der Basilicata aus, die auf Grund der oben beschriebenen schlechten Arbeitsmöglichkeiten auch ihr Glück in der Arbeitsemigration suchten, ihren Beruf - zumindest vorübergehend - aufgaben, um wie ihre Väter in Deutschland als Fabrikarbeiter ihren Lebensunterhalt zu verdienen. Eine Wiederholung des Kreislaufes deutet sich an. Die Angst, als Verlierer zu enden oder als solcher in die Heimat zurückzukehren, ist hier genauso vorhanden wie bei der vorhergehenden Generation. Es zeigen sich bei ersteren allerdings im Unterschied zu jenen Bestrebungen nach mehr Bewußtheit, einhergehend mit dem Versuch, die Situation der Arbeitsemigranten zu analysieren und in Worte zu fassen. Und im Gedankenaustausch mit einem zurückgekehrten "Gastarbeiter", dem es gelang, in der Heimat eine kleine Existenz aufzubauen, beschreibt der neue Arbeitsemigrant dieses wiederkehrende Schicksal auf desillusionierende Weise: "Der wie ich im Ausland lebt / hat zumindest Sehnsucht nach irgend etwas / Ihm, der zurückgekehrt ist / haben sie / auch diese geraubt." (Marino 1987: 91f. Übers.d.Verf.).

## 3. Reaktionen des Familiensystems auf spezifische, durch die Migration hervorgerufene gesellschaftliche Rollenzuweisungen

### 3.1 Die Rolle der süditalienischen Frau innerhalb ihres familiären Bezugssystems

Die Interpretationsmöglichkeiten des meridionalitalienischen Frauenbildes umfassen eine breite Palette. Sie reichen von der unterdrückten, ihrem machtgierigen Ehemann unterworfenen, bedauernswerten Person bis hin zur "grauen Eminenz" (Zimmermann 1982:51), die insgeheim alle Familiengeschicke regelt. Niedermeyer-Ansaloni hebt die Entscheidungsfreiheit der süditalienischen Frau in Haushaltsfragen und bei der Kindererziehung hervor (1974:44). In jedem Falle stehen Ehe und Familie in direktem Bezug zu ihrer Rolle. Dementsprechend ist auch die ländliche Gesellschaft darauf ausgerichtet: In Anlehnung an Piselli sprechen Abate/Behrmann von einer "panmatrimonialistischen Ausrichtung" der carfizziotischen Dorfgemeinschaft: "alle Basiswerte sind im Ehe- und Familienleben konzentriert." (1983:141). Der weiblichen Identitätsfindung hinderlich ist in jedem Falle die Kinderlosigkeit. Unfruchtbarkeit wird dem dörflichen Gerede nach in erster Linie ihr zugeschrieben (vgl. Schenda/Schenda 1965:93), und auch im Selbstgefühl ist die Figur der kinderlosen Frau als "donna inutile", Frau ohne Nutzen, verinnerlicht.

Die Ehe stellt für die meridionalitalienischen Traditionen mehr ein Medium zur Stabilisierung der Gesellschaft dar, als daß sie zur Vewirklichung einzelner Gefühlsbestrebungen der Ehepartner dienen soll. Die vorwiegend landwirtschaftliche Orientierung benötigte stabilisierende Zukunftsträger, "Zuneigung ... war aber traditionell nie das ausschlaggebende Heiratskriterium und setzt sich auch heute erst langsam als solches durch." (Abate/Behrmann 1983:140).

Als Mittel der Aufrechterhaltung und Weiterführung von Familientraditionen ist die "vermittelte Heirat" im meridionalitalienischen Raum ein auch heute noch teilweise üblicher Weg der Eheschließung (vgl. Fallbeispiele in Busch 1983:203ff), Abate/Behrmann sprechen von diesem *matrimonio di combinazione* jedoch als "Extremfall" (ebenda:140). Die traditionelle Grundhaltung, mit der Gründung des Hausstandes eine möglichst stabile, in sich geschlossene Familie aufzubauen, erwartete von den Ehepartnern nicht zwingend Verliebtheit und Zuneigung. Zimmermann nennt als Beispiel dieser Überzeugung eine Romanfigur von Levi (1960): einen jungen Mann, der seine Mutter bittet, ihm während seiner Abwesenheit die passende Frau auszusuchen. Er verläßt sich dabei mehr auf ihr neutrales Urteilsvermögen als auf seine subjektive Gefühlslage (1982:60).

Schenda und Schenda führen als Beispiel für die offzielle Abwicklung der Verlobung an, daß die Eltern des jungen Mannes diese "im Hause der Braut abschließen", nachdem sie vorher über die Anständigkeit der Braut Erkundigungen in der Nachbarschaft eingezogen haben (1965:97). In ihren Befragungen der verheirateten Frauen wird die Freiwilligkeit der Heirat nicht thematisiert.

Heutzutage spielt die vermittelte Ehe in erster Linie eine Rolle, wenn die Betreffenden nur im Sommerurlaub nach Hause kommen (vgl. Abate/Behrmann 1983:141 und Busch 1983:205). Das Mädchen hat dabei auch die Möglichkeit, den Kandidaten abzulehnen, was jedoch in der Praxis nur selten getan wird.

Eingebettet in die Institution Familie, ist das Selbstverständnis der Frau unabänderlich mit dieser verknüpft: "Die italienische Familie als die einzige fundamentale Institution des Landes" (Busch 1983:192) sorgt für Halt und Stabilität. Sie gibt der Frau Sicherheit, versorgt zu werden, "andererseits bewirkt die Sozialisation und Enkulturation durch die auf sich selbst zentrierte Familie eine intellektuelle und affektive Immobilität" (Caballero et al. 1986:273). Trotzdem bietet nur die Institution Familie für die Frau eine Möglichkeit, Einfluß zu nehmen oder Veränderungen anzubringen (ebenda:272 und Abate/Behrmann 1983:130).

In der Lebenspraxis bedeutet dies, daß die Frau erst durch Ehe und Mutterschaft ihre Erfüllung findet. Sie steht ihrem Ehemann gegenüber, der idealtypisch Stärke und Macht nach innen und außen verkörpern soll. Beide verfolgen das Ziel der Familiengründung getrennt nach den ortsüblichen traditionellen Norm- und Wertvorstellungen. Busch weist hier in Anlehnung an die Typisierung von Bott (1975) auf die Tendenz in sizilianischen Ehen zu einer *segregierten ehelichen Rollen-Beziehung* hin (1983:194). Diese beschreibt ein Beziehungsmuster, in dem beide Ehepartner voneinander deutlich abgegrenzte Zuständigkeitsbereiche haben, Unterschiede von männlichen und weiblichen Arbeiten sind klar definiert und werden auch nicht in Frage gestellt.

Die Trennung der Geschlechter im täglichen Leben gründet auch auf einer spezifischen Erwartungshaltung bezüglich des Sexualverhaltens. Zimmermann zitiert eine Darstellung von Levi (1960), in der "die Liebe oder sexuelle Anziehung ... von den Bauern als eine so starke Naturkraft angesehen wird, daß kein Wille sich ihr widersetzen kann" (in Zimmermann 1982:56). Dem Geschlechtstrieb als "unberechenbare Größe und Störfaktor der Harmonie der Beziehungen in Familie und der gesamten Dorfgemeinschaft" (Abate/Behrmann 1983:138) wird am sichersten durch die Vermeidung von Kontakten begegnet. Dem Mann wird dauernde sexuelle Bereitschaft nachgesagt, seine soziale Kontaktsuche auf den sexuellen Bereich reduziert; die Frau, die sich nicht von vornherein einem Zusammentreffen entzogen hat, benimmt sich unschicklich, da sie um die potentielle Gefahr weiß, in die sie sich begibt. So ist es auch für die erwachsene, verheiratete Frau ein Gebot der Familienehre (onore di famiglia), derartige Begebenheiten zu vermeiden. Ihr öffentlicher Auftritt unterliegt grundsätzlich strengen Bestimmungen, bei denen die engen nachbarschaftlichen Sozialbeziehungen als Kontrollinstanz dienen (u.a. Abate/Behrmann 1983:122).

Für die interne Gestaltung des Familienlebens sorgt die Ehefrau, indem sie die Kinder beaufsichtigt, ihnen ein weitgehend idealisiertes Bild der Eltern, insbesondere des Vaters, vermittelt, damit diesem auch der nötige Respekt innerhalb des formellen Umgangs entgegengebracht wird. "Da sein [des Vaters, Anm. d. Verf.] Image als Respektperson grundsätzlich aufrechterhalten werden muß, ist es vornehmliches

Bestreben der Mutter, alle häuslichen Alltagsprobleme möglichst von ihm fernzuhalten, damit er nicht in die Lage versetzt werden könnte, Schwächen vor seinen Kindern ... offenbaren zu müssen, die sein Ansehen schmälern könnten" (Zimmermann 1983:44).

Tatsächlich ist ihre Position im familiären Bereich stärker, als es den Anschein hat, sie hat hier einen relativ großen Handlungsspielraum: Im Gegesatz zu den idealtypischen männlichen Handlungsformen ist ihr Handeln "mehr zweckrational als traditional gerichtet, egozentrischer bezogen auf die Familie" (Zimmermann 1982:50). Zimmermann bestreitet in diesem Zusammenhang, daß ihre Position der einer "geheimen Dirigentin" gleichkommt, die gewissermaßen alle familiären Geschicke diplomatisch aus dem Hintergrund leitet. Vielmehr nennt er es eher ein "Pattern männlichen Verhaltens, spezielle Probleme, welche die Familie berühren und nur durch normadäquate Sanktionshandlungen gelöst werden können, stillschweigend der Frau zu überlassen." (ebenda:51). Dies bedeutet, daß ihr die interne Führungsrolle so lange zugestanden wird, wie sie die Probleme lösen kann, ohne Aufsehen zu erregen und ohne ihren Mann zu Rate zu ziehen. Dabei gestatte er ihr - unausgesprochen - das Zurückgreifen auf vermeintlich "geheime Praktiken", die ihm durchaus bewußt seien (ebenda:51). Dieses Phänomen wird erst klar durch die Geschlossenheit des Beziehungskreislaufes zwischen Mutter und Kind einerseits und Mann - Ehefrau bzw. Mann - Mutter andererseits: Erklärungsansätze für diese Beziehungsstrukturen finden sich zuerst in der stark symbiotischen Mutter-Sohn-Beziehung wieder. Innerhalb ihrer sozialen Umgebung, einer Welt der Frauen, die der kleine Junge in seinen ersten Lebensjahren frequentiert, werden alle möglichen Lebensfragen, auch intime Probleme besprochen (Zimmermann 1982:53), es besteht ein starker Zusammenhalt untereinander, solange sich jede Frau der allgemeingültigen Norm anpaßt. Hier erlebt er seine Mutter als aktiv und problembewußt, er beginnt jedoch gleichzeitig, ein Gespür für die unterschiedliche Gestaltung formeller und informeller Beziehungen innerhalb des dörflichen Lebens zu entwickeln. Für ihn ändert sich die Situation, wenn der Vater "aktiv und massiv in die Erziehung eingreift" (Abate/Behrmann 1983:134) und sich verstärkt als Identifikationsobjekt anbietet, wenn er ihn in die Bar und auf die Piazza mitnimmt. Damit ist der erste Schritt zum Mann-Werden getan, der emotionale Stand der Mutter-Sohn-Beziehung wird hier festgeschrieben. Möglicherweise sind die von Zimmermann beschriebenen "geheimen Praktiken" Relikte aus dieser Phase der frühen Kindheit. Seine innere tiefe Verbundenheit zur Mutter bleibt gleichermaßen bestehen (Zimmermann 1982:53).

Währenddessen bleiben die Mädchen bis zu ihrer Verlobung bzw. Heirat in ihrer häuslichen Umgebung. Hier werden sie bereits sehr zielstrebig auf ihre späteren Aufgaben in Haus und Familie vorbereitet (Abate/Behrmann 1983:134f). Dies geschieht in erster Linie ohne direkte autoritäre Maßnahmen, von mütterlicher Seite wird vielmehr durch ihr eigenes Leben das Identifikationsmuster vorgegeben, das für die Tochter als einziges, da von der dörflichen Gemeinschaft akzeptiertes angesehen wird. Interviews junger Mädchen bestätigen, daß die so gestaltete Identitätsfindung in den meisten Fällen erfolgreich verläuft. Das Normen- und Wertesystem wird dabei sehr eindeutig vermittelt, aktive Auflehnung dagegen kann in der Konsequenz leicht zur Schande für die ganze Familie werden. Dies bedeutet nicht, daß alle jungen Leuten die Geschlechtertrennung einhalten, ihre Kontakte untereinander werden jedoch nach Möglichkeit geheimgehalten. Falls die Öffentlichkeit etwas erfährt, so ist es allein das Mädchen, das seine und seiner Familie Ehre "beschmutzt" hat (vgl. Zimmermann 1982:36). In diesem Falle wird entweder sofort die Hochzeit zwischen den beiden jungen Leuten vereinbart, um zumindest einen Rest an Familienehre wiederherzustellen (Schenda/Schenda 1965:96f, 100 und Kap. 5.4, Familie A.), oder aber das Mädchen ist gezwungen, sich außerhalb des Dorfes einen Ehepartner zu suchen (Abate/Behrmann 1983:139).

Zum Idealbild der lukanischen Frau, deren hauptsächliches Aktionsfeld genauso die Familie darstellt, gehört die Identifikation mit der beschützenden, alles gebenden und verzeihenden Mutter, einem Bild, welches demjenigen der Mutter Gottes nahezukommen anstrebt. Cornelisen verweist in diesem Zusammenhang auf die intensive Verehrung der Jungfrau Maria in Lukanien, die von der Bevölkerung wesentlich mehr verehrt wird als Gott oder die Heiligen: "Maria, die Verkörperung der Erd-Mutter, kann man lieben, man kann ihr vertrauen und zu ihr beten, aber GOTT und SEIN Sohn Jesus bleiben kühle

Symbole." (Cornelisen 1978:33). Die Mutter vermittelt ihren Kindern eine grundlegende Geborgenheit, indem sie, selbstaufopfernd und ohne Rücksichtnahme auf eigene Bedürfnisse, nur für sie da ist. Der tiefe, einfühlsame Kontakt, den sie auf diese Weise zu ihnen entwickelt, läßt sie für Außenstehende in der Tat zu einer Art "Übermutter" werden, die Mutter-Kind-Beziehung zu einer unantastbaren Symbiose. Aus dieser Selbsteinschätzung heraus bezieht die Frau innerhalb ihrer Lebenswelt große Kraft und hat weit weniger mit Identitätsproblemen zu kämpfen, gerade hinsichtlich der Statusverbesserung, als ihr Mann. Cornelisen beschreibt das Leben der lukanischen Frauen zwar als "Ersatzleben", da sie ja ihre Selbstverwirklichung aufgaben zugunsten der Entwicklung ihrer Kinder, weist jedoch auf den Aspekt der Macht hin, den sie "erhascht haben, ohne daß es den Anschein hatte, und Glücksmomente aus dem unkritischen Entwicklungsverlauf ihrer Kinder bezogen [haben], ganz besonders ihrer Söhne" (ebenda:34).

Auch Zimmermann erkennt den Wandel der Frauenrolle in Laufe der Ehe: Ihre Position in der Familie wird immer stärker. Er revidiert damit zum Teil seine Ansicht, daß ihre interne Führungsrolle nur ein Zugeständnis ihres Mannes ist. Im Laufe der Ehe entfernt sich ihre Orientierung immer mehr vom Wertmaßstab ihres Mannes hin zu ihrer eigenen Referenzgruppe, einer "bestimmten Altersgruppe verheirateter Frauen" (ebenda:51). Einhergehend mit dieser Entwicklung, beschreibt Zimmermann das immer größer werdende emotionale Dilemma, in dem sich der sizilianische Mann im Alter befindet: Er gelangt durch die "Divergenz zwischen seiner Haltung und der seiner Frau in eine Außenseiterposition, die ihn schließlich zu einer gewissen Resignationshaltung führt." Hinsichtlich der Familiengründung und des Zeugens der Kinder hat er die von ihm erwarteten Funktionen längst erfüllt, da er jedoch "von den verbindenden Intimproblemen der Familie" weitgehend ausgeschlossen bleibt und keine eigentliche Aufgabe, "vor allem aber keine Machtposition" mehr hat, bleibt ihm als Zeitvertreib nur das Treffen mit seinen Altersgenossen, die den Tag über auf der Piazza verbringen und nur zum Essen die häusliche Umgebung aufsuchen (ebenda:52).

Das entworfene Frauenbild, dies sei hiermit noch einmal verdeutlicht, ist ein sehr traditionelles, überliefertes, was auch heute noch mit diesem Hintergrund vermittelt wird. Trotzdem sollte nicht außer acht gelassen werden, daß sich in den letzten 15 Jahren im ländlichen süditalienischen/sizilianischen Raum Veränderungen vollzogen haben und auch hier ein stetiger Entwicklungsprozeß im Gange ist: Schenda und Schenda nennen bereits 1965 in ihrer Arbeit über Monreale den kulturellen Wandel als offensichtlich. Die "Überlagerung durch exogene Lebensgewohnheiten" läßt die Geschlossenheit der sizilianischen Lebenswelt aufbrechen, hervorgerufen durch die voranschreitende wirtschaftliche Entwicklung in Norditalien und auf dem Kontinent generell (Schenda/Schenda 1965:103). Damit geht jedoch einher, "daß der Sizilianer in einer bestimmten Kleinstadtstraße der rapiden Entwicklung der letzten Jahre verständnislos gegenübersteht und sich in Konflikte gestürzt sieht, die ihn noch auf Jahre hinaus daran hindern werden, an einer sizilianischen Renaissance aktiv mitzuarbeiten." (ebenda:104). Devaux und Halva stellten in ihrer Untersuchung über die "ehrbare Familie" und ihren Wandel "Unsicherheiten und Ambivalenzen in bezug auf das relevante Wertesystem" (1986:242) fest, ein Pendeln zwischen erhaltenden und erneuernden Faktoren. Die Autoren sehen darin das Resultat des Aufeinandertreffens von nicht-industrialisierter und industrialisierter Gesellschaftsform. Sie weisen jedoch einschränkend darauf hin, daß, wenn auch die geführten Interviews sehr fortschrittlich verlaufen und Anklänge liberalerer Ansichten darin deutlich geworden wären, die Umsetzung in die Realität noch nicht stattgefunden hätte. Zwischen Denken und Handeln bestünden weiterhin große Unterschiede (ebenda:260).

Caballero schreibt einen Großteil des kulturellen Wandels dem geänderten Verhältnis der Frauen zur außerhäusigen Lohnarbeit zu, dadurch würde die einseitige Festlegung auf häusliche Tätigkeiten abgebaut. Emanzipationsbestrebungen werden jedoch verzögert durch "das Scheitern des Kampfes gegen die Mafia ..., das Fehlen der resistenza sowie das schlechte Verhältnis zwischen Bürgern und staatlichen Institutionen." (Caballero 1986:275). Die Initiative sizilianischer Frauen gegen die Mafia der letzten Jahre stellt meines Erachtens eine ausgesprochen emanzipierte Stellungnahme dar (vgl.

Galluzzo/Kienzle 1990 und Bonavista 1993), die nicht zuletzt den verantwortungslosen Umgang mit politischer Macht anprangert, dabei aber auch das familistische und klientelare Grundsystem Siziliens mit einbezieht.

Impulse aus der "modernen Welt" kommen verstärkt auch über Radio und Fernsehen, liberale Moralauffassungen sind hier durchaus üblich.

Auch die mittlerweile verbreitete und akzeptierte Schulbildung und eine große Anzahl junger Akademiker im Süden Italiens könnten neuen Denkanstöße geben (vgl. Cornelisen 1978:118), Abate/Behrmann stellen jedoch fest, daß, obwohl die Möglichkeit gegeben wäre, die Mehrheit der Mädchen nach der Schule kein Studium aufnimmt, sondern nach traditioneller Art und Weise im Hause seine Aussteuer vorbereitet (1983:137).

Dies zeigt sehr stark, daß wohl auf der einen Seite die Moderne Einzug gehalten hat in die dörfliche Lebenswelt; bis sie sich auf der anderen Seite tatsächlich in der Familienstruktur auswirken wird, ist ein langer Prozeß notwendig, zumal die überlieferte Trennung von inner- und außerfamiliären Wertesystemen stark internalisiert ist. Die Diskrepanz zwischen "innerem und den äußerem Kreis der Überlieferungen", auf die Greverus hinweist (1979:125), hat nach wie vor Gültigkeit.

## 3.2 Umgestaltung innerfamiliärer Strukturen von Macht und Verantwortung durch die veränderten Bedingungen nach der Migration

In Anlehnung an den Husserlschen Lebenswelt-Begriff muß die Arbeitsemigration für den Migranten einen Wechsel von einer Lebenswelt in eine andere darstellen: Er lebte "in einer vorgegebenen Erfahrungswelt, in der intentionale Beziehungen zwischen den realen

Subjekten und den realen Objekten bestehen" (Greverus 1972:19). Die alte Heimat als "konkreter Raum, dem der Mensch zugeordnet ist, in dem er seine Zuständigkeit hat" (ebenda:28), wurde durch die Migration aufgegeben, kann aber zuerst einmal nicht ersetzt werden.

Das "unveränderliche, einmalige Phänomen *Heimat*" (ebenda:96) existiert durch die "Dreiheit von Gemeinschaft, Raum und Tradition" (ebenda:112). Ihr steht gleichermaßen "die Möglichkeit der Ausdehnung, der Einengung oder der Gewinnung neuer Heimaten gegenüber" (ebenda:96). Geographische Mobilität des Menschen, auch wenn sie ursprünglich "immer Reaktion auf Umweltbedingungen" (Greverus 1979:98) sind, drücken durch sein aktives Suchen nach neuen Räumen seine Territorialität aus. Die Autorin verweist an anderer Stelle jedoch auch auf die starke Konflikthaftigkeit, welche die Realsierung dieses Vorhabens in sich birgt: "Diese Fremde zur *Heimat* zu machen, d.h. sie sich so anzueignen, daß sie zum Satisfaktionsraum der territorialen Bedürfnisse nach Identität, Stimulation und Sicherheit wird, bedarf einer Aktivität, die dem gewohnheitsmäßigen Handeln nach erlernten Mustern in einem bekannten Erfahrungsraum entgegensteht" (ebenda:98). Das Verlassen der Heimat erscheint analog dazu für die (nicht nur) süditalienischen Arbeitsemigranten als eine - u.U. zeitlich begrenzte - Aufgabe derselben, als das Entstehen einer Lücke, die eine Leere hinterläßt, welche erst einmal neu ausgefüllt werden muß. Bis dahin wird sie zum destabilisierenden Faktor der eigenen Identität.

Unterschiedliche Bildungsvoraussetzungen können das Verfügbarmachen einer neuen Heimat fördern bzw. einschränken. So kann im Falle der süditalienischen Arbeitsemigranten die "Chance zur Gewinnung eines neuen Territoriums" als "Lern- und Erfahrungsraum" (ebenda:101) nicht ohne weiteres ergriffen werden. Zum einen macht sie die weitgehende "geistige Konsumhaltung" der Ausgewanderten dafür verantwortlich, zum anderen ihre Rückkehrorientierung (ebenda:124). Veränderungen dieser Verhaltensweisen sind erkennbar, wenn traditionelle Überlieferungen auch schöpferisch umgesetzt werden können, beispielsweise in Form von Folkloregruppen. "Nicht Traditionsbeharrung aus Heimweh, aber Heimatbeschaffung durch

Traditionsrestaurierung" (ebenda:125) verhilft hier zum Abbau von Fremdheit und beim Schaffen neuer Heimat.

In ersten Phase der europäischen Arbeitsemigration nach dem Krieg fand die zeitlich begrenzte Trennung der Familien in der Weise statt, daß der Ehemann allein wegging und die restliche Familie in ihrem heimischen sozialen Umfeld zurückließ. Die Hoffnung auf eine nicht allzu lange währende Emigration und die geistige Verbundenheit mit der Familie ließen ihn alle möglichen Strapazen aufnehmen und die Einsamkeit in der Fremde ertragen (u.a. Di Stasio 1991). K. Kurz weist bereits in ihrem 1965 erschienen Aufsatz über italienische Gastarbeiterlager auf deren relatives psychisches Gleichgewicht hin, das sie der "Totalfunktion" der italienischen Familien zuschreibt: diese hätte die "persönliche Desorganisation in der Bundesrepublik vorerst verhindert" (in: Treibel 1990:101). Diese Form der Arbeitsemigration entspricht der in Kap. 3.1 geschilderten strikten Trennung von männlichen und weiblichen Aufgabengebieten, die mit dem Bestreben des verheirateten Mannes und Familienvaters, seine Familie selbst ernähren zu können, ein in seiner Umgebung allseits vertretbares Motiv fand. Die darin gleichermaßen enthaltene Ambivalenz zwischen einem "Opfer für die Familie und der Flucht vor der Familie und der einengenden Sitten", ein Phänomen, das Cosentino mit dem *Odysseuskomplex* beschreibt (vgl. Greverus 1986:494), das rastlose Hin- und Herschwanken zwischen zwei Welten ohne die Möglichkeit der tatsächlichen Entscheidungsfindung, bleibt für die Alltagswelt eher verborgen.

Durch die gemeinsame Arbeitsemigration beider Ehepartner ist die ursprünglichen Form der getrennten Ehebeziehung verändert worden, was ein konfliktauslösendes Moment darstellen kann (Busch 1983:193). Busch stellt für die gemeinsam in der Fremde lebenden sizilianischen Ehepaare den Begriff des *segregated conjugal-role-relationship* (s. Kap. 3.1) in Frage (1983:194), ihre Interviews der sizilianischen Frauen weisen jedoch nur eine geringe partnerschaftliche Entwicklung in der Beziehung nach (ebenda:197).

Das Herausgelöstsein aus der verwandtschaftlichen Sicherheit ist für beide Ehepartner eine zumeist völlig neue Erfahrung, deren Tragweite ihnen erst nach und nach bewußt wird, für die Frau allerdings bedeutet sie in erster Linie Isolation und eine größere Abhängigkeit von ihrem Mann (Busch 1983:197). Eine verstärkte Gegenseitigkeit und Partnerschaft spielen nach Aussagen der betroffenen Frauen nur eine sehr untergeordnete Rolle.

Abate/Behrmann hingegen stellen die beiderseitige Anerkennung der zweckorientierten Ehebeziehung heraus, die besonders in der Fremde das gemeinsame Mitwirken an einem zügigen materiellen Aufschwung beide Eheleute zu mehr Partnerschaft motiviert, was sich unter anderem auch in einem geänderten, mehr an gemeinsamen Interessen orientierten Freizeitverhalten zeigt. Auch hat die geschlechtliche Arbeitsteilung für die in der Emigration lebenden Carfizzoti eine relativ geringe Bedeutung. "Ihr Wechsel von der Rolle der Hausfrau/Bäuerin ... in die Rolle der Arbeiterin/Hausfrau hat ansatzweise die rigide geschlechtliche Arbeitsteilung aufgehoben und eine gleichere - nicht gleiche - Verteilung der Reproduktions-, d.h. Hausarbeits- und Produktionspflichten auf die Familienmitglieder und vor allem die Geschlechter mit sich gebracht." (1983:169). Daraus läßt sich eine Erweiterung des weiblichen Verantwortungsbereichs ableiten, die sich real allerdings oft in Form einer Doppelbelastung durch außerhäusige Lohnarbeit und Hausarbeit zeigt (ebenda:170).

Entsprechend ihrer traditionellen Aufgabengebiete in der Heimat ist die süditalienische Ehefrau und Mutter auch in der Arbeitsemigration in erster Linie für Haushalt und Kindererziehung verantwortlich. Letzteres beinhaltet sowohl den innerfamiliären Ausgleich zwischen Eltern und Kindern (insbesondere mit dem Vater) als auch die Kontaktaufnahme mit der Umgebung, d.h. die positive Unterstützung und Förderung der außerfamilialen Sozialisation ihrer Kinder.

Der formelle Kontakt zwischen Vätern und Kindern in der meridionalitalienischen Heimat, deren Charakter von Zimmermann hervorgehoben wird (1982:44), bekommt in der Fremde einen weiteren Aspekt dadurch, daß die Reichhaltigkeit informeller Kontakte im Bezugssystem der Teilfamilie schon durch die geringere Zahl der

Familien- und Verwandtschaftsmitglieder eingeschränkt ist und die Väter auch in dieser Hinsicht von ihren Kindern wesentlich mehr gefordert werden. Gleichzeitig kommt durch die Anpassung an die Anforderungen der industrialisierten Welt ein anderes Phänomen zum Tragen, das Mitscherlich mit der "vaterlosen Gesellschaft" beschrieben hat: Die Entfremdung von Vätern und Kindern, die einhergeht mit der nachlassenden Überschaubarkeit der Lebensbereiche für das Kind auf der einen und einem überhöhten Erwartungsdruck auf der anderen Seite (Mitscherlich 1973:188f). Seine mangelnde physische Verfügbarkeit bzw. die geringe Nachvollziehbarkeit seiner Tätigkeit gestatten ihm immer weniger, eine positive Identifikationsfigur zu sein. Durch die Entfremdung von seiner Tätigkeit hat er nur wenige Möglichkeiten, sich mit ihr zu identifizieren. Die Überschaubarkeit und Unmittelbarkeit der bäuerlichen Welt dagegen hatte "in allem permanenten Elend eine Chance, den Ambivalenzkonflikt produktiv zu schlichten." (ebenda:193f).

In der fremden - oder fremd gebliebenen - Umgebung kommt eines auch nach längerem Aufenthalt erschwerend hinzu: Soziale Kontakte konnten nur bedingt aufgebaut werden, doch auch falls sie vorhanden sind, haben sie einen eher oberflächlichen Charakter. Schon eher sind es die Kontakte zu Landsleuten, mit denen man zum Teil die Sehnsucht nach der Geborgenheit der heimatlichen Umgebung zu befriedigen versucht, doch auch sie weisen meist nicht annähernd die Intensität derjenigen in der Heimat auf. Besonders hart getroffen von dieser Tatsache ist die Frau: Ihr Lebenskonzept als Ehefrau und Mutter konnte die dörfliche "Welt der Frauen" als einen Stützpfeiler ansehen. Hier konnte sie Gedanken austauschen, sich verstanden und geborgen fühlen. In der Fremde fehlt dies völlig. Stattdessen kommen andere Aufgabenbereiche zu ihren häuslichen Tätigkeiten hinzu, die in der heimatlichen Umgebung "Männersache" waren. Sie muß sich somit selbständig und ohne Hilfestellung von außen in diesen neuen Pflichtbereich hineinbegeben, bzw. sich neue Orientierungshilfen in ihrer Umgebung selbst erarbeiten.

Schon in grundlegenden Erziehungsfragen, wie beispielsweise der Frage, ob das Kind den Kindergarten besuchen soll, bekommt die Entscheidung eine zusätzliche Dimension: aus der traditionellen Überlieferung heraus ist es selbstverständlich, daß das Kind in einer Gruppe mit vielen Kindern und Erwachsenen aufwächst. Doch hier bedeutet der Kindergarten bereits Schaffung von Distanz zwischen Mutter und Kind. Und ein weiterer Aspekt kommt hinzu: Für die Mutter, sobald diese nicht arbeiten geht, dient das Kind gleichzeitig als psychischer Stabilisator. Die Entwicklung des Kindes wird in diesem Falle zu ihrer Lebensaufgabe.

Sobald jedoch die Kinder Schulprobleme oder sonstige Auffälligkeiten zeigen, ist die Mutter verantwortlich dafür, daß diese möglichst unauffällig, d.h. ohne den Ehemann mit in die Beratung einzubeziehen, behoben werden. Hier tritt auch von seiner Seite eine starke Erwartungshaltung an seine Frau ein; er möchte - in Anlehnung an sein traditionelles Rollenverständnis - sowohl von familiären als auch schulischen Problemen nach Möglichkeit verschont werden, was allerdings eine problemverstärkende Wirkung haben kann.

Die Theorie der verstärkten Störungsanfälligkeit und Symptombildung bei italienischen Arbeitsemigranten belegen u.a. die Untersuchungen von Mascherpa (1974), der als Auslöser psychosomatischer Krankheiten "neben der Trennung von Familienmitgliedern meist innerfamiliale Unstimmigkeiten" herausfand (in Busch 1983:198). Auch von Klitzings Untersuchungen bestätigen eine besondere Anfälligkeit ausländischer Arbeitnehmer für psychische Erkrankungen, die jedoch "anderen Faktoren ... als nur demjenigen des Ausländerstatus" zu verdanken seien (1983:34). Er führt neben der notwendigerweise großen Ich-Stärke derjenigen, die ihren sozialen Aufstieg selbst in die Hand nehmen, noch zusätzliche Faktoren an, die sich begünstigend die psychische Labilität auswirken können. Als "sehr wichtigen Streßfaktor" benennt er das Erleben des Gegensatzes von Zielvorstellungen und der vorgefundenen Realität. "Enttäuschungen über tatsächlich Erreichtes lassen die seelische Gesundheit erheblich leiden." (ebenda:36).

Hinsichtlich der Umstrukturierung innerfamiliärer Machtverhältnisse lassen sich also mehrere Ebenen erkennen, die sich teilweise unabhängig voneinander entwickeln, jedoch andererseits miteinander verwoben sind und sich gegenseitig verstärken bzw. auch abschwächen können.

Durch ihre geringeren, meist nicht so tiefgehenden sozialen Kontakte und nicht zuletzt auch verstärkt von grundsätzlichen Lebensgewohnheiten - das Leben, das hauptsächlich in den eigenen vier Wänden stattfindet - läßt die Erfahrung des Aufeinander-Angewiesen-Seins für die Ehepartner zum essentiellen Aspekt für ihren Umgang mit der Zukunft werden: Es entsteht hier beinahe zwangsläufig eine große Nähe, die Verhaltensweisen erfordert, welche die Ehepartner innerhalb ihrer ursprünglichen Sozialisation nicht haben erlernen können. Hier setzt das Phänomen ein, das Treibel als die "zweite Sozialisation" beschreibt: Ausgehend von einem lebenslangen Sozialisationsprozeß wird dieser "durch die Migration nicht abgebrochen oder unterbrochen, sondern *nur* noch komplexer" (1990:69).

Unter den Ehepartnern hat eine ansatzweise neue Aufgabenverteilung begonnen. Dies betrifft die nicht mehr eindeutig als "männlich" und "weiblich" gekennzeichneten Aufgabengebiete. Diese Umgestaltung fand jedoch stillschweigend statt, was sich real eher als ein ungeklärter Schwebezustand darstellt und weniger als bewußte Neuordnung der Aufgabenverteilung.

Im zwischenmenschlichen Bereich eröffnet die Erfahrung von mehr Nähe den Ehepartnern theoretisch eine *Begegnung* (Zimmermann 1982:58), die in der heimatlichen Sozialstruktur kaum realisierbar wäre. Doch das Zusammentreffen so vieler negativer Aspekte läßt dies sehr schwierig werden.

Die traditionelle ländliche meridionalitalienische Familie erlebt in einer zum einen industrialisierten, zum anderen mehr verstädterten Gesellschaft einen Angriff auf ihr eigenes Werte- und Normensystem. Solange sie sich nicht neu formiert hat und nicht eine neue Identität hat aufbauen können, bleibt Verunsicherung eines ihrer Hauptmerkmale.

Die gesellschaftlichen und strukturellen Bedingungen, die Identität aufbauen helfen bzw. ihren Aufbau verhindern, dürfen dabei selbstverständlich nicht außer acht gelassen werden. Identität als "reziprokes Verhältnis zwischen den Menschen eines Raumes: die Gruppe gibt dem Einzelnen Identität und die Einzelnen bestätigen die Identität der Gruppen" (Greverus 1972:58) beschreibt die Abhängigkeit der Identitätsbildung von seiner gesellschaftlichen Umgebung, wie auch Erikson (1976) mit der Begriffsbildung des "definierten Ich in einer sozialen Realität" ausdrückt.

## 3.3 Die Kinder als spezifische Rollenträger

Die Kindererziehung weist in den ländlichen Bereichen des gesamten meridionalitalienischen Raumes große Parallelen auf. Die Kinder als Ergebnis der familiären Reproduktion sind offenkundig der Beweis für ein gelungenes, erfülltes Leben. Eltern meinen, "in ihnen weiterzuleben", und können ihre Hoffnungen und Sehnsüchte auf sie stützen.

Für die psychoanalytische Theorie zeigt sich hierin eindeutig die Befriedigung narzißtischer Bedürfnisse der Eltern. Freud stellt zwischen der Rolle des Kindes und der der Eltern einen eindeutigen Zusammenhang her: "Wenn man die Einstellung zärtlicher Eltern gegen ihre Kinder ins Auge faßt, muß man sie als Wiederaufleben und Reproduktion eines eigenen, längst aufgegebenen Narzißmus erkennen" (Freud 1914:157). Selbstverständlich gehört zur gesunden psychischen Entwicklung des Kindes der Stolz und die Zufriedenheit der Eltern, die es auf diese Weise annehmen und ihm das Gefühl geben, geliebt zu werden. Dallys These "Eltern, die ihre Kinder als Erweiterung ihrer selbst empfinden, betrachten sie auch als Teil eines Systems" (Dally 1979:98) besagt, daß gerade durch eine übermäßige narzißtische elterliche Erwartungshaltung an das Kind es unmöglich gemacht wird, diesem "einen Weg zu zeigen, wie es in der modernen Gesellschaft überleben kann"; im Gegensatz dazu weist die traditionsgebundene Gesellschaft eher ein geschlossenes System auf, das dem einzelnen mehr Sicherheit verschafft bezüglich seiner bereits vorbestimmten Rolle (ebenda:99).

Innerhalb der traditionellen süditalienischen Familienstruktur ist dieser Interpretationsansatz insofern relevant, da die Großfamilie bzw. das "Netzwerk von autonomen Kernfamilien" (Busch 1983:193) für die primäre Sozialisation zuständig sind. Hier verkörpern die Kinder einen wichtigen Teil, nämlich das Bindeglied zwischen den drei (lebenden) Generationen. Offensichtlich wird dies auch durch die weit verbreitete Namensgebung der Großeltern, damit ist der Kreis des familiären Drei-Generationen-Systems geschlossen; für die Kinder sind die jeweiligen Großeltern gleichen Namens besondere Identifikationsobjekte, wie umgekehrt auch diese ihre namensgleichen Enkel (sowohl materiell als auch moralisch) ganz besonders unterstützen. Doch eine weitere Begleiterscheinung "schleicht" sich mit Hilfe dieser Tradition in die Erziehung ein: Kindern können schon in jüngsten Jahren die guten und schlechten Verhaltensweisen des betreffenden Großelternteils gleichen Namens nachgesagt werdem, mehr oder weniger bewußt findet eine "Verschreibung" (Selvini-Palazzoli) statt. Positive und negative Erwartungen werden von Familien- und Verwandtschaftsseite an die Kinder herangetragen. Für die Eltern ergibt sich damit auch die Möglichkeit, eigene ungelöste Konflikte mit Hilfe von Projektionen auf die Kinder auszutragen. Haß- oder Wunschvorstellungen können ausgelebt werden, ohne daß die Kinder sich dagegen zur Wehr setzen können. Da diese jedoch in das gesamte Familien- und Verwandtschaftssystem fest eingebunden sind, lassen sich immer wieder Personen finden, welche die innere Stabilisierung gewährleisten können. Das geschlossene System ermöglicht es den Kindern später auch, die geschilderten "Verschreibungen" zu überwinden und im Jugendalter eine starke Persönlichkeit zu entwickeln.

Idealtypisch verkörpern die Kinder Ausgelassenheit und Unbeschwertheit; die im frühen Kindesalter bis zum Eintritt der Schulpflicht zwar behütende, aber sehr tolerante Erziehung vermittelt ihnen das Gefühl, innerhalb ihrer familiären Welt die entscheidende Rolle zu spielen. Beinahe alle Gespräche drehen sich um sie, jede ihrer Handlungen wird von den Erwachsenen der Umgebung kommentiert, sie sind meistens der Lebensinhalt schlechthin, ihre Entfaltung kennt so gut wie keine Grenzen. Insbesondere in ländlichen Gebieten übernimmt die gesamte Dorf- bzw. Nachbarschaftsgemeinschaft tagsüber einen Großteil der erzieherischen Kontrollfunktionen und ermöglicht somit auf der einen Seite den Kindern weitestgehende Freiheit beim Erkunden ihrer Umwelt, auf der anderen Seite entlastet sie die Eltern, die sich nicht ständig um den Verbleib ihrer Kinder sorgen müssen (u.a. Abate/Behrmann 1983:33). Die heimatliche Lebenswelt der Kinder besteht aus der Gemeinschaft aller Dorfbewohner, dem gesamten Terrain des Dorfes und - implizit - dem Verantwortungsgefühl jedes einzelnen Erwachsenen für alle Kinder. Für sie besteht dort, sobald sie laufen können, ein relativ großer Lebensraum, der nicht außerhalb der elterlichen Wohnung endet, in dem sie sich völlig frei bewegen können. Der frühkindlichen Lebenswelt kommt innerhalb der meridionalen dörflichen Gemeinschaft somit eine nahezu eigenständige Dynamik zu, sie hat den Charakter eines Subsystems, das von den Erwachsenen unterstützt und gefördert wird. Dies widerspricht nicht der Tatsache, daß dort ebenso Projektionen auf die Kinder stattfinden und sie beispielsweise zur Kompensation elterlicher Mängel herangezogen werden. Abate/Behrmann weisen diesbezüglich auf die weit verbreitete Verhaltensweise der carfizzotischen Erwachsenen hin, über die Kinder ihren eigenen Zärtlichkeitsbedürfnissen Ausdruck zu verleihen, die Kinder würden damit für sie zum ständig verfügbaren Objekt von Körperkontakt: "Die aufdringliche Zärtlichkeit der Erwachsenen, auch der eigenen Eltern, gegenüber den unwilligen Kindern ist oft überschwenglich und übertrieben, sodaß ... die Vermutung naheliegt, daß Zärtlichkeit gegenüber ... Kindern als einzig öffentlich mögliche Form des Ausgleichs für mangelnden physischen Kontakt mit [...] Angehörigen des anderen Geschlechts herhalten muß" (ebenda:33). In ihrem dortigen Lebensumfeld haben die Kinder jedoch sowohl räumlich als auch psychisch eher die Möglichkeit, darauf zu reagieren oder sich einfach zu entziehen, sich andere Kontakte zu suchen. Die menschlich ungezwungenere Art, wie die Erwachsenen mit den Kindern umgehen, läßt diesen - zwar unbewußt, aber sehr nachhaltig - die Chance, in ihrem Prozeß des Heranreifens ein gesundes Selbstbewußtsein zu entwickeln.

Gravierende geschlechtsspezifische Unterschiede in der Erziehung zeigen sich ungefähr ab dem Alter von 6 Jahren: Für die Jungen eröffnet sich eine neue, die männliche Lebenswelt, sie werden von den Vätern zum Piazza-Spaziergang und in die Bar mitgenommen; parallel dazu setzt ihre "Straßensozialisation" ein, innerhalb der sie von älteren Jungen sexuell aufgeklärt werden (Abate/Behrmann 1983:134f). Die Mädchen hingegen, insbesondere die ältesten Töchter, werden schnell in die "Rolle kleiner Erwachsener hineingedrängt, die ihnen keinen Raum und keine Zeit mehr für die eigengerichtete Entwicklung ihrer Persönlichkeit und selbstbewußten Identität läßt" (ebenda:136). Abate-/Behrmann weisen darauf hin, daß dieses "Übergehen der eigentlichen Jugendzeit" in der kalabresischen Dorfgemeinschaft heutzutage nur noch eingeschränkt, nämlich für die Mädchen der Unter- und Mittelschicht gelte, zumal einerseits das Wissen um die Notwendigkeit von Schulbesuch und -bildung sich immer mehr durchsetze, andererseits die Vollerwerbs-Landwirtschaft rückläufig sei und somit die Kinder "in keiner Weise die Verantwortung für den Unterhalt der Familie mitzutragen" brauchen (ebenda:136). Diese Tendenz bestätigte auch Cornelisen in ihren Beobachtungen des dörflichen lukanischen Lebens: "Diese Eltern würden ihre Kinder lieber füttern und kleiden und jahrelang dahintreiben lassen, als daß sie sich zu der körperlichen Schwerarbeit erniedrigten, die der Fluch der Familie gewesen ist ..." (Cornelisen 1978:125). Hierbei manifestiert sich die elterliche Position als Abwehrinstitution möglichst aller Übel dieser Welt.

Übertragen auf die Lebens- und Wohnsituation der italienischen Arbeitsemigranten in Deutschland wird sehr schnell deutlich, daß schon formale Bedingungen ganz erheblich einschränkend auf kindliche Entfaltungsmöglichkeiten wirken (dies ist im übrigen auch bei Arbeitsemigranten anderer Nationalitäten zu beobachten). Doch zuerst einmal zu den Beziehungsstrukturen: Die in Deutschland lebenden Kinder italienischer Arbeitnehmer haben in besonderem Maße die Widersprüche der im heimatlichen Umfeld in der Regel gut funktionierenden Erziehungspraktiken zu tragen. In ihrem hiesigen Lebensumfeld wird ihre Rolle erst einmal entsprechend der traditionellen betrachtet. Die emotionale Bindung an die Eltern - insbesondere an die Mutter - gestattet ihnen die Ablösung und das Selbständigwerden nur sehr schwer, so daß Verstrickungen in "double-bind"-Situationen (Bateson 1983:353ff) häufig die Folge sind. Besonders schwerwiegend können sich diese Phänomene bei den Familien der Arbeitsemigranten äußern, wenn Zusammenhalt und Ablösung, Distanz und Nähe, Gefühle von Entwurzelung und Suche nach Heimat auf unterschiedlichen psychologischen Ebenen ein dauerhaftes Ungleichgewicht hervorrufen: Schon zahlenmäßig hat eine Reduzierung der Familienmitglieder auf die Kernfamilie stattgefunden; die Großfamilie, die in der Heimat die ausgleichende Funktion übernimmt, fehlt hierzulande meistens.

Eltern treten einen Teil ihrer Verantwortlichkeit gern an ihre Kinder ab: speziell ihr vorrangiges Ziel des Geldverdienens setzt beinahe zwingend den gleichermaßen engagierten Einsatz aller, auch der Kinder, z.B. im Haushalt oder beim Hüten der Geschwister, voraus. Diese leiden in besonderem Maße unter der großen Verantwortung, die ihnen aufgebürdet wird und die eine altersgemäße Entwicklung ihres Verantwortlichkeitsgefühls verhindert. Auch hier erscheint die Rolle des Kindes als kleiner Erwachsener sehr augenfällig; das Phänomen der Parentifizierung der Kinder kann innerhalb der familiären Rollenverteilung häufig nachgewiesen werden; insbesondere sind davon die Mädchen betroffen, deren Pflichtbereich vom Aufpassen auf jüngere Geschwister über Haushaltführung bis hin zum Einkaufen und Kochen führen kann. So wird eine Teilnahme der Mädchen an der Erwachsenenwelt erreicht, sie entlasten die Eltern, indem sie in ihrer Freizeit einen Teil der Aufgaben übernehmen. Es fehlt insbesondere das ausgleichende soziale Umfeld der Heimat, das, wenn auch nicht als Ort des Rückzuges, so doch zum Aufbau eindeutiger Identifikationsmuster dienen kann. Wilperts Umfrage bei jugoslawischen und türkischen Schulkindern über deren vorwiegende Freizeitbeschäftigung zeigt deutliche Parallelen zu den italienischen; sie ergänzt diese Aussage durch die Feststellung, daß mit den hohen familiären Anforderungen die Kinder schon frühzeitig eine gewisse Reife erlangen und ihr Gefühl persönlicher Leistungsfähigkeit steigt. Innerhalb dieser

Auslegung wird das positive Selbstgefühl, welches die Kinder durch die Übernahme eines häuslichen Pflichtbereiches entwickeln können, herausgestellt, jedoch weist Wilpert darauf hin, daß sowohl ihre schulische Leistungsfähigkeit als auch ihre gesamte persönliche Entwicklung zur Selbständigkeit darunter leiden können (Wilpert 1980:113). Die Kinder verinnerlichen das familiäre Verantwortungsgefühl derart, daß es für sie keine lästige Pflicht darstellt, die ihren kindlichen Bedürfnissen im Wege steht. Doch durch die Konfrontation mit ihrer deutschen Umgebung, der mitteleuropäischen Lebens- und Denkweise, ist der Identitätskonflikt vorprogrammiert. Die Stabilisierung des familiären Zusammenhalts hat auch für die Kinder Priorität, die Grundlage für das traditionelle Bild der Familie als "engster Gemeinschaft ... deren Schutz und Hilfe unbedingt gefordert und erwartet werden kann" und deren Aufrechterhaltung "alle nicht direkt zweckgerichteten persönlichen Belange, vor allem aber die emotionalen Ansprüche untergeordnet" werden (Zimmermann 1983:37); hier, in einer Welt, in der andere Werte angesetzt werden, erleben die Kinder aus ihrem außerfamilialen Umfeld keinen Zuspruch, hier ist eher eine Tendenz zur Ausgrenzung zu erkennen (vgl. Kap 5.4.2. Fam. B.). Die pädagogische Auseinandersetzung mit der Einbindung der süditalienischen Kinder in die häusliche Arbeit wird oftmals mit negativen Vorzeichen geführt: Das frühzeitige Erlernen verantwortungsvollen Handelns im Sinne des Familieninteresses tritt dabei in den Hintergrund - herausgestellt wird demgegenüber, daß spielerische und freie persönliche Entfaltung der Kinder zu kurz kommen.

Weit entfernt von ihrer dörflichen Umgebung verkörpern die Kinder für ihre Eltern ein Stück Heimat, das sie möglichst immer bei sich behalten möchten. In ihnen lebt die Vergangenheit (Namensgebung der Großeltern) und die Zukunft (Emigrationsziel: bessere Chancen für die Kinder). Sie sind es, für die Opfer gebracht wurden, und vielleicht - diese Hoffnung schwingt in vielen Selbstdarstellungen mit - können sie davon verschont werden, sich ebenso aufzuopfern. Vielleicht haben die Eltern mit ihren Opfern die "miseria" wenigstens für die nächste Generation abwenden können. Schon deshalb kann elterliches Ziel nicht sein, die Lebensqualität für sich selbst in der aktuellen Umgebung zu verbessern. Die Definition ihrer eigenen Rolle beinhaltet grundsätzlich nicht Selbstverwirklichung, sondern Einsatz für die Kinder, was innerhalb der spezifischen Problematik der Arbeitsemigranten sich allerdings einerseits auf die Anhäufung von materiellen Gütern bezieht und andererseits bedeutet, jegliche Anforderungen nach Möglichkeit von den Kindern fernzuhalten. Dahinter lassen sich jedoch zum Teil recht eigennützige Interessen der Eltern vermuten, die mit Hilfe ihrer Kinder einen Teil ihrer unbewußten narzißtischen Bedürfnisse befriedigen können. Ihre Kinder sind auf sie angewiesen; indem sie nur unzureichend lernen, selbst die täglichen Anforderungen des Lebens zu meistern, wird ihr abhängiger Status aufrechterhalten, die Eltern machen sich unabkömmlich.

Das elterliche Selbstverständnis, ihre Selbstwahrnehmung und die Rolle, die sie gegenüber ihren Kindern real einnehmen, gewinnt für deren Individuation und Identitätsfindung zentrale Bedeutung: In der Weise, wie die Eltern Lebensziel und Selbstverwirklichung mit ihren Kindern verknüpfen, stellen sie unbewußte Erwartungen an sie, so daß Idealisierung zu einem tragenden Beziehungsaspekt wird. Respekt und Hochachtung vor den erfahrenen Eltern - ganz besonders vor dem Vater - kann damit unbewußt noch weiter ausgebaut werden, zumindest so lange, wie für das heranwachsende Kind die Familie erstes und wichtigstes Erlebnisfeld darstellt: Im Laufe des Heranwachsens stellt sich für den Jugendlichen jedoch ganz entscheidend die Frage, wie er sich mit den Schwächen der Eltern - analog dazu mit seinen eigenen - auseinandersetzen kann und diese mit seinen Allmachtsphantasien in seiner Persönlichkeit integrieren kann.

# 4. Lernstörungen - kindliche Antwort auf das fehlende Gleichgewicht zwischen familialer und außerfamilialer Sozialisation.

## 4.1 Der Aufenthalt in der Fremde als aufgeschobener Dauerkonflikt

Die Vielschichtigkeit des Problemkreises Arbeitsemigration ist zum einen Grund für die Aufrechterhaltung eines Zustandes, der sich über Jahrzehnte nur in geringem Maße verändert hat, und macht zum anderen seine Brisanz für die Weiterentwicklung aus.

Giordano benennt soziologische Theorienkonzepte, die sich verstärkt mit der Entstehung und Entwicklung von Arbeitsemigration auseinandersetzen, zum einen das integrationistische, zum anderen das marxistische. Beide gehen "von dem Ideal der ethnisch-kulturell homogenen Gesellschaft aus, die per definitionem industriell und urban ist, so daß die Herkunftsgesellschaften für diese zwei Ansätze ... lediglich 'Völkertrümmer' bzw. 'ethnographische Denkmäler' darstellen." (Giordano 1989:11). Hier liegt nach Ansicht Giordanos eine eingeengte Sichtweise unserer Soziologie vor, die ausschließlich industriell-urbane Schwerpunkte setzt und ländliche Gesellschaften als deren Vorstufe annimmt. Das Verständnis der ländlichen Gesellschaft (peasant oder post-peasant society) ist damit eindeutig ausgerichtet an der Denkweise der Industriegesellschaften und gesteht ihnen keine eigenständige, unterschiedliche Dynamik zu (ebenda:15, 21f).

Begonnen bei der Diskussion um Integration oder Assimilation auf der einen Seite bis zur Frage, ob das Aufgehen in der kulturellen Umgebung des Aufnahmelandes möglich ist bzw. gewünscht wird, existiert ein breit gefächertes Feld von Interpretationen des Verhältnisses Arbeitsemigrant - Aufnahmegesellschaft.

Wenn auch verschiedene Autoren das Phänomen der Arbeitsemigration zum Teil kontrovers diskutieren[1], so läßt sich doch ein weitgehender Konsens in der Aussage finden, daß auftretende Störungen des inneren Gleichgewichts der Arbeitsemigranten in einem Zusammenhang stehen mit der von ihnen erlebten Qualität der Aufnahme in der neuen Umgebung (u.a. Cinanni 1979:100, Frigessi-Castelnuovo 1986:24f).

Gramsci weist auf die geringe Bereitschaft der Süditaliener zur Solidarisierung hin. In seinen Betrachtungen (1926, 1934) der "süditalienischen Frage" im Zuge der italienischen Einigung von 1861 hebt er als charakterisstisches Merkmal die Vereinnahmung des Südens durch den Norden hervor (1980:289), zeigt dabei gleichzeitig die besondere Verschlossenheit der Landbevölkerung: Die ärmliche Bevölkerung des Südens, den er als ein "Gebiet der weitgehenden Zersetzung", in dem die Bauern "ohne Zusammenhang untereinander" lebten (ebenda:204) beschreibt, konnte sich dementsprechend auch nicht mit den Arbeitern des Nordens solidarisieren. Aus dem daraus resultierenden Unverständnis heraus entwickelten sich im Norden Vorurteile über die "naturbedingte Unfähigkeit der Menschen [des Südens, Anm.d.Verf.], ihre Barbarei, ihre biologische Minderwertigkeit (ebenda:290), die auch heute noch durchaus anzutreffen sind (vgl. Mazzi 1991:7f)[2].

In den USA wurde mit der Vision des 'Melting Pot' eine umgehende Eingliederung der Emigranten in die dortige Gesellschaft angestrebt, einhergehend mit einer möglichst schnellen Anpassung an Sprache und Lebensgewohnheiten. Inhalte, Werte und Normen der Herkunftsgesellschaft wurden in den Hintergrund gedrängt zugunsten derjenigen

---

1 Die Überlieferungen aus den Emigrationswellen des letzten Jahrhunderts heben weit mehr die emotionalen Aspekte von Trennung und Hoffnung auf einen Neubeginn hervor, als daß sie auf die sozialen und politischen Hintergründe der Emigration eingehen, wie z.B. De Amicis' Berichte *Cuore*, *Dagli Apennini alle Ande* und *Sull'Oceano*, wenngleich sie heute teilweise als lebensnahe Schilderungen der Praxis von Emigrantentransporten in die "Neue Welt" gewertet werden (vgl. Heydenreich 1986:52).

2 Zur "süditalienischen Frage" vgl. auch Vivanti (1980:195ff).
Eine Fortführung von Gramscis Gedankengängen findet sich u.a. bei Cinanni (1979) und Frigessi-Castelnuovo/Risso (1986), weitere Untersuchungen mit gesellschaftspolitischem Ansatz zur Problematik Süditaliens bei Pino Arlacchi.

der neuen Umgebung. Bezogen auf Amerika nennt Greverus diese Anpassung für beinahe jeden Bürger eine " - zumindest familiengeschichtlich relevante - Lebenstatsache"; ein Teil des 'American Way of Life', "dem jeder Neuankömmling als Fremder mit der Erwartung auf 'belonging' gegenübersteht." (Greverus 1972:36). Doch ganz entscheidend stellt sie dem Ideal von Gleichheit und Freiheit für alle die tatsächliche Orientierung an den Normen der 'white Anglo-Saxon Protestants' gegenüber, mit denen jeder Einwanderer sogleich konfrontiert und gemessen wurde. "Je weniger der Immigrant diesen Voraussetzungen entsprach, desto schwerer wurde die Integration." (Greverus 1979:167). In diese Gedankengänge reiht sich auch Bausingers Hinweis auf Hall (1973) ein, der als "typische Haltung weißer Amerikaner gegenüber den Immigranten und sonstigen Ausländern" beschrieb, sie als "underdeveloped Americans" zu bezeichnen (Bausinger 1986:146).

Frigessi-Castelnuovo/Risso heben besonders die Erwartungshaltung an den Migranten mit einem darin enthaltenen "migrantenfeindlichen Verhalten der Öffentlichkeit" hervor, das "Abneigung und Intoleranz gegenüber den Andersartigen" ausdrückt (1986:129). Konsequenz daraus ist für die Migranten soziale Isolation, die als wichtiges Kriterium für das Entstehen von psychischem Ungleichgewicht gilt. Hervorgerufen durch den Mangel an zwischenmenschlichen Beziehungen oder deren eher feindseliger Charakter bewirkt sie die beschriebene ausweglose Situation, die für eine Vielzahl von Emigranten zum unausweichlichen Schicksal geworden ist, "wenn die öffentliche Meinung sie mit aller Macht ihrer Vorurteile ... dazu veranlassen will, einen Teil ihrer selbst zu negieren, die eigenen Werte gegen andere einzutauschen." (ebenda:129). Frigessi-Castelnuovo/Risso machen hier die gesellschaftlichen Bedingungen der Aufnahmegesellschaft dafür verantwortlich, daß dem Migranten nur ein spezieller, abgegrenzter Raum zur Verfügung gestellt wird. Für ihn, dessen intellektuelle Fähigkeiten meist nicht so entwickelt sind, daß er diese Art der Auseinandersetzung verkraftet, besteht kein Ausweg aus diesem Dilemma; nur in Ausnahmefällen kann er die "widersprüchliche Situation als 'Grenzgänger' zwischen zwei Welten" (ebenda:143) positiv für sich nutzen.

Flucht in die Krankheit bietet sich an, wenn auch pathologische Reaktionen nicht die zwingende Folge sein müssen. Die Annahme, bei Migranten häufiger psychische Störungen anzutreffen als bei Vergleichsgruppen der einheimischen Bevölkerung, wurde in den sechziger Jahren durch Murphy mehrfach widerlegt. Dieser plädierte dafür, bei der Beurteilung psychischer Störungen von Migranten nicht nur quantitative Angaben zu analysieren, sondern insbesondere auch deren Lebensumstände miteinzubeziehen[3].

Frigessi-Castelnuovo/Risso führen diejenigen Untersuchungen, die zu dem Schluß gelangen, Arbeitsemigranten hätten für psychische Störungen eine besondere Disposition, eher auf eine unsachgemäße Interpretation statistischer Werte zurück (ebenda:59)[4]. Sie weisen auf das Zusammenspiel einer Vielzahl von Faktoren hin, welche die Komplexität der spezifischen Problematik der Arbeitsemigranten ausmacht. Immer wieder kommt hier das Schwanken zwischen den zwei Welten zum Tragen, währenddessen jedoch gleichzeitig der Lösungsprozeß von der Herkunftsgesellschaft unaufhaltsam fortschreitet. Bausinger beschreibt diesen Zustand als 'Zwischenwelt' (1986:150). Ruhloffs Bezeichnung der 'Vorläufigkeit des Lebens' (1982:4) drückt insbesondere den unsicheren Ausgang, die unklar gewordene Zielvorstellung aus[5]. Der nationalitätenorientierte Zusammenschluß in der Fremde, die Ghettobildung, bedeutet nach Auffassung von Frigessi-Castelnuovo/Risso nicht krampfhaftes Festhalten an der Tradition als Aktion zur Abwehr der neuen Umgebung, sondern ist Reaktion auf die erzwungene soziale Isolierung, die ihnen von der Gesellschaft als einzige Modalität des Zusammenlebens geboten wird (1986:126, vgl. Müller 1974:159).

---

3 Murphy kritisierte, daß gerade in der europäischen Psychiatrie kulturspezifische Verhaltensweisen mit auf Grund der Migration entstandenen Störungen verwechselt werden, d.h. der kulturelle Zusammenhang eines bestimmten Verhaltens erhält kein Gewicht zugunsten der angenommenen Störung. In: v. Klitzing 1983:31. vgl. auch: Verhexungswahn in Risso/Böker 1965.

4 Sie beziehen sich u.a. auf die Untersuchungen von Odergard (um 1930). Danach wurde der Nachweis einer höheren Anfälligkeit für Geisteskrankheiten bei Emigranten erbracht mittels fehlerhafter Daten, indem beispielsweise die Werte zweier Vergleichsgruppen (Emigranten und Einheimischen) mit unterschiedlicher Altersstruktur zugrundegelegt wurden. (Frigessi-Castelnuovo/Risso 1986:79ff.

5 vgl. dazu u.a. die Arbeiten von Ligouras (1981) und Zografou (1983).

Der Zustand innerer Zerrissenheit der Emigranten resultiert aus ihrer Konfliktsituation von Nicht-Gehen- und Nicht-Bleiben-Können. Die Autoren bedienen sich der Allegorie eines in der Felswand hängenden Bergsteigers, der sich weder vor- noch rückwärtsgehend aus seiner Falle befreien kann[6]. (Frigessi-Castelnuovo/Risso:144). Dieses Bild beschreibt das Erlebnis einer existentiellen Bedrohung, das mit dem Gefühl der Zerrissenheit einhergeht, und liefert gleichzeitig die Erklärung dafür, warum eine Problemlösung eher abgewehrt als angestrebt wird. Verdrängthalten wird dann zum vermeintlich einzigen sicheren Weg des Selbstschutzes.

Die Autoren heben die strukturelle Problematik, die mit der Arbeitsemigration verknüpft ist, hervor und bestätigen damit die Aussage von Greverus, daß es dem Migranten nicht grundsätzlich möglich ist, sich seine neue Umgebung als "Lern- und Erfahrungsraum" (Greverus 1979:101) positiv anzueignen, eine neue Heimat zu erschließen. Dem Emigranten, "der oft bis zu seinem Auszug in einer bäuerlichen Welt mit subalternen kulturellen Formen gelebt hat und folglich bar jeglicher Kulturtechniken und sozialen Verhaltensweisen ist, derer es bedarf, um die Einwanderungsgesellschaft in ihrer Logik und ihren Mechanismen adäquat zu nehmen und zu verstehen", fehlen die Möglichkeiten, sich dagegen zu verteidigen (Frigessi-Castelnuovo/Risso:142). Dies macht ihn jedoch auf intuitiver Ebene noch sensibler in der Wahrnehmung von Ungleichbehandlung und Diskriminierung. Im Heimatland lebt er als "vollwertiger Bürger mit allen Rechten, ausgenommen [dem] Recht auf Arbeit; als Arbeiter im Ausland zählt er nur im Produktionsprozeß und besitzt keinerlei Bürgerrechte" (ebenda:106) und hat schon aus diesem Grund kaum Gelegenheit, in der neuen Umgebung Fuß zu fassen. Charakteristisch an seiner Situation ist die Chancenlosigkeit, sich in der neuen Gesellschaft einen akzeptablen Platz zu sichern, da diese ihm keine andere als die Position am Ende der sozialen und beruflichen

---

6 In ihrem Aufsatz "Zwischen zwei Welten gefangen. Emigration und Geisteskrankheit" bezieht Frigessi-Castelnuovo die eingangs erwähnte Allegorie des Bergsteigers in der Felswand auf das Ineinandergreifen der Zeiträume: "Die Vergangenheit gerät in Konflikt mit der eigenen Gegenwart, die zugleich geachtet sein will, weil sie die Zukunft enthält." (1986:25). Es sind dabei mehrere Ebenen, auf denen das Hin-und-Hergerissen-Sein erlebt wird, die gesellschaftspolitische, mehr nach außen gelagerte auf der einen und die verinnerlichten Werte auf der anderen Seite.

Skala (ebenda:113) zubilligt. Innerhalb der Arbeiterschaft wird eine zusätzliche Hierarchie aufgebaut, die zwischen einheimischen und ausländischen Arbeitnehmern keine Interessengleichheit und Solidarität aufkommen läßt. Die Migranten finden sich damit in der Rolle eines "objektiv marginalen modernen Subproletariats [wieder], das von der Arbeiterklasse getrennt ist." (ebenda:114).

Wenn auch Frigessi-Castelnuovo/Risso manchen Fortschritt in den sozialwissenschaftlichen Untersuchungen über den Zusammenhang zwischen Migration und psychischer Krankheit erkennen, so kritisieren sie doch, daß dieser "ganz strikt in einem abgesteckten Komplex theoretischer Debatten und Forschungen eingeschlossen bleibt, aufgrund anderer, und zwar sehr wesentlicher Aspekte, die zutiefst an die herrschenden Ideologien in den herrschenden Ländern eingebunden sind." (ebenda:158). In diesem begrenzten Rahmen können dann selbst unterschiedliche, einander widersprechende Theorien in Beziehung zueinander gesetzt werden oder einander ergänzen, sie müssen einander nicht zwangsläufig ausschließen.[7]

Die Autoren beurteilen, trotz dieses partiellen Fortschritts die Deutungsansätze der Verknüpfung von Migration und psychischer Krankheit eindeutig fatalistisch. "Der Schwächere, das heißt: derjenige, der arm ist und ohne Machtmittel dasteht, hat sich ohne Protest unterzuordnen und muß alles klaglos über sich ergehen lassen können (Akkulturation, Verzicht auf soziales Fortkommen, Leben in Isolation, wachsende Entfremdung), andernfalls muß er vom Arbeitsmarkt entfernt und als 'deviant' (sprich: geisteskrank) behandelt werden." (ebenda:158f). Ein Hineinfinden in die Aufnahmegesellschaft kann nach ihrer Sichtweise erst für spätere Generationen gelten, und dies zu einem sehr hohen Preis: "Akkulturation macht 'krank', weil sie in Wirklichkeit nicht stattfindet, es sei denn in Form von Konflikten und inneren Zerreißproben." Von der Aufnahmegesellschaft konstruiert ist sie "ein Artefakt, eine Erfindung, die ... dazu beitrug, die real sich abspielenden Dramen kultureller und sozialer Gewaltakte zu verbergen."

---

7 Hier können als Beispiel Tendenzen in manchen Untersuchungen angeführt werden, die weniger Verständnis für eine spezielle Problematik noch die eigentliche Problemlösung anstreben, sondern ihre Forschungen mehr als "l'art pour l'art" betreiben. Siehe auch Kapitel 6.

(ebenda:142). Die Akkulturation als ein mit permanenten Konflikten sich widersprechender Wertsysteme behafteter "endlos langer Prozeß" schlägt sich, je weiter sie fortschreitet, immer mehr als psychisches Unbehagen oder Störung in der Persönlichkeit des Emigranten nieder (Frigessi-Castelnuovo in 1986:24).

Ohne diesen düsteren Ausblick beiseite zu schieben formuliert Frigessi-Castelnuovo den wichtigen, für die Migranten positiven Aspekt der Arbeitsemigration: sie fungiert als eine "Begegnung mit der modernen Industriegesellschaft, die Emanzipation und sozialen Wandel bewirkt." Sie hat "zwar eine teilweise Zerstörung kultureller und sozialer Identitäten bewirkt, ... zugleich aber auch die alten repressiven Produktions- und Arbeitsformen aufgelöst, den Bruch mit archaischen Bindungen und Abhängigkeiten begünstigt und die Eingliederung in den internationalen Arbeitsmarkt gefördert." (ebenda:25f). Hier liegt gleichermaßen eine wichtige Chance, die jedoch nur genutzt werden kann, wenn eine Rückkoppelung an die gesellschaftlich gebotenen Möglichkeiten stattfindet.

Das von Frigessi-Castelnuovo/Risso dargestellte Bild des Bergsteigers in der Felswand wird im Rahmen psychoanalytischer Untersuchungsansätze mit einem individualpsychologischen Schwerpunkt versehen. Die Auflösungsmöglichkeiten der Situation sind danach wesentlich stärker von persönlichen Komponenten geprägt, die auch bei der Beurteilung auftretender Verhaltensauffälligkeiten in den Vordergrund treten. Grindberg und Grindberg gehen von Störungen und Ängsten aus, die unverarbeitete Objektverluste in der Persönlichkeit des Migranten hinterlassen haben. Migration kann auf den Ausbruch einer latenten Pathologie "besonders bei labilen Persönlichkeiten" fördernd wirken, jedoch muß unterschieden werden zwischen "der pathologischen Verarbeitung der Migration mit ihrer ungelösten Identitätskrise, ihrer Depressivität und ihrer chronischen sozialen Entfremdung einerseits und der gesunden Verarbeitung der Identitätskrisen, die vom kulturellen Schock herrühren, andererseits." (Grindberg/Grindberg 1990:101). Eine teilweise Aufgabe seiner Individualität ist für den Migranten zwingend - "je größer die Unterschiede zwischen der neuen

Gruppe und der Ursprungsgruppe sind, desto größer wird seine Entsagung sein" (ebenda:102).

Die Migration kann eine Wiederbelebung der ödipalen Dreieckssituation bewirken. Als Konfliktpole gelten hierbei das Herkunftsland und die neue Umgebung, sie werden von dem Migranten emotional ambivalent erlebt, in der Auseinandersetzung mit beiden entsteht eine Konfusion, die sich symptomatisch, z.B. in Verwirrungszuständen äußert: "Es gibt Augenblicke, in denen sich die Verwirrung zuspitzt, weil sich die Kulturen, die Sprachen, die Orte, die Bezugspunkte, die Erinnerungen und die aktuellen Erlebnisse überlagern und vermengen." (Grindberg/Grindberg 1990:99).

Depressive Ängste beziehen sich auf die Erfahrung eines schweren Verlustes und drücken die Befürchtung aus, einmal Verlorenes nie wiederzubekommen. Um pathologische Erscheinungen (z.B. Verfolgungswahn, eine feindselig und gefährlich erlebte Außenwelt) zu verhindern, ist Trauerarbeit dringend notwendig.

Eine Vielzahl migrationsbedingter innerfamiliärer Konflikte entsteht durch das "Auseinanderklaffen von Annahme und Ablehnung des neuen Landes seitens der verschiedenen Familienmitglieder: Einige richten sich leichter ein ..., während andere voller Ressentiments bleiben, sich entwertet fühlen und sich nach der Rückkehr in das Herkunftsland sehnen." (ebenda:107).

Grindberg/Grindberg heben die berufliche Tätigkeit hervor als einen Stabilisator, der dazu verhilft, seinen Platz in der neuen Gesellschaft zu finden. "Sie [die Arbeit, Anm. d. Verf.] signalisiert dem Immigranten am unmittelbarsten und ausdrücklichsten immer wieder seine Selbstachtung, indem sie ihm gestattet, nach der regressiven Phase der Ankunft für die eigenen Ausgaben selber aufzukommen und eine seiner 'Erwachsenenfunktionen' wieder aufzunehmen." Danach bedeutet Arbeiten im Sinne des Praktizierens der "eigenen schöpferischen Fähigkeiten" auch eine Form der Wiedergutmachung, "sowohl gegenüber dem Selbst wie auch gegenüber den verlassenen oder verlorenen Objekten" (ebenda:108/109).

Auch Frigessi-Castelnuovo/Risso unterstreichen die starke Identifikation des Emigranten mit seiner Position im Arbeitsbereich, heben jedoch ein anderes Motiv dafür hervor: "Sie ist sein wesentliches Kennzeichen und definiert seine Rolle in der Einwanderungsgesellschaft; die Ausübung anderer Rollen als die der Arbeitskraft wird ihm durch die Vorenthaltung politischer und sozialer Rechte verwehrt." (1986:109).

Die Frage, inwieweit jedoch die Ausübung von Tätigkeiten mit geringer intellektueller Beanspruchung und niedrigem Sozialprestige eine positive Besetzung des eigenen Selbst bewirken kann oder ob nicht gerade hier Mechanismen von *Entfremdung* (Mitscherlich 1973:188) die Konflikthaftigkeit des Identifikationsprozesses verstärken, darf bei der Beurteilung der spezifischen Situation der Arbeitsemigranten nicht außer acht gelassen werden[8].

Zusätzlich sollten hier die schon grundsätzlich verschiedenen kultur- und schichtspezifischen Wirklichkeiten von Arbeitsemigranten und Wissenschaftlern Beachtung finden und nicht die Annahme von Identifikationsmechanismen über die berufliche Tätigkeit als einzig gültige Wirklichkeit vorausgesetzt werden (vgl. Di Bella, Elschenbroich)[9]. Trimborn sieht eine Hauptursache der Schwierigkeiten bei der psychotherapeutischen Behandlung von Unterschichtspatienten gerade in der

---

[8] Das hier angesprochene Phänomen ist auf die gesamte Arbeitswelt bezogen und betrifft nicht nur die Arbeitsemigranten. "Arbeit ist - in der Form, in der sie heute von den Massen geleistet werden muß - nur wenig geeignet, dem Individuum als Hilfsmittel seiner Integration zu dienen." (1967:176). Mitscherlich kam zu dem Ergebnis, daß die "Entkörperlichung" der Arbeit Ursache für die ansteigende Unzufriedenheit der Menschen ist, was ihre Anfälligkeit für psychische Störungen erhöht. "Der Wegfall von Arbeit schafft zunächst Leerräume, nicht Arbeits- und Beschäftigungslosigkeit. Wie werden die Menschen diese Leerräume füllen? Welche Identifikationen werden ihnen angeboten werden? Das ist eine der Aufgaben der neuen Moral ... Man kann sie sich denken, weil sie notwendig ist; aber sie existiert nicht." (1967:178).

[9] Di Bella nennt als besonders wichtiges Kriterium für die gesellschaftliche Anerkennung des sizilianischen Mannes seine Arbeitsfähigkeit: "Der Besitz von Arbeit unterscheidet so den glücklichen Bauern von seinem weniger glücklichen Gegenüber, der zum Bettler wird." (in Giordano/Hettlage 1989:114). Doch ist hier für die Identifikation mit Arbeit die Tatsache an sich für das Ansehen ausschlaggebend, die Tätigkeiten dagegen sind, sobald sie die tatsächlich bäuerliche verlassen, relativ austauschbar. Umgangssprachlich wird dies - auch bei erlernten Berufen - in der Aussage deutlich, jemand "fa il muratore, meccanico ... etc." (er arbeitet als Maurer, Mechaniker usw.), dagegen wird in Berufen mit höherem Sozialprestige - vor allem den akademischen - ausgesagt: "**è** medico, judice, avvocato ..." (**ist** Arzt, Richter, Anwalt etc.). Siehe hierzu auch Kap.5: Familienreports.

Tatsache, daß "verschiedene Wirklichkeiten miteinander konkurrieren. Dabei dürfen wir nicht übersehen, daß die Wirklichkeit der oberen Mittelschicht (und damit die des Analytikers) in unserer Gesellschaft eine ideale Wertigkeit beansprucht." (Trimborn 1979:137)

Die Dauerhaftigkeit des Konfliktes wie auch die Gründe für seine schwierige Auflösbarkeit werden durch die Hinzuziehung kulturanthropologischer Gesichtspunkte noch transparenter. In der Auseinandersetzung mit der aktuellen Situation der Arbeitsemigranten auf der Ebene ihrer kulturellen Hintergründe werden die Wirkungskreise von Traditionen und Vergangenem in die Zukunft hinein bewußt gemacht, erlebt und verstanden. Die interdisziplinäre Forschung ermöglicht eine umfassendere Problembetrachtung und versucht dabei, sowohl eine Wertung kulturspezifischer Verhaltensweisen nach mitteleuropäischen Grundsätzen zu vermeiden als auch keine einseitige Gewichtung zugunsten individualpsychologischer Determinanten vorzunehmen, die als Auslöser von Störungen herangezogen werden könnten.

Zum einen spielen natürlich die Bedingungen im Herkunftsland eine wichtige Rolle bei der Entscheidung zur Arbeitsemigration, und doch sind auch diese, wie bereits an anderer Stelle beschrieben, nicht nur auf den Zustand der Armut und des Elends zurückzuführen[10]. Zum anderen ruft ein Ortswechsel mit den damit verbundenen Trennungs- und Ablösungsprozessen enorme psychische Belastungen hervor, die nicht einzig durch eine bessere materielle Sicherheit aufgehoben werden können. Und trotzdem ist auch hier ein dauerhaftes Gefühl von Hilflosigkeit und Verloren-Sein nicht zwingende Konsequenz, ist das Verarbeiten der eigenen Situation abhängig von verschiedenen, ineinandergreifenden Faktoren.

---

[10] Als Beispiel können hier die von Arlacchi beschriebenen "alternativen Formen der sozialen Rebellion" angeführt werden. Ihre Armut führte beide (cosentinische Bauern und crotonesische Landarbeiter) zu völlig unterschiedlichen Handlungsmustern: Emigration bzw. Klassenkampf (1986:43)

Der Wechsel von einer Umgebung[11] in eine andere ist - wie an anderer Stelle durch verschiedene Autoren belegt - immer mit einer momentanen Beeinträchtigung und Verunsicherung der Identität verknüpft, daher gewinnt die Rolle der Identitätserhaltung bzw. -findung eine entscheidende Bedeutung. Nach Erikson (1956) ist die Identitätsfindung ein sich im Laufe des Lebens immer weiter entwickelnder, nie gänzlich abgeschlossener Prozeß. Identitätsentwicklung als "Gleichgewicht zwischen eigener psychischer Wirklichkeit und Realität" (Sandler) hebt den Stellenwert narzißtischer Befriedigung bei der Identitätserhaltung besonders hervor (Trimborn 1979:105) bzw. die Komponente der narzißtischen Kränkung bei Identitätsverunsicherung.

Unter Hinzuziehung gesellschaftlicher Aspekte bedeutet Identität für das Individuum, "einen bestimmten Platz in der Welt angewiesen" zu bekommen (ebenda:110). Identität als ein "reziprokes Verhältnis zwischen den Menschen eines Raumes: die Gruppe gibt dem Einzelnen Identität und die Einzelnen bestätigen die Identität der Gruppen" (Greverus 1972:54) zeigt den permanenten Austausch zwischen dem Individuum und seiner Umgebung. In Anlehnung an Eriksons "definiertes Ich in einer sozialen Realität" kann die Frage nach der eigenen Identität nicht nur vom Individuum her beantwortet werden, sondern sie wird gebildet, weiterentwickelt, gestärkt oder geschwächt im Austausch mit der Umgebung: "Identität zu haben heißt nicht nur: sich zu erkennen, sondern auch erkannt und anerkannt zu werden ..." (ebenda:162).

Ein fester, unauflöslicher Zusammenschluß ethnischer Minderheiten, die Ghettobildung, entsteht danach, wenn von der gesellschaftlichen Mehrheit Identität verweigert wird, und bestätigt damit Frigessi-Castelnuovo/Rissos These der Reaktion auf soziale Isolierung. Analog dazu ist Greverus' Interpretation von territorialer Aggressivität zu verstehen, dem Kampf und der Verteidigung von Territorien durch die *Versagungs-Aggressions-Relation*. Verdeutlicht am Beispiel von Jugend-Gangs in den Großstädten ist territoriale Aggressivität die Antwort auf vorausgegangene Versagung von Territorialität. Dabei "ist signifikant, daß solche 'Gang-Kriege' nur dort auftreten, wo Armut, Überbevölke-

---

11 im Sinne von Greverus' Begriffsbildung des Territoriums (Greverus 1972 und 1979)

rung oder andere Formen des sozialen Stresses herrschen." (Greverus 1979:58). Das Verweigern von territorialer Zugehörigkeit durch die gesellschaftliche Mehrheit bedeutet, daß erstere "keine Sicherheit, keine Identität und keine Aktivitätsmöglichkeit" haben. Die Reaktion ist die Suche nach einem eigenen Territorium und seine Verteidigung." (ebenda:58).

In der Interpretation von ethnischer Identität im Zuge der ethnicity-Bewegung in den USA wurde der Versuch einer bewußten Abgrenzung zu anderen Ethnien unternommen. Elschenbroich verweist dazu auf das Entstehen rassistischer Tendenzen u.a. zwischen europäischstämmigen und farbigen Amerikanern bzw. Amerikanern indianischer Abstammung auf Grund unterschiedlicher Akzeptanz der verschiedenen ethnischen Minderheiten in der Öffentlichkeit (1988:98f). Gleichzeitig tendiert ein verstärktes ethnisches Bewußtsein dazu, Abgrenzung zu ihrem Hauptthema zu machen. Das Motto "kein Außenstehender kann uns verstehen" impliziert als Kehrseite seiner selbst: "kein Außenstehender soll uns verstehen"[12] (ebenda:111). Elschenbroich hebt das Konfliktpotential hervor, das mit Hilfe eines künstlich entstandenen ethnischen Gemeinschaftsglaubens einhergeht. "In Wirklichkeit ist sie ... [die ethnische Gemeinsamkeit, Anm. d. Verf.] eine Gemeinschaft des Gedächtnisses." (ebenda:112). Sie zitiert Erikson, der die ethnischen Ideologien als 'infantile Gruppenphantasien' einstuft[13] (ebenda:116).

Hinsichtlich der familienbezogenen Identitätsbildung und -stabilisierung in der süditalienischen Gesellschaft stellt sich die Familie als "territorialer Komplex" dar. "Er findet sich aber besonders ... bei den Armen des Südens, denen eine aktive Eingliederung in den sich entwickelten Staat verweigert wird und denen gleichzeitig ihre marginal gewordenen Gemeinden weder Sicherheit noch Aktivität gewähren,

---

[12] Dieser Vorwurf wird innerhalb der Emigrantenliteratur sehr stark an die deutsche Gesellschaft - die ethnische Mehrheit - gerichtet (vgl. Giambusso, Biondi).

[13] "Das grandiose Selbst ist mit dem Fremdbild in der Außenwelt nicht in Einklang zu bringen. Ethnisch - nicht ethnisch: Ein Sammelbecken für Projektionen und Delegationsprozesse. Je stärker die Regression, um so schärfer die Grenzen, um so unerbittlicher der Konflikt. Um so ausschließlicher die ethnische Gemeinschaft und um so heroischer die halluzinierte ethnische Vergangenheit." (Elschenbroich 1988:116).

aber auch die alten Identitätsbezüge des an anerkannten Werten orientierten Handelns auflösen." (ebenda:59). Die *Überlagerungsmentalität* (Giordano 1992) ist damit quasi zu einer Charaktereigenschaft geworden. Sie dient einerseits zum Schutz ihrer Identität, begründet durch das historische Erleben ihrer gesellschaftlichen Position und ist andererseits so verinnerlicht worden, daß sie als eine Spielart des - insbesondere sizilianischen - Verhaltens verstanden werden kann[14]. Unter diesem Aspekt betrachtet ist das negativ vorgezeichnete Miseria-Weltbild - Greverus weist auf Baileys Begriff des 'bad-life' als Grundstimmung bäuerlicher Weltsicht hin (Greverus 1989:201) - als ursprünglich geschlossenes System zu verstehen. Strenge Familienorientierung als innerer Stabilisator und Außenkontakte in Form weitgehend klientelarer Beziehungen werden dabei als überlebensnotwendig erachtet, wie sie gleichermaßen das System an sich halten und stabilisieren (vgl. auch Reimann/Reimann 1983:122)[15].

Der beschriebene Konflikt einer großen Zahl meridionalitalienischer Arbeitsemigranten als kaum lösbare Dauererscheinung wird getragen und aufrechterhalten durch das Zusammenwirken mehrerer Faktoren. Eingeschränkter Handlungsspielraum der Migranten, die ihre Mobilität durch den Weggang aus der Heimat unter Beweis gestellt hatten, doch hier die Chance für das Nutzen neuer Erfahrungen nicht wahrgenommen werden konnte - dies ist die eine Seite. Ihnen bleibt die Hoffnung, durch die Weitergabe der nicht gelösten, sondern nur verdrängt gehaltenen Konflikte an ihre Kinder vielleicht in Zukunft eine Konfliktlösung zu erleben. Demgegenüber steht jedoch auf der anderen Seite eine sich indifferent-abweisend verhaltende gesellschaftliche Mehrheit, die

---

[14] Mühlmann/Llaroya entdecken den sizilianischen Verhaltensstil wieder in dem von Bianchini charakterisierten Gesamtsystem der Machtverteilung als *sistema di transazione*, "in dem einerseits der Vizekönig, andereseits das 'Parlament' mit Kirche, Adligen und domanialen Städten, und innerhalb der letzteren drei nochmals einander entgegen arbeitende Faktionen ... ihr Wort in die Waagschale warfen. Für jeden Teilhaber an diesem Spiel, und noch mehr für den Nichtteilhaber, den bloß von etwaigen Entscheidungen Betroffenen, besteht nun die Kunst darin, vorauszukalkulieren, wer siegen wird, um rechtzeitig auf dessen Seite treten zu können." (1973:51)

[15] Die große Bedeutung von systemimmanenten Verhaltensweisen wie beispielsweise der omertà, dem solidarischen Schweigen gegenüber allen Fremden - in erster Linie gegenüber Mitgliedern der Obrigkeit - wird im Rahmen der Analyse der ambivalenten "Freund-Feind-Beziehung" zwischen Familien und Betreuer intensiv zur Sprache kommen.

lange Zeit selbst die aufkommende Problematik verdrängt halten konnte und somit zu ihrer Festigung und Verhärtung beigetragen hat.

## 4.2 Die Konfrontation der unterschiedlichen Kulturen findet in der zweiten und dritten Generation statt

Nach der Theorie des "three-generation-assimilation-cycle" (u.a. Price 1969) hat die erste (selbst eingewanderte) Generation nur die quasi lebensnotwendigen Anpassungsleistungen an die Aufnahmegesellschaft vollzogen, währenddessen sich intern "sehr homogene und kohäsive ethnische Gruppierungen mit einem ausgebauten System ethnischer Institutionen" herausbildeten (vgl. Esser 1990:74). Innerhalb dieses 3-Generationen-Kreislaufes gilt die zweite Generation als diejenige, welche den Konflikt zwischen beiden Kulturen austrägt, da ihre Sozialisation die Widersprüche zwischen der aktuellen Situation und traditionsgebundenen Inhalten der Familie beinhaltet. "Dieser Zustand einer dualen und kognitiven Orientierung liegt dem Konzept der *Marginalität* zugrunde" (ebenda:75), der 'marginal man' (Park 1928) als Persönlichkeitstyp, der in der neuen Gesellschaft heimisch zu werden versucht, jedoch "wegen der rassischen Vorurteile nur halb geduldet" ist (vgl. Bernsdorf 1969:862). Mögliche Konsequenzen der im "three-generation-assimilation-cycle" beschriebenen Auseinandersetzung für die zweite Generation sind "Mobilisierung <u>oder</u> Desorientierung", also entweder Selbstbehauptung als starke Persönlichkeiten oder aber Identitätsverlust und in der Folge Resignation. Nach dieser Theorie geht die dritte Generation in die Aufnahmekultur über, womit der Prozeß der Assimilation abgeschlossen ist. So geradlinig kann dies jedoch m.E. nur auf Kinder der 'mobilisierten' zweiten Generation zutreffen, da hier Konflikte weitgehend ausgetragen wurden und zum Teil bewältigt sind.

Andere Untersuchungen (Hansen 1938; Herberg 1960) berichten von einer verstärkten Rückorientierung der dritten Generation auf die Werte der Großeltern (Esser 1990:75). Dies kann insbesondere die o.g. Nachkommen der 'desorientierten' zweiten Generation betreffen. Mit Elschenbroich interpretiert bedeutet es den Rückzug in eine *reaktive Ethnizität*, eine Form der Rückorientierung als Antwort auf die fehlende Integrationsbereitschaft der Aufnahmegesellschaft: Ausgelöst durch die erfahrene Diskriminierung (Schule, Arbeitsplatz) gewinnt die Rückbesinnung auf die ursprünglichen Wurzeln neuen Auftrieb, sie ist "Ersatz-Identität, Selbstbehauptung" (Elschenbroich 1988:145).

Amerikanische Untersuchungen ethnischer Einwanderergruppen unterstrichen eine stärkere Orientierung der zweiten und dritten Emigrantengeneration an die Kultur ihrer Herkunftsgesellschaft (in Frigessi-Castelnuovo/Risso 1986:138f). Der bis den bis dahin eher unterdrückt gehaltene Konflikt bricht hier leichter auf, vor allem, wenn die Schritte zur Akkulturation sehr abrupt stattfinden.

Beobachtungen um eine mehr oder weniger geglückte Integration bzw. Assimilation der zweiten Emigrantengeneration machen schon seit längerer Zeit auch in Deutschland ein Gebiet der Migrationsforschung aus (vgl. u.a. Schrader et al. 1979 und Wilpert 1980). Gezielt wurden hierbei ihre bestehenden Chancen und Zukunftsaussichten untersucht. Die Einsicht, daß mit der Generation, die in Deutschland aufgewachsen ist und trotzdem von der Gesellschaft als "fremd" eingestuft wird, sich ein Konfliktpotential gebildet hat, ließ - zumindest von wissenschaftlicher Seite - das Bedürfnis entstehen, die vorliegenden Probleme zu benennen.

Nach Einschätzung von Frigessi-Castelnuovo betrifft der existentiell verunsichernde Konflikt in der Dreieckssituation zwischen Vergangenheit, Gegenwart und Zukunft die zweite und dritte Emigrantengeneration nicht. "Ihre Schwierigkeit ist zunächst der Widerspruch zwischen der Marginalität, die sie in der Schule und auf dem Arbeitsmarkt erfahren, und dem hohen Niveau ihrer Erwartungen an die Beschäftigungsmobilität und soziale Beweglichkeit der Gesellschaft, in der sie geboren wurden" (1986:25). Auch Elschenbroich bezeichnet die effektiven Chancen des Arbeitsmarktes und die Integrationsangebote als wesentlichere Faktoren, durch die eine gesellschaftliche Rollenzuweisung an die zweite Generation stattfindet als den kulturellen Zwiespalt, unter dem ihre Eltern zu leiden hatten (1988:141).

Trotzdem bleibt die Frage bestehen, wie der *Circulus vitiosus*, in dem sich die süditalienischen Kinder mit Lernstörungen offensichtlich befinden - sie sind im Vergleich zu anderen Nationalitäten in relativ hohem Maße betroffen (vgl. Tomaselli 1982, Liguori-Pace 1983) -, aufgebrochen werden kann. Familiäre Energien sind vorhanden, die aufgebracht werden, um die Situation auf dem aktuellen Stand zu belassen. Das schließt eine weitgehende Resistenz gegen vorhandene Hilfsangebote mit ein, d.h. in vielen Fällen dienen die familiären Energien dazu, die Störung aufrechtzuerhalten; theoretisch könnten diese ebenso für eine grundlegende emanzipatorische Veränderung der familiären Gesamtsituation genutzt werden.

Besonders von Bedeutung für die folgende Aufschlüsselung ist das Nachvollziehen eines innerfamiliär wirksamen Mechanismus, der den entscheidenden Konfliktpunkt der "Bergsteiger-Situation" immer wieder aufs neue aufbrechen läßt.

Losgelöst von der Problematik des Umgebungswechsels, wird die gesamte psychosoziale Entwicklung der Kinder durch die Migration in entscheidender Weise beeinflußt. Bereits der Bereich der primären Sozialisation ist davon betroffen, da wichtige Bereiche der in der Heimat direkt beteiligten sozialen Umgebung fehlen und diese Bezugspersonen in der Fremde gar nicht oder nur sehr unzureichend ersetzt werden können. Die traditionelle Erziehung ist nur beschränkt realisierbar, als Antagonismus dazu sind gleichzeitig die elterlichen Aktivitäten - insbesondere die der Mutter (s. Kap. 3) - wesentlich stärker gefordert.

Durch seine Eltern als wichtigste Identifikationsfiguren lernt das Kind, für sich selbst eine Position in seiner Umgebung zu finden, und als Resultat seiner Wahrnehmung der elterlichen Reaktionen im Umgang mit ihrer Welt heraus entwickeln sich Selbstwertgefühl und Identität - seine Persönlichkeit. Doch gerade die eingangs geschilderte elterliche Identitätsverunsicherung bzw. ihre ungeklärte Gesamtsituation - die

Position des Bergsteigers in der Felswand - schränkt die positiven Identifikationsmöglichkeiten des Kindes ein und läßt sie zu zwiespältigen Identifikationsfiguren werden. Damit sind nicht ambivalente Gefühle gegenüber den Eltern angesprochen, die notwendiger Teil jeder gesunden Persönlichkeitsentwicklung sind, sondern das Vermitteln einer unklaren oder fehlenden Perspektive, das einer Problemlösung im Wege steht.

Trimborn geht davon aus, daß bereits im Identifizierungsangebot Störungsmöglichkeiten liegen, "die später zu spezifischen, meist als narzißtisch bezeichneten Konflikten führen. Das Selbstwertgefühl ist die Resultante der Verhältnisse der verschiedenen Identifizierungsaspekte untereinander." (1979:91). Es sind Widersprüche zu finden zwischen den beiden für das Kind relevanten Welten, der familiären und der Außenwelt, die für eine positive Identitätsfindung hinderlich sind oder sie unmöglich machen. Sobald hier wahrgenommene Divergenzen nicht auflösbar sind, entstehen Deckungsungleichheiten zwischen objektiver und subjektiver Realität.

Ein zusätzlicher Faktor wirkt problemverstärkend: Die berufliche Tätigkeit, die ursprünglich in erster Linie die Funktion des schnellen Geldverdienens haben sollte, konnte dies nicht erfüllen. Zum einen ist hier Enttäuschung an die Stelle der früheren Erwartungen getreten, zum anderen erfolgte - zumindest ansatzweise - die Übernahme der gesellschaftlich zugewiesenen Rolle als Mitglied der sozialen Unterschicht. Dabei spiegeln sich Momente der Resignation wieder, die ihren Niederschlag auch in den Identifizierungsangeboten an die Kinder finden.

Trimborn stellt für Unterschichtspatienten in der psychotherapeutischen Praxis das häufige Fehlen des "finalen Identifikationsbereiches" fest, einer "Ahnung, einer erreichbaren Zielvorstellung des eigenen Selbst" (1979:93). Auf die vorliegende Problematik bezogen hat dies auch für die Kinder zur Folge, daß Resignation ein wesentliches näherliegendes Handlungsmuster darstellt als das Anstreben und Kämpfen für eine Veränderung.

## 4.3 Die elterliche Rollenzuweisung an die Kinder als essentielles Beobachtungskriterium für die Pädagogen

Der von Banfield (1958) geprägte Begriff des "amoralischen Familismus", der die sizilianischen Familien auszeichne, schließt neben der bloßen Feststellung des starken familiären Zusammenhalts eine stark negative Wertung ein. Es besteht eine große Gefahr, der einige Forscher erliegen, bei der Untersuchung fremder Kulturkreise die eigene Kultur als Maßstab anzusetzen. So ist "das Selbstverständnis der untersuchten Gesellschaften ... methodologischer Ausgangsbegriff" (Mühlmann/Llaroya 1973:6). Nach Giordanos Interpretation läßt das Messen der fremden Kultur an der eigenen keine andere Beobachtung mehr zu als die "Umkehrung der eigenen Kultur": "Im Endeffekt stellt also der süditalienische 'Barbar' die Umkehrung des 'Zivilisierten' aus Nordamerika dar, der aufgrund seiner Partizipationsfreudigkeit einen hohen Grad an politischer Reife und Soziabilität erreicht habe." (Giordano/Greverus 1986:45) Stattdessen plädiert er für ein echtes Verstehen der "verkehrten Welten"; mit den kulturanthropologischen Untersuchungen soll versucht werden, den "subjektiv gemeinten Sinn der Akteure zu ergründen, so daß die Plausibilität der Denkinhalte und Handlungsmuster verdeutlicht wird." Damit kann für den Betrachter auch eine in sich geschlossene Logik sichtbar werden: Das "Mitglied mediterraner Gesellschaften ist jemand, der sich nach Prinzipien richtet, die ihren sinnvoll-rationalen Charakter besitzen, obwohl sie dem Forscher als eine Umkehrung der eigenen Leitbilder erscheinen."

Für die pädagogische Betreuerperson ist die Einbeziehung dieser systemischen Betrachtungsweise sehr nützlich, da sie mit ihrer Hilfe sowohl die Sinngebung des geschlossenen Systems Familie in der süditalienischen Gesellschaft begreifen lernt, als auch dafür Erklärungen findet, wie das System sein Selbstverständnis in der neuen Umgebung wiederfindet bzw. wie es versucht, Aspekte der Heimatumgebung in der neuen wiederzuerkennen.

In der Umgebung der Aufnahmegesellschaft findet die *Überlagerungsmentalität* (Giordano 1992) aus der Geschichte heraus keine direkte

Entsprechung. Eher könnte die Tendenz der *Unterlagerung* bei den süditalienischen Arbeitsemigranten entstehen, was durch eine scharf abgegrenzte gesellschaftliche Rollenzuweisung begünstigt wird. Damit wäre wiederum ein Charakteristikum für die *Überlagerungsgesellschaft* erfüllt. Das "Miseria-Weltbild" der ländlichen meridionalitalienischen Welt trifft damit auch hier zu, einzige Reaktion darauf kann nur ein existentieller Selbstschutz sein, wobei versucht wird, das durch den Aufenthalt in der Fremde unvollständig gewordene stützende Gesamtsystem nach Möglichkeit wiederherzustellen.

Die mittels der Kinder neu auflebende Auseinandersetzung mit dem alten, aufgeschobenen Konflikt läßt die Eltern ihre damalige Orientierungslosigkeit und Verunsicherung wiedererleben. Die Situationen gleichen sich, jedoch gibt es einen gravierenden Unterschied: Die Eltern befinden sich jetzt in der weiter außerhalb stehenden Position eines Beobachters. Gleichzeitig fühlen sie sich, gewappnet durch die schon früher erlebten Enttäuschungen, in einer stärkeren Position. Unter diesem Vorzeichen können sie die seinerzeit nicht stattgefundene Rebellion unbewußt nachholen, den Kampf noch einmal aufnehmen.

Für den Betreuer in der Rolle des 'teilnehmenden Beobachters' ergeben sich Anhaltspunkte für Delegations- oder Substitutionsphänomene in der Eltern-Kind-Beziehung.

Sein Eintritt in den familiären Bereich macht bereits seine ambivalente Position deutlich: Er ist auf der einen Seite als Helfer gerufen, da das Bewußtsein einer gewisse Notsituation bei den Eltern durchaus vorhanden ist. Also gestattet man ihm auch ansatzweise die Teilnahme an familiären Prozessen. Dabei wird eine Vielzahl von bewußten und unbewußten Erwartungen an ihn gerichtet - zwar nur selten konkret und verbal, jedoch implizit sehr stark spürbar.

Eine weitere Interpretation dieses halb-verbindlichen, annähernd freundschaftlichen Verhaltens kann mit dem 'Amicismo' gegeben werden, dem Schließen von Freundschaften, um darüber Vergünstigungen zu erhalten und an den Kontakt zu einflußreicheren "Freunden des Freundes" zu gelangen (Hof 1986:355). Auf diese Weise könnte - mit Hilfe der 'richtigen' Freunde - beispielsweise ein Sitzenbleiben oder eine Sonderschuleinweisung verhindert werden. In der Tat sind derartige Entscheidungen, wie Kapitel 5 belegt, sehr von individuellen Auslegungen abhängig. Damit hat die Betreuerperson tatsächlich Chancen, durch persönliche Kontakte mit den betreffenden Lehrern und Schulleitern diese Entscheidungen zu beeinflussen.

Eine der wichtigen impliziten Erwartungshaltungen, die an die Betreuerperson gerichtet werden, sobald dieser im Familienkreis eine gewisse Anerkennung gefunden hat, ist die Respektierung familiärer Tabus und die Einhaltung einer gewissen Schweigepflicht, die der 'omertà' sehr ähnlich ist. An dieser Stelle tritt die Kehrseite dessen ein, was Greverus mit der Feststellung beschrieben hat, daß Kulturkonflikt einen vorausgegangenen Kulturkontakt (Greverus 1988:36) voraussetzt: Die Betreuerperson, die sich in die Lage und Problematik der Kinder und Familien versetzt, lernt dabei mit anderen Verhaltensregeln umzugehen bzw. löst große Kommunikationsstörungen aus, sobald sie die Verhaltensregeln anders deutet und sich danach tatsächlich *falsch* verhält.

Wenn familiäre Vorerfahrungen von Diskriminierung und "Verweigerung eines eigenen Territoriums" (Greverus 1979) bereits bestehen, so liegt die Möglichkeit nahe, daß der Pädagoge, der in die Familie hineinkommt, innerhalb einer Konfliktsituation unbewußt in einen Wiederholungsakt der *Versagungs-Aggressions-Relation* (ebenda:58) hineingezogen wird. Die ambivalente Freund-Feind-Beziehung zwischen Familie und Betreuer wird hier sowohl auf der direkten zwischenmenschlichen Ebene deutlich als auch in ihrer gesellschaftlichen Bedeutung: der Betreuer als Vertreter der "Gegenseite".

## 4.4 Die Sprache - Mittel zur Auflösung eines unausweichlichen Dilemmas

Sprache als "Zuordnung zwischen Zeichen und Bedeutung ... innerhalb einer sie besitzenden und tragenden Gemeinschaft" (Bernsdorf 1969:1103) ist eine Basis sozialen Verhaltens und sozialer Situationen. Sie tritt in Wechselwirkung mit den Mitgliedern ihrer Gemeinschaft, letztere versuchen einerseits, sich den Regeln des Sprachgebrauchs so gut es geht anzupassen, um dazuzugehören, andererseits "duldet auch die Gemeinschaft ihrerseits keine Abweichung von ihm" (ebenda:1103).

Bernsteins Theorie der linguistischen Codes geht auf schichtspezifische Unterschiede im Sprachgebrauch zurück. ist eine direkte Abhängigkeit von gesellschaftlicher Ungleichheit, Schul- bzw. Karriereerfolg aus der schichtspezifisch unterschiedlichen sprachlichen Kompetenz der betreffenden Personen abzuleiten. Häufigeres Schulversagen von Unterschichtskindern ist danach nicht auf mangelnde Intelligenz, sondern auf soziokulturell bedingte sprachliche Defizite, dem Nicht-Beherrschen bestimmter Sprechcodes, zurückzuführen. In der Schule tritt eine *Sprachbarriere* auf. "Die Codes selbst sind Funktionen einer besonderen Form sozialer Beziehung oder, allgemeiner gesprochen, Qualitäten sozialer Strukturen (Bernstein in Endruweit/Trommdsdorf 1989:688)

Die Bedeutung von Sprache für die soziale Integration nach Habermas (1981) ist in der heutigen Gesellschaft zu einem besonders wichtigen Bereich geworden, Versprachlichung der sozialen Integration wie auch die Versprachlichung des Sakralen und der institutionellen Werte haben das "Prinzip der Vergesellschaftung" entstehen lassen (in Endruweit/Trommsdorf 1989:689). "Die *soziale Integration* muß nun durch einen kommunikativ herzustellenden *Konsens* geleistet werden. Dieser Konsens ist das Ziel, das Medium dafür ist die Sprache die Gelegenheit dazu ist der Sprechakt." (ebenda:689). Für die heutige Zeit bedeutet damit die Sprache eine zwingende Voraussetzung zur Teilnahme an jeglicher Form gesellschaftlichen Lebens, das Nichtbeherrschen analog dazu die zwangsläufige Ausgrenzung, die Isolation.

Sprache als Kulturtechnik und Kommunikationsträger ist für die in der Bundesrepublik lebenden süditalienischen Arbeitnehmer von ganz besonderer Bedeutung, da sie auf mehreren Ebenen mit mehreren Sprachen konfrontiert sind. Die erste ist ihre Muttersprache, meist ein spezifischer regionaler Dialekt. Hier sind heimische Gefühle und Wünsche aufgehoben, sie ist gewissermaßen 'die Sprache des Herzens'. Träume und Wünsche werden wachgehalten und natürlich sind auch Idealisierungen darin wiederzufinden. Zweiter Bereich ist die italienische Hochsprache, die noch aus der heimatlichen Erfahrung heraus in erster Linie assoziiert wird mit Amtssprache, den Obrigkeiten und - im weiteren Sinne - mit Fremdbestimmung. Sie ist also erst einmal mit gewissen negativen Vorzeichen belegt. Durch den Aufenthalt in der Fremde wird allerdings zusätzlich auch ein positiver Aspekt mit ihr verknüpft, eine ambivalente Haltung zu ihr rückt damit in den Vordergrund: Im Gegensatz zur deutschen Sprache ist sie für die süditalienischen Arbeitsemigranten eine relativ berechenbare Größe. Der sprachliche Kontakt mit dem Hochitalienisch impliziert einen festgelegten formellen Beziehungscharakter, diese Spielregeln sind jedoch allseits bekannt, und nach ihnen richtet man sich[16]. Trotzdem wird das Hochitalienisch von den süditalienischen Arbeitnehmern emotional positiver besetzt als die deutsche Sprache. Diesbezüglich weist Bausinger auf die grundsätzlich unterschiedlichen Bedeutungen hin, die kulturelle Formen hier im Vergleich zu ihrem Auftreten in der Heimat haben: "Die Sprache zum Beispiel kann im Ausland Muttersprache in einem sehr viel empathischeren Sinn werden als daheim - ihr emotionaler Charakter, ihre grundierende Bedeutung werden verstärkt, weil ergänzend eine andere Sprache mit ihrem Werkzeugcharakter hinzugetreten ist: das Deutsch

---

16 Dies zeigte sich sehr deutlich in den Kontakten zwischen den süditalienischen Eltern und den Mitarbeitern des italienischen Generalkonsulats. Diese, obwohl in der Mehrzahl selbst aus Süditalien stammend und trotz des Verständnisses, das sie für ihre Landsleute aufbrachten, ließen im direkten Kontakt an ihrer Rolle als Vertreter der Obrigkeit keinen Zweifel aufkommen und wahrten den formellen Abstand zu ihnen sehr genau (siehe auch Kap. 5 und 6).

der Büros und des Arbeitsplatzes, der Supermärkte und Verkehrseinrichtungen." (Bausinger 1986:148).

Der emotionale Abstand bleibt gegenüber der deutschen Sprache in jedem Fall erst einmal bestehen. Hatten die süditalienischen Eltern - solange ihre Kinder noch nicht schulpflichtig waren - theoretisch die Möglichkeit, Kontakte zur Aufnahmegesellschaft auf das am Arbeitsplatz oder beim Einkaufen erforderliche Minimum zu beschränken, sich bei Behördengängen von Freunden helfen zu lassen, so werden auch sie durch die beginnende Schulpflicht der Kinder wesentlich stärker mit dem formalen Pflichtbereich konfrontiert. Hierbei erleben sie mit großer Vehemenz, daß sie auf diese Art der Auseinandersetzung in keiner Weise vorbereitet sind. Konkrete Sprachprobleme sind die eine Seite ihrer schwer auflösbaren Konfliktsituation, jedoch tritt der bestehende Informationsmangel bereits zutage, wenn es um die Vorbedingungen wie Schulanmeldung, Wahrnehmung ärztlicher Untersuchungstermine der Kinder o.ä. geht. Schnell werden dabei Termine verpaßt, teilweise aus bloßen Verständnisschwierigkeiten oder aus der Annahme heraus, die Teilnahme könnte fakultativ sein. Die Interpretation eines solchen Verhaltens für Schulen und Ämter ist jedoch eine andere: Schon zur Einschulung eilt den Eltern der Ruf voraus, am schulischen Werdegang der Kinder wenig Interesse zu haben, sich nicht zu kümmern.

Schwellenangst und die Befürchtung, in der Kindererziehung gemachte Fehler vorgehalten zu bekommen, verstärken die Unsicherheit der Eltern, die sich von den Lehrern oder anderen Pädagogen leicht "in irgendeiner Weise abqualifiziert fühlen" (Hoppe 1992:89). Dann kann auch ein wohlwollender Versuch von schulischer Seite durch das elterliche schlechte Gewissen, als untauglich für die Erziehung ihrer Kinder angesehen zu werden, kaum Erfolg haben. Hoppe beschreibt, daß Kritik am Erziehungsstil häufig so verstanden wird, daß eine Problemlösung stattfindet, sobald sich die Eltern an die Pädagogen anpassen (ebenda:92). Und damit ist der Ansatz gefunden zu einer Verhärtung der Positionen - ein Weg, der im Laufe der weiteren Schulzeit kaum noch verlassen werden kann.

Müller weist auf die Tatsache hin, daß viele ausländischen Arbeitnehmer nach jahrelangem Aufenthalt oftmals die wenigen Deutschkenntnisse, die sie sich zu Beginn ihres Aufenthaltes angeeignet hatten, wieder verlernt haben. "Deutsch zu lernen und zu sprechen wurde enttäuscht, und sie haben sich im untersten Kommunikationsniveau eingerichtet" (Müller 1974:161). Er hebt die Spracheinschränkung am Arbeitsplatz als wichtiges segregierendes Moment hervor, sprachlicher Austausch wird dort weitgehend reduziert auf das Verstehen von Befehlen. Sprachprogramme, in denen auch tiefergehende sprachliche Ausdrucksformen gefördert werden könnten, vermitteln eher eine Form von "Touristendeutsch", die Handhabung der gängigen "kommunikativen Situationen: am Bahnhof, im Hotel, im Restaurant ...". Sie werden "für ausländische Arbeiter und ihre Kinder häufig angeboten unter der stillschweigenden Voraussetzung, daß sie sich nur vorübergehend in der BRD aufhalten und daß nur eine sehr eingeschränkte formale Kommunikation benötigt wird." (ebenda:159).

Die Sprache - für die süditalienischen Eltern die Fremdsprache - wird in der pädagogischen Praxis zu einer wirksamen Waffe. Unausgesprochen - zwischen den Zeilen - findet für die Eltern hiermit eine Bewertung ihres Erziehungsverhaltens statt (ebenda:96). Ihre Antwort darauf ist Rückzug in die Sprachlosigkeit[17]. Vorgefertigte, festgefahrene Meinungen auf beiden Seiten stehen dann im Laufe der Schulzeit einem nicht haltmachenden Zeitfaktor gegenüber, mitten in dem entstandenen Chaos befinden sich die Kinder, um deren Wohl es eigentlich gehen sollte. Aus dieser Realität ist das Vermitteln von sprachlicher Kompetenz sowohl für Eltern als auch für die Kinder eine wichtige Voraussetzung, um den genannten Kreislauf zu durchbrechen.

Auf die spezifische Situation der süditalienischen Arbeitnehmer und ihrer Familien übertragen muß die soziale Integration konsequenterweise eine Miteinbeziehung ihrer Muttersprache bedeuten, denn hier besitzen sie sprachliche Kompetenz.

---

[17] "Die Sprachlosigkeit der Eltern, als eine ihnen zugeschriebene Erscheinungsform ihrer Lebenswelt, wird für sie zu dem Machtmittel, mit dem sie sich wehren und die Erziehungsversuche abprallen lassen. Der Kampf findet wie so oft auf einer nicht sichtbaren Ebene statt, wenn Angehörige unterschiedlicher Lebenswelten aufeinandertreffen. Es gibt keine größeren Konflikte mehr, nur ein Unbehagen, das die Erzieher spüren, wel man sich daran gewöhnt hat, daß man sich in manchen Situationen nicht versteht." (Hoppe 1992:96).

Abbau von Vorurteilen, Interesse am Anderssein des Gegenübers und Verständnis sind allerdings eine Grundvoraussetzung hierfür. Diese Aspekte werden in die interkulturelle Erziehung und Sprachbildung mit einbezogen: "Erziehung der zweisprachigen Kinder zu bewußter Zweisprachigkeit und Erziehung der einsprachigen Kinder zur Sprachaufmerksamkeit und zum Zurechtkommen mit Mehrsprachigkeitssituationen und die Ermöglichung einer zweisprachigen Entwicklung auch für sie." (Reich 1986:89). Das Vermitteln gegenseitiger Akzeptanz ist einer der Kerngedanken, die dem Kind einer (jeder!) anderen Nationalität die Möglichkeit gibt, sich selbst mit seinem kulturellen Wissen und Können darzustellen (vgl. auch Müller 1974:119). Neugier und Interesse soll bei allen Kindern gleichermaßen geweckt werden, so daß im Klassenverband eine Lernsituation entstehen kann, die auf Gegenseitigkeit aufbaut.

In entscheidendem Maße wird die Position des Lehrers verändert: Vom "Kontrolleur des Wissens und alleinigem Übermittler" wird er "zum Anreger für Wissensaustausch und Erfahrungsmöglichkeiten" (Reich 1986:93). Das Lernen wird zum Erfahrungsaustausch und zum gemeinsamen Erleben neuer Erfahrungen. Eine so gestaltete Unterrichtssituation verwirklicht damit Aspekte des *Situationsansatzes* (Iben). Solche schulischen Schritte würden in mehrfacher Hinsicht ein neues Denken von erzieherischer bzw. gesellschaftlicher wie auch von familiärer Seite ermöglichen. Es könnten auf diese Art und Weise auch zu den Eltern sprachliche und non-verbale Hemmschwellen abgebaut werden, und der Bedeutung von Sprache und Herkunft für die Eltern (nicht nur die süditalienischen) würde Rechnung getragen werden[18].

Hamburger unterstreicht die Relevanz der Erfahrung transkultureller Gemeinsamkeiten innerhalb der pädagogischen Arbeit. Er sieht zwar einerseits eine Gefahr in der möglichen Überbewertung kultureller Unterschiede, was die Ausgrenzung anderer Kulturen mit sich brächte (1988:8). Andererseits hebt er jedoch die Kompensationsmöglichkeiten

---

[18] Reich weist dabei auf die leider auch verbreitete Einseitigkeit der Ausländerpädagogen hin, die über ihr Engagement für die ausländischen Kinder die deutschen Unterschichtskinder vergessen. Er zitiert dabei Hanna Kipers Aufsatz *Wenn die Vertreter der interkulturellen Erziehung vergessen, über deutsche Kinder nachzudenken.* (in: Ausländerkinder 21/1985.)

dieser trennenden Momente hervor, die mit der pädagogischen Arbeit geleistet werden können. Als wichtiges Grundprinzip für den Lehrer ist allerdings zu verstehen, daß er selbst "die unterschiedlichen interkulturellen Sozialisationsbedingungen kennt und in seine Unterrichtsstrategie mit aufnimmt." (Essinger/Hellmich in Hamburger 1988:9).

Praktische Möglichkeiten der Unterstützung sprachlichen Austausches bestehen für die pädagogischen Berater beispielsweise auch, indem sie selbst Italienisch lernen und darüber eine andere Qualität von Kontakten zu den Eltern aufbauen. Die Chance, gemeinsam eine neue Gesprächsebene zu erarbeiten, wäre damit gegeben. Gleichzeitig würden sich die Pädagogen freiwillig in die Position des Schwächeren begeben und damit den Eltern die Möglichkeit erlebbar machen, wie eine derartige Situation zu bewältigen ist.

In der Literatur wird mehrfach auf Elemente im deutschen Sprachgebrauch hingewiesen, die eher Trennung und Absonderung hervorheben als Gemeinsamkeit und Menschlichkeit zu vermitteln. Tsiakalos nennt in diesem Zusammenhang einen bereits in Kinderliedern und -büchern verborgenen *Kulturrassismus*[19], der "von einer zur nächsten Generation unbewußt und ohne hinterfragt zu werden" weitergegeben wird, und plädiert für das Bewußtmachen rassistischer Elemente in der eigenen Kultur (Tsiakalos 1983:208). Der Umgang mit den Herkunftskulturen der Arbeitsemigranten als rückständige und weniger zivilisierte zeigt sich u.a. in dem Stellenwert, der ihrer Sprache im deutschen Unterricht eingeräumt wird: "Kompetenz in der Sprache der ausländischen Schüler [wird] überhaupt nicht geschätzt ... [und] sogar zu einem lästigen Anhängsel des offiziellen Unterrichts degradiert" (ebenda:209).

Sprachliche Wege, um den Charakter der Unausweichlichkeit zu überwinden, sind mit der "Gastarbeiterliteratur" eingeschlagen worden.

---

19 Als Beispiele führt er das Kinderlied "Zehn kleine Negerlein" und die Struwwelpeter-Geschichte von den "Drei schwarzen Buben" an.

Zuerst einmal sind es die Themen des alltäglichen Überlebenskampfes, die hier angesprochen werden. Sie stellen mit all ihren diskriminierenden Elementen und Banalitäten die aktuelle Lebenswelt der Arbeitsemigranten dar. Die Verletzungen und Kränkungen, die unüberwindbare Kluft auf Grund der Nationalität, die auch unter Freunden bestehenbleibt[20], werden hier - zum Teil mit einigem Zynismus - dargestellt. Auch der korrekte Umgang mit der deutschen Sprache, den die deutschen Kollegen den "Gastarbeitern" nicht zutrauen, wird thematisiert[21], sehr häufig in satirischer Form. Dikmen beschreibt die Gastarbeitersatire als "ein von Zorn und Ausweglosigkeit ausgelöstes Lachen, das im Halse steckenbleibt, das den Gegenstand ablehnt, das ihn vernichten will" (1985:20). Er nennt auch die kurzzeitige Zufriedenheit darüber, sich alle Gefühle gewissermaßen von der Seele geschrieben zu haben, verknüpft mit der Hoffnung auf eine friedliche gemeinsame Zukunft (ebenda:23). Die Satire macht mit ihrem Stilmittel der "unvermeidlichen Übertreibung" Informationen sichtbar und nacherlebbar. "Wir müssen dem Leser keinen Spiegel anbieten, sondern ihn zwingen, sich in dem Vergrößerungsglas anzuschauen" (ebenda:23).

Die Aufgabe des "Satirikers der Minderheit" (Schami in Polynationaler Kunstverein 1985) ist, Widerstand zu leisten "gegen die kulturelle Identitätslosigkeit" und die "Utopie vom Recht auf Anderssein" zu verteidigen (ebenda:18).

Die *Minderheitensatire* richtet sich mit verschiedenen Formen, geprägt von den ganz unterschiedlichen Erfahrungshintergründen der jeweiligen Autoren, an eine breite Leserschaft, um genaue Bilder unserer Wirklichkeit zu liefern. "Unsere Randlage ist es, die uns diese genauen Bilder von den Grenzen dieser Gesellschaft ermöglicht. Unsere Utopie von der polykulturellen Gesellschaft ist es, die uns ermutigt, diese Gesellschaft mit all ihren Diskriminierungen zu geißeln, lachend zu geißeln." (ebenda:19).

---

20 Giuseppe Giambussos Gedichte *Dein Arbeitsplatz gehört mir* (Giambusso 1985:57) und *In deiner Sprache* (ebend:75) sind hierfür ausdrucksstarke Beispiele.

21 vgl. J. Larramendi 1983:106ff und Biondi i981:44ff).

Stöltings Interpretation der Emigrantenliteratur hebt ebenso die darin verborgenen eigenen Erfahrungen hervor: Die Reise in die "goldene Stadt", die sich in der Realität nicht als solche präsentierte, wird zur Enttäuschung. Dagegen wird nun die verlassene Heimat idealisiert, die "arkadische Heimat" wird aufgebaut (Stölting 1986:11). Aus dieser Idealisierung entsteht eine neue Polarität - nach Stölting ist diese Entwicklung nicht nationalitätenspezifisch, sondern stimmt, solange es um die Beschreibung und Wahrnehmung der deutschen Umgebung im Gegensatz zur Heimat geht, bei den verschiedenen Autoren weitgehend überein.

Den Angriff auf die kulturelle Identität sieht Stölting als Angriff auf die Kompetenz (ebenda:12), während erstere erhalten bleibe. Vielmehr beinhalte der Begriff 'kulturelle Identität' nationalistisches Denken. In diesem Sinne ist sie "eine Spielart der 'nationalen' [Identität, Anm.d.Verf.], nur daß die Symbole ihrer Beschwörung nicht dem Kriegs- und Staatswesen, sondern der Welt intellektueller und künstlerischer Schöpfungen entnommen werden." (ebenda:12). Die Inhalte kultureller Identität werden dem Individuum innerhalb seiner Sozialisation vermittelt. Kulturkonflikte treten danach immer dort auf, wo verschiedene ansozialisierte Inhalte aufeinandertreffen. "Aber derartige Konflikte entstehen nicht nur nach außen hin, etwa durch Migrationen. Jede Gesellschaft ist in einer Fülle von Kulturkonflikten gespalten" (ebenda:13).

Die Erhaltung kultureller Identität als bloßes Wiederholen alter Traditionen beschreibt Stölting als Farce, denn der Faktor der Weiterentwicklung ist darin nicht berücksichtigt: "Wenn auch die Wege unterschiedlich sind - lernen muß sowohl derjenige, der sich einer ihm fremden Kultur nähert, wie derjenige, der in der 'eigenen' aufstrebt." (ebenda:12). So erklären sich auch die Veränderungen sizilianischer Auswanderer nach Amerika, die sehr stark an Sprache und Herkunftsriten ihrer Jugend festhielten um ihre Sizilianität zu bewahren[22]: "Ihre Sprache und Gebräuche blieben auf diese Weise archaisch und amerikanisierten sich dennoch. Diejenigen, die blieben, und diejenigen,

---

22 Stölting bezieht sich dabei auf Leonardo Sciascias Erzählung *Gli zii di Sicilia*.

die gingen, hatten sich voneinander unabhängig weiterentwickelt." (ebenda:15).

Der eigentliche Konflikt, die 'Identitätsfalle' kommt nach Meinung Stöltings erst richtig zum Tragen mit der tatsächlichen Rückkehr in die 'arkadische Heimat' und der Erfahrung, daß der Zusammenhang zwischen heimischer Kultur und ihrer - weiterentwickelten - Identität gebrochen ist. Der zurückgekehrte Migrant ist auch dort zum fremden Wesen geworden, seine Umwelt "zwingt ihm eine leere Identität auf." (ebenda:16), die ihn in seiner gesellschaftlichen Umgebung unsicher werden läßt.

Den tatsächlichen Widerspruch, 'zwischen den Kulturen' zu stehen, siedelt Stölting in der Unvereinbarkeit von Realität als "lebendiger alltäglicher Kultur, in der man sich bewegt und seine Feindschaften pflegt, - und den abstrakten Idealisierungen, die abstrakte Loyalitäten fordern und abstraktes Glück versprechen" (ebenda:16) an. Diesen gelte es auch in der Emigrationsliteratur zu überwinden.

In Stöltings Interpretation der Emigrantenliteratur kommen m.E. die dahinterstehenden ernsthaften Beweggründe der Autoren nur sehr unzureichend zur Geltung. Dem Leidensdruck, den erfahrenen Kränkungen und unterdrückten Emotionen wird nur ein relativ geringer Stellenwert eingeräumt. Das Schreiben wird damit zur Mittel der Kompensation und zur Befreiung. Hiermit erscheint mir ein entscheidender Weg geschaffen, die jahre- oder jahrzehntelange Sprachlosigkeit des "Gastarbeiterdaseins" zu überwinden. Es sollte als Aufforderung verstanden werden, zumindest für die - mittlerweile schon erwachsene - zweite Generation ein echtes Miteinander zu gestalten[23].

---

23 Conchita Hernandos Gedicht *Wo liegt unsere Sehnsucht* macht noch einmal die unterschiedliche Bedeutung für die erste und zweite Generation, die Verschärfung des Dilemmas, deutlich: "wir [die zweite Generation, Anm.d.Verf.] haben keine heimat / nur unsere gedanken / unseren eltern bleibt die sehnsucht / uns nicht einmal das." (1985:96)

## 5. Auswertung von Betreuerprotokollen

...des Förderprojektes für italienische Kinder mit Schulschwierigkeiten - initiiert von der Schulabteilung des Italienischen Generalkonsulats Frankfurt am Main

In den zur Auswertung herangezogenen 35 verschiedenen Betreuungsfällen, die im Rahmen des Interventionsprojektes des Comitato Assistenza Scolastica Italiana (Co.As.Sc.It.), Frankfurt, zwischen 1982 und 1987 durchgeführt wurden, traten neben dem eigentlichen Symptom, der Schulschwäche der süditalienischen Kinder, sehr unterschiedliche persönliche Familienschicksale sowie übergreifend problematische Wohn- und Arbeitssituationen deutlich in Erscheinung. Auf die Individualität der Fälle soll an dieser Stelle ausdrücklich hingewiesen werden, die qualitativen Analysen erheben nicht den Anspruch auf Generalisierbarkeit.

Mit der Auswertung der Protokolle und der einzelnen persönlichen Befragungen von Betreuern werden jedoch auch sich wiederholende Aspekte transparent, welche die Betreuungen beeinflußten, die als übergeordnete Beobachtungskriterien gelten können: die indirekte, wenngleich in fast allen Lebensbereichen der Kinder spürbare Präsenz der Schule, die einhergeht mit dem kindlichen Erlebnis seiner tendenziellen Unfähigkeit und das wechselhafte, für die Betreuerperson zum Teil schwer verständliche und unberechenbare Verhalten der Eltern.

Das Wissen der Betreuerpersonen und ihre Sensibilisierung für die Wahrnehmung der persönlichen Lebenssituation der Familie, das Verstehen, daß engagiertes Eintreten für die Betreuung ihrer Kinder in gänzliche Ablehnung der Intervention umschlagen kann, verbesserte einerseits die Erfolgsaussichten des pädagogischen Einsatzes erheblich, wie es andererseits die Pädagogen vor Fehlinterpretationen und überhöhten eigenen Erwartungen schützte.

Trotz der individuell völlig unterschiedlichen Fälle gerieten die Betreuerpersonen in miteinander vergleichbare Situationen des Erfolgs und der Bedrängnis, aus denen heraus sich allgemeinere Aussagen zum

Verhältnis Betreuer - Familie wie auch zum Selbstverständnis der Pädagogen ableiten lassen.

Augenfälligstes Merkmal des Einsatzes der pädagogischen Interventionen ist die Tatsache, daß sie Reaktionen darstellen auf eine Reihe von Zusammenhängen, welche ein "normales" Verbleiben des Kindes in seiner angestammten Situation nicht gestatten. Sein ihn umgebendes Lebensfeld ist nicht länger bereit, ihn in seiner Rolle (u.U. die des Versagers) mit zu tragen und sucht Abhilfe, sie tritt damit an die Öffentlichkeit. Auf diesem Wege wird der pädagogische Einsatz von außen gerechtfertigt und ermöglicht das Eingreifen bzw. das Bearbeiten der aufgetretenen Störungen durch einen Spezialisten.

Diese Tatsache macht bereits die problematischen Voraussetzungen für eine zu beginnende Betreuung deutlich: Wir können ausgehen von einer vorausgegangenen längeren Phase, in der die Kinder mit Lernstörungen ihr Versagen innerhalb ihrer Umgebung bereits erlebt haben und erleben. Zum Teil stehen diese Erlebnisse in direktem Widerspruch zu ihrer Selbstauffassung, und sie beginnen mehr oder weniger bewußt, darunter zu leiden, oft schon lange bevor ihre schulische Umgebung die Untragbarkeit ihrer Rolle herausstellt.

## 5.1 Situationsanalysen

Für die sonderschulgefährdeten oder bereits in die Sonderschule überwiesenen süditalienischen Kinder innerhalb des untersuchten Projektes bedeutet dies, daß die pädagogische Betreuung erst zu dem Zeitpunkt einsetzte, da die Diskrepanz zwischen behütenden und ausgrenzenden Tendenzen innerhalb der sie umgebenden verschiedenen Lebenswelten nicht mehr zu verbergen bzw. bereits zur unüberwindlichen Hürde geworden war: Der häuslichen, traditionellen familiären Lebenswelt mit ganz konkreten Rollenerwartungen und -verpflichtungen wie auch der dazugehörigen Sicherheit und Geborgenheit stand die gesellschaftliche Hierarchie gegenüber mit der (sehr eingegrenzten) Möglichkeit der Persönlichkeitsentfaltung für die Betreffenden selbst bzw. für ihre gesamte ethnische Gruppe.

Mit dem Schulbesuch wurde die Konfrontation der verschiedenen Lebenswelten manifest. Zum einen entspricht es den gesetzlichen Grundlagen, daß alle in Deutschland gemeldeten Kinder eines bestimmten Alters der Schulpflicht unterliegen, zum anderen fanden sich die süditalienischen Eltern in dem (halb-bewußten) Konflikt wieder, entweder dieser Pflichterfüllung zu genügen oder ihre Kinder in der wichtigen Phase der psychischen Entwicklung verkümmern zu lassen.

Die Erwartungen der süditalienischen Eltern an die Schule waren eher diffus: Sie standen überfordert und unwissend dem gesamten Komplex gegenüber, hatten als Gegenpol in erster Linie eine Verstärkung ihrer traditionellen Werte parat und hofften insgeheim, daß ihre Kinder doch so stark sein würden, um die an sie gestellten Anforderungen einigermaßen zu bewältigen. Daneben sprach es unbedingt für die behütende, Sicherheit spendende und so selbstverständlich akzeptierende frühkindliche italienische Erziehungspraxis, daß ein Großteil der Kinder den Sprung in die Welt des deutschen Schulalltags schaffte, ohne offizielle Hilfe annehmen zu müssen oder als unfähig und untauglich abqualifiziert zu werden.

Mit der Inanspruchnahme äußerer Hilfe war das gesamte familiäre Gleichgewicht stark gefährdet. Bereits der Versuch, Hilfsangebote von außen zu erhalten, galt als Eingeständnis familiären Versagens. Insbesondere die Tatsache, sich hilfesuchend an eine Institution zu wenden, ließ trotz der offensichtlichen Notlage, die das mögliche schulische Scheitern der Kinder hervorrief, die innere Abwehrhaltung der Eltern gegenüber der Institution verstärkt auftreten. Selbst bei guter Kontaktaufnahme mit den Betreuungspersonen blieb ihre ambivalente Haltung bestehen. Somit lag nahe, daß die Suche nach Hilfsangeboten/Stützunterricht so lange wie möglich hinausgezögert wurde. Die Familie, in erster Linie die direkte Kleinfamilie (Eltern, ältere Geschwister), versuchte selbst, durch traditionelle Mechanismen Sicherheit zu vermitteln, konnte dabei jedoch meist die Diskrepanz zwischen den einzelnen Familienmitgliedern - in erster Linie den Erwachsenen - und den Anforderungen von Schule und aktueller Umgebung des Kindes nicht beheben, sondern vergrößerte sie noch, wenn auch ungewollt.

Das innerfamiliäre Bezugssystem - wie auch das Verhältnis von Familie zu Betreuer - war gekennzeichnet durch eine stark ausgeprägte Distanz-Nähe-Problematik: Die Eltern waren verschiedentlich durch große Arbeitsbelastung (neben der eigentlichen Berufsausübung waren abendliche Nebenjobs weit verbreitet) für ihre Kinder als Ansprechpartner nicht verfügbar. Einerseits konnten sie also ihren Kindern bei der Problemlösung nicht helfen, andererseits hatten sie durch diese gewonnene Distanz auch die Möglichkeit, die aktive Auseinandersetzung mit auftretenden Problemen der Kinder zu vermeiden.

Bewußtes, eigenverantwortliches Handeln konnte den Kindern nur vermittelt werden, wenn innerfamiliär nicht Konfliktvermeidung einziger Weg der Problemlösung war. Bei der Vielzahl an Einzelproblemen, die sich vor dem Zusammentreffen mit dem Betreuer bereits angesammelt hatten, war ein derartiges Abwehrverhalten zwar menschlich sehr gut verständlich, beeinflußte jedoch die laufende Betreuung in starkem Maße: Das Engagement der Eltern stagnierte häufig völlig, wenn ihnen (z.B. als Ratschlag eines Lehrers) zu einer begleitenden therapeutischen Maßnahme für ihr Kind geraten wurde. Die Angst vor hoher finanzieller Belastung war dabei ein wichtiger Grund für die Abwehrhaltung, es verbargen sich dahinter jedoch auch elterliche Schuldgefühle, den vermeintlich geistigen Defekt des Kindes selbst verursacht zu haben.

Der Umgang der Eltern mit der Einhaltung von Gesprächsterminen mit den pädagogischen Betreuern war stark abhängig von der aktuellen Brisanz der Situation des Kindes: Je bedrohlicher die Situation sich vermeintlich darstellte, desto häufiger wurden Gesprächstermine wegen Zeitmangels nicht eingehalten[24]. Die Befürchtung, den formalen Anforderungen sowieso nicht hinreichend nachkommen zu können, wurde durch diese "Vermeidungsstrategie" unbewußt zu halten versucht, was allerdings gerade in Situationen, in denen die Sonderschuleinweisung kurz bevor stand, eine zusätzliche Erschwernis für die pädagogisch-vermittelnde Tätigkeit der Betreuerpersonen darstellte. Bei diesen ließ ein derartiges Verhalten neben der Enttäuschung über die geringe Effizienz ihrer Tätigkeit zwar die Tendenz aufkommen, mit rigider Terminvorgabe die Eltern an ihre Pflicht und Verantwortung gegenüber ihren Kindern zu erinnern und damit die Position eines strengen ausgelagerten Über-Ichs zu übernehmen, jedoch blieb der Kreis elterlichen Abwehrverhaltens der institutionellen Anforderungen damit auch gegenüber den Betreuerpersonen bestehen. Diese wurden um so mehr mit den Institutionen selbst identifiziert.

Von den Betreuern wurde häufig angeführt, daß zwar ein starkes Interesse der Eltern am schulischen Erfolg ihres Kindes bestand, ihre mangelnden Sprachkenntnisse jedoch eine Beratung erschwerten bzw. unmöglich machten.- Als "Brücke" dafür sollte die Institution `Schulabteilung des Generalkonsulats' dienen, an die sich die meisten Betreuer sehr regelmäßig wandten, um Verständnisschwierigkeiten auszuräumen, bevor sich daraus neue Problemkreise entwickeln konnten.

Weit verbreitet war die Klage über mangelnde Kontinuität im elterlichen Engagement für die Kinder. Die Betreuer warfen den Eltern vor, sich mit dem Beantragen der Nachhilfestunden zu begnügen. Damit würden sie die Verantwortlichkeit für ihre Kinder, deren Ausbildungs- und Zukunftschancen den pädagogischen Betreuern zuweisen. Nicht selten gaben die Eltern ein Stück weit ihre eigene Erzieherrolle ab. Sie zeigten die so lange aufgestaute Hilflosigkeit und gerieten damit gegenüber dem problemlösenden Pädagogen in die Rolle von Schutzbedürftigen.

---

24 Beispielsweise wurden Fehlzeiten des Kindes in der Schule wegen Krankheit zu 'unentschuldigten Fehlzeiten', weil die Eltern keine Entschuldigung schreiben konnten. Das Kind wurde dadurch - wenn auch ungewollt - dem Verdacht des Schuleschwänzens ausgesetzt. Eine Klärung konnte jedoch oftmals erst lange im Nachhinein erfolgen, da die Eltern die Gesprächstermine mit der Betreuerperson in solchen Fällen nur noch unregelmäßig wahrnahmen, um das Vorkommnis nach Möglichkeit nicht thematisieren zu müssen.

Sie verhielten sich sozusagen wie die "älteren Geschwister" ihrer Kinder, während die innerfamiliäre Rolle des Betreuers dadurch zu der eines übergeordneten Verantwortlichen wuchs, in dessen Händen alle Fäden zusammenzulaufen schienen. Diese an ihn herangetragene familiale Erwartungsvielfalt war jedoch für die Zielsetzung der Betreuung nicht realisierbar, sondern stellte in vielen Fällen eine grenzenlose Überforderung der Pädagogen dar.

Für die Betreuerpersonen offensichtlich waren die unterschiedlichen, oft unvereinbar erscheinenden Interessenlagen von Eltern und Kindern. Kindgemäße Anforderungen wurden häufig überschritten, ihnen wurden Aufgabengebiete, die eigentlich dem elterlichen Pflichtbereich angehörten, aufgebürdet. Es war weitgehend selbstverständlich, daß ältere Kinder auf ihre jüngeren Geschwister aufpaßten, den Haushalt führten und die Einkäufe erledigten. Die große Verantwortung, die sie für den geregelten Ablauf im Hause trugen, setzte die Kinder jedoch einer immensen Belastung aus: Der Anspruch der Eltern, daß neben den häuslichen Aufgaben der schulische Bereich von den Kindern gleichermaßen zufriedenstellend bewältigt wurde, konnte meist nicht erfüllt werden. Dagegen standen die Kinder bereits im Alter von 8 bis 9 Jahren regelrecht unter Dauerstreß, da sie die von den verschiedenen Seiten an sie gerichteten Erwartungen niemals gänzlich erfüllen konnten.

Emotional konnten sich die Kinder dagegen kaum zur Wehr setzen, da die Verweigerung der elterlichen Erwartungen große Angst vor Liebesentzug auslöste, also stark verunsichernd wirkte. Die Eltern erkannten oftmals nicht, daß die Interessen der Kinder ihren eigenen entgegenlaufen mußten; eine ausgewogene Betrachtung und Analyse der unterschiedlichen Interessenlagen wäre sehr hilfreich gewesen, in der Realität setzten die Eltern jedoch meist die Prioritäten zugunsten ihrer eigenen Interessen[25]. Dies führte häufig dazu, daß die Kinder, wie bereits an anderer Stelle erwähnt, schon frühzeitig die Rolle "kleiner Erwachsenen" annehmen mußten, die ihre Bedürfnisse nie richtig haben

---

[25] Die elterlichen Interessen beliefen sich in erster Linie auf die materielle Versorgung der Familie. Dahinter stand zum einen der Wunsch nach baldiger Rückkehr in die Heimat, jedoch auch die Angst, nicht genügend zu verdienen oder den Job zu verlieren, was ihren völligen sozialen Abstieg bedeutet hätte.

entwickeln, geschweige denn ausleben können. Andererseits konnte es altersadäquate Betätigungen der Kinder geben, welche die Eltern als "zu schwierig" betrachteten und nicht gestatteten. Derartige Verbote hatten jedoch neben der manifesten Ebene (daß die Eltern sich wegen der Überforderung ihrer Kinder sorgten) eine unbewußte zweite Ebene: Hier drückten sich häufig Ängste aus vor der Überflutung durch neue, ihnen unbekannte Lebenskonzepte, vor denen sie ihre Kinder (und damit auch sich selbst) durch starres Abwehrverhalten am wirksamsten schützen konnten.

In beinahe allen Betreuungen waren organisatorische Probleme erkennbar, oftmals beeinträchtigten sie die Betreuungsabläufe entscheidend: Die Terminabsprache fand mit den Eltern statt; da die Betreuungsstunden in der Wohnung abgehalten wurden, war es wichtig, nicht die Privatsphäre der Familien völlig zu dominieren. Für kinderreiche Familien, die in beengten Wohnverhältnissen leben mußten, gestaltete sich die Einzelbetreuung eines Kindes oftmals sehr schwierig. Gerade in diesen Fällen mußte ein Vorrang für die Betreuung und die Interessen des betroffenen Kindes vermittelt werden.

Vielmehr reagierte der überwiegende Teil der Eltern geradezu gekränkt, weil sie sich nicht genügend respektiert fühlten. Ihre Sensibilität war wohl zum einen das Resultat ihrer langjährigen Erfahrung als wenig beachteter Randgruppe, der nun auch noch sozusagen "ihre Früchte" genommen werden sollten, zum anderen drückte es ihre eigene Bedürftigkeit aus, emotional angenommen zu werden. Sie standen jetzt quasi in Konkurrenz zu ihren Kindern. Ein konkretes Beispiel für die Interessenkonflikte zwischen Eltern und Kindern war die Einhaltung der Schulferien-Termine: Grundsätzlich orientierte sich die Familie an den Betriebsferien des Vaters (oder der Eltern). Dies bedeutete sehr oft, daß die Kinder schon mehr als eine Woche vor offiziellem Ferienbeginn nicht mehr zur Schule kamen. Das Zeugnis wurde entweder nach Hause geschickt oder zu Beginn des neuen Schuljahres abgeholt. Viele Lehrer gaben sich nach außen verständnisvoll dem elterlichen Verhalten gegenüber[26], jedoch beinhaltete diese Art oberflächlicher Toleranz ein ganzes Stück weit Resignation; das Interesse des Lehrers am Schicksal der Kinder wurde dadurch relativiert. In den meisten Betreuerprotokollen wurde auf diese Einstellung der Lehrer hingewiesen, doch in vielen Fällen machten sich auch die Betreuer diesen Standpunkt zu eigen. Somit wurde eine Stellungnahme zugunsten des Schulbesuchs und damit eine Aufwertung der schulischen Bildung verhindert. Gerade bei schulschwachen Kindern hätte jedoch in dieser Phase, in der auch von den Lehrern ein freierer Unterricht angeboten wurde, eine positive und angstfreiere Erfahrung von Schule und Klassengemeinschaft stattfinden können.

## 5.2 Betreuungsverläufe

In allen untersuchten Fällen - dies entsprach der auch weitgehend der Konzeption (vgl. Co.As.Sc.It. 1982 und Liguori-Pace 1983) - fand die Betreuung im familiären Wohnumfeld statt. Damit sollte zum einen der Zusammenhang von familiärer Umgebung und kindlicher Lern- und Verhaltensstörung dokumentiert werden, zum anderen sah man die Chance, daß "die Anwesenheit eines Lehrers in der Wohnung den Eltern helfen kann, wenigstens einige Fehler der Schule gegenüber zu vermeiden." (Liguori-Pace 1983:6).

Durch den Einblick in die Wohnumgebung konnten auch Vermutungen überprüft werden, ob das betreffende Kind beispielsweise die Möglichkeit des Rückzuges oder eines geruhsamen Schlafes hat, denn von Klassenlehrern wurde des öfteren festgestellt, daß die süditalienischen Kinder völlig übernächtigt in die Schule kamen. In der Konzeption der

[26] Der Kommentar "Das machen die ausländischen Eltern alle so" implizierte gleichermaßen die Einstellung der Lehrer gegenüber den Eltern, daß diese sich für die Bildung ihrer Kinder nicht interessierten.

Schulabteilung des Italienischen Generalkonsulats wurde diese Kontrollfunktion der deutschen Stützlehrer zwar nicht als eigenständiger Problemkreis herausgestellt, jedoch auf die Möglichkeit hingewiesen, daß sie damit konfrontiert werden konnten.

Ein weiteres Argument für die Betreuung in der familiären Umgebung bestand darin, daß ein Einblick entstehen konnte, wie das Kind die Nachmittage verbringt. Einige der Kinder blieben unbeaufsichtigt oder streunten mehr oder weniger auf der Straße herum, andere wurden durch ältere Geschwister, Mütter oder Verwandte beaufsichtigt. Oftmals waren es auch die Großeltern oder Großmütter, die mit der Beaufsichtigung der jüngeren Kinder beauftragt waren. Auf diese Weise lernten die Stützlehrer also einen recht umfassenden Ausschnitt des kindlichen Umfeldes kennen und gewannen einen Einblick in seine Lebenswelt.

In den Berichten an die Institution wurden die Kontakte zur gesamten Familie wenig differenziert entweder unter "grundsätzlich schwierigen familiären Verhältnissen" (womit sowohl Probleme der Verständigung wie auch beengte Wohnsituation gemeint sein konnte) oder positiv unter "aktivem Interesse der restlichen Familienmitglieder an den Lernfortschritten des Kindes" subsumiert. Zum einen versuchten die Betreuer wohl, das in den Familien gewonnene Vertrauen nicht zu mißbrauchen und familieninterne Probleme öffentlich zu machen, zum anderen waren die Möglichkeiten der Hilfestellung der Institution bei auftretenden Problemen eher gering.

Es stellten sich zumeist schon frühzeitig überhöhte Anforderungen und unbewußte Erwartungen der Eltern an ihre Kinder heraus, worauf diese dann mit Rückzug und Resignation reagierten. Aggressives Entladen innerhalb des familiären Bereiches wurde in den Protokollen nur selten beschrieben. Hingegen vermerkten die Betreuer für den schulischen Bereich zum Teil sehr starke Aggressionsschübe der Kinder. Dies konnte einerseits in der Art gedeutet werden, daß in der Schule, wo die emotionale Bindung und Abhängigkeit geringer war, ein Ausleben der Aggressionen weniger bedrohlich erschien, andererseits die Mißerfolge besonders stark das kindliche Selbstwertgefühl beeinträchtigten, so daß die Aggressionen gleichzeitig als Gradmesser für die aktuelle psychische Bedrängnis des Kindes angesehen werden konnten. Beide Verhaltensweisen beinhalteten in jedem Fall Abwehrimpulse des Kindes: Ausdruck von Sich-Verschließen, Distanzsuche zu den Eltern, insbesondere hinsichtlich der eigenen Erfahrungs- und Erlebniswelt in Schule und Freundeskreis.

Sowohl Erfolge als auch Mißerfolge schulischer Art besprachen die Kinder in den ausgewerteten Betreuungsprotokollen höchst selten mit ihren Eltern; dies geschah einerseits, um eigene Lebensbereiche außerhalb des elterlichen, traditionellen Umfeldes zu errichten, andererseits aus Angst, von ihren zu hohen Erwartungen überrollt zu werden.

Zu Beginn einer jeden Betreuung - aus diesem Grund kann dies beinahe als Gesetzmäßigkeit angesehen werden - erfolgte bei den süditalienischen Kindern ein Motivationsschub, verknüpft mit erhöhter Konzentrationsbereitschaft und deutlich sichtbarer Leistungssteigerung. Der Wille des Kindes, an einer Lösung seiner Schulprobleme aktiv teilzunehmen, machte das Ausmaß des Leidensdrucks deutlich, unter dem das Kind während der vorangegangenen Schulzeit gelitten hatte. Es zeigte sich durchgängig bei allen Betreuungsfällen die negative Auswirkung des Zeitfaktors: eine frühzeitig eingeleitete pädagogische Intervention hätte sowohl die Effizienz der einzelnen Betreuungen erhöht als auch eine kurzfristigere Auslegung der Gesamtkonzeption ermöglicht.

In einigen Betreuungen stellte das Auftreten des Pädagogen im häuslichen Umfeld einen massiven Angriff auf die familiäre Machtstruktur dar. Die Dynamik innerhalb des Familiensystems veränderte sich auf Grund seines Eintretens sichtbar. Der Einstieg in die Betreuung im familiären Umfeld brachte also wichtige neue Impulse in eine traditionell geprägte, zum Teil verhärtete, Familiensituation. Die Position des Betreuers wurde durch diesen schnellen Erfolg deutlich gestärkt, ein Stück weit gelang ihm damit der Einstieg in das familiäre System. Seine Anwesenheit wurde mehr und mehr von den verschiedenen Familienmitgliedern genutzt, um ihn in seiner Rolle als Helfer anzusprechen und Erwartungen auf ihn zu projizieren, was insgesamt die Möglichkeit seiner Einflußnahme auf das familiäre Tagesgeschehen vergrößerte.

In Elterngesprächen wurden deren Erwartungen an die Schule thematisiert. Dabei stellte es sich häufig heraus, daß hinter ihrer Haltung von Nicht-Kümmern durchaus sehr hohe Erwartungen, ja ein völlig idealisiertes Bild der deutschen Schule verborgen war. Ihr wurde die grundsätzliche Fähigkeit nachgesagt, auch Widersprüche der unterschiedlichen Kulturen transparent zu machen und zu integrieren und ein multikulturelles Bild vom Menschsein zu errichten. Selbstverständlich wurde von den Lehrern erwartet, daß sie entsprechende Handlungsmuster vertraten. Um so enttäuschter waren die süditalienischen Eltern, wenn sie erkannten, daß dies die Schule nicht leistete; sie war in ihren Augen vielmehr Instrument kultureller Festlegung, Einengung und Diskriminierung, insbesondere der "Gastarbeiterkinder", geworden. Zudem verkörperte sie alle nur erdenklichen moralischen Zweideutigkeiten und wurde somit - zumindest für alle Töchter - zum potentiellen Gefahrenherd. Danach wäre den Eltern diejenige Schulform am angenehmsten gewesen, an die sie sich aus ihrer eigenen Kindheit und Jugend erinnerten: Die Schule als rigide, sanktionierende Institution mit strengen, angstmachenden Vorgaben, in der man sich weder wohlfühlen soll noch kann, mit Lehrern - oftmals Geistlichen - unantastbaren Autoritätspersonen, die für eine "moralisch einwandfreie" Erziehung sorgten. Dem Vergleich mit dieser Schulart hielt die deutsche Schule (wie auch die heutige in Süditalien zumeist) somit schon grundsätzlich nicht stand. Die Eltern - dies wurde in den Betreuerprotokollen mehrfach hervorgehoben - hielten die moderne (= deutsche !) Schule für entschieden zu freizügig und zu wenig autoritätsorientiert. Dies schien die Tatsache zu unterstützen, daß viele der betreuten Kinder trotz schlechter Noten in den Leistungsfächern an anderen Fächern Spaß finden konnten[27].

Ein großer Teil der Eltern erlebte den positiv besetzten Schulbesuch ihrer Kinder als Distanzierung von ihren traditionellen Werten und damit

---

27 Die Eltern hoben dabei hervor, daß das Kind sowieso sehr verspielt sei .Außerdem würde in der deutschen Schule viel zu wenig gelernt, dafür jedoch ständig gespielt werden.

indirekt als Angriff auf ihre eigene Persönlichkeit; das Hinterfragen der Heimat, ohne sie zu idealisieren, das Verwurzeltsein ihrer Kinder in Deutschland und der elterliche Wunsch nach Rückkehr bargen so viele Gegensätze in sich, die schwer miteinander zu vereinbaren waren. Auch dahinter standen immer wieder die erdrückenden Ängste der Eltern, das ganze Leid ihres Emigrantendaseins umsonst auf sich genommen zu haben und später einmal von ihren Kindern nicht versorgt, sondern alleingelassen und abgeschoben zu werden. Verbergen konnten sich darin auch Ängste, daß sich mit dem Erreichen eines höheren Bildungsgrades u.U. Verständigungsprobleme zwischen ihnen und den Kindern verknüpften. Immer wieder trat in den Gesprächen mit den Betreuern zutage: Das Selbständigwerden der Kinder wurde als negatives Resultat der zu freizügigen Erziehung in unserer Gesellschaft gewertet und als grober Sittenverfall ausschließlich negativ besetzt. Kindliche Spontaneität im Schulkindalter wurde schnell als respektloses Verhalten gegenüber Erwachsenen interpretiert, was dem deutschen Erziehungsstil angelastet wurde.

Eine eher diffuse, unterschwellige Angst der süditalienischen Eltern trat zutage, wenn sich die Kinder innerhalb ihrer Umgebung ihren eigenen Freundeskreis aufbauten, der nicht ausschließlich aus Kindern von Landsleuten bestand. Über das Kennenlernen und Vergleichen anderer mit den eigenen Familienverhältnissen war es leicht möglich, daß sie mehr Freiräume verlangten oder andere Arten des Umgangs zu praktizieren suchten. Unbewußt spürte wohl ein Großteil der Eltern auch, daß sie ihre Kinder streckenweise zu sehr vereinnahmten und ihre persönliche Entwicklung nur in dem Umfang gestatteten, der dem familiären Rahmen nicht gefährlich werden konnte. Andererseits erkannten sie jedoch meist recht deutlich die positive psychische Weiterentwicklung der Kinder, wenn ihnen mehr Freiraum zugestanden wurde.

Weit verbreitet war die Angst vor dem körperlichen Erwachsenwerden der Kinder. Hier ließen sich zwei verschiedene Ebenen erkennen. Zum einen verunsicherte die in der deutschen Schule praktizierte sexuelle Aufklärung die Eltern stark. Sie waren streckenweise sehr irritiert, daß ihre Kinder diesbezüglich konkrete Fragen stellten bzw. durch den Unterricht bereits recht gut informiert waren. Je näher die Kinder der

Pubertät kamen, desto skeptischer betrachteten die Eltern die gemischtgeschlechtlichen Schulklassen und führten - in erster Linie für die Töchter - restriktive Maßnahmen ein, wie z.B. Teilnahmeverbote an Ausflügen und Klassenfahrten. Zum anderen - diese Ebene kam später hinzu - begannen die Jugendlichen durch die eigene Wahl von Freundin oder Freund (zumeist heimlich) mit der Ablösung von den Eltern. So folgte ihrem körperlichen Heranreifen auch die seelische Distanzierung von ihren Eltern. Damit schloß sich für diese wieder der angstbesetzte Kreis; denn damit schien es ihnen unausweichlich und schicksalhaft festgeschrieben, im Alter doch allein zu bleiben.

Von geradezu panischer Angst war die Phantasie der Eltern geprägt, ihre Heimat möglicherweise niemals mehr wiederzusehen, wie ein Damoklesschwert schwebte sie in nahezu all ihren Erzählungen mit und bildete somit auch im Austausch mit den Betreuern immer neuen Gesprächsstoff. Die Ängste wirkten auch zurück auf das Nicht-Loslassen-Können der Kinder. Von den Betreuern wurden sie in den Protokollen erwähnt, jedoch kaum gedeutet. Hier waren die Lebenswelten von Betreuern und süditalienischen Familien so unterschiedlich, daß diese Angsphänomene in ihrer Intensität nicht nachvollzogen werden konnten.

Unterstützung ihrer Ängste fanden die Eltern (und dabei vorrangig die Mütter) durch manche reißerisch aufgemachten Zeitschriften (z.B. "cronaca vera"). Dies war (neben deutscher Boulevardpresse) weitgehend die einzige Lektüre, die sich in den Haushalten fand. Als original italienischen Druckerzeugnissen schrieb man ihnen noch mehr Authentizität zu, und falls die Geschichte von gescheiterten oder in der Emigration ums Leben gekommenen Landsleuten beschrieben wurde, identifizierte man sich völlig mit diesen. Es lag für einige Momente nahe, ein ähnliches Schicksal zu erleiden.

## 5.3 Zum Selbstverständnis der Betreuer

Parallelen in den untersuchten Betreuungsverläufen zeigten sich darin, daß die Betreuung jeweils zu einem Zeitpunkt innerhalb der Familie begann, da der "Notfall" entweder gerade eingetreten war oder kurz bevor stand. Massiver Leidensdruck hatte bereits bestanden, der die Eltern dazu bewegte, bei der Institution Hilfe anzufordern. Für sie verkörperte die Betreuerperson den "Retter in letzter Minute", der noch alles hin zum Guten wenden konnte. Ihrer fachlichen Qualifikation wurde vertraut, jedoch in einer distanzierten Art und Weise, so daß (im Sprachgebrauch der Familien) alles befolgt werden sollte, was von der Betreuerperson angeordnet wurde. Dazu gehörte auch, wenig Fragen zu stellen. Entsprechend einer strengen Hierarchie widersprach man nicht, Anregungen und Ratschläge wurden nur selten diskutiert. Hier ließen sich stark entgegengesetzte Erwartungshaltungen von Eltern und Betreuer an das jeweilige Gegenüber erkennen: Letztere bemühten sich um Gespräche, versuchten, die Eltern miteinzubeziehen, indem gemeinsame Entscheidungen erarbeitet wurden; erstere erwarteten klare Verhaltensregeln von "oben". Die fachliche Überlegenheit der Betreuerperson verstärkte sich noch einmal durch die sprachliche Unterlegenheit bzw. die Sprachlosigkeit der Eltern, so daß mit dem Betreuungsbeginn zuerst einmal diese Schwelle abgebaut werden mußte. Das Schaffen einer vertrauensvollen Beziehung, das Aufbrechen der hierarchischen Strukturen innerhalb der Betreuungssituation, beides war dringend notwendig, um nicht eine ähnliche Konstellation, wie sie beispielsweise zwischen Eltern und Schule bestand, zu wiederholen.

Obwohl ein Großteil der Eltern - sie waren alle bereits 10 Jahre oder länger in der BRD - über sehr geringe Deutschkenntnisse verfügte, waren in der Konzeption des Italienischen Generalkonsulats keine Italienischkenntnisse von den Betreuern gefordert worden. Elterngespräche wurden in den Fällen, in denen keine direkte Verständigung möglich war, entweder über die Kinder geführt, oder mit langwierigem Termin in der Institution vereinbart. Beide Möglichkeiten schränkten jedoch die Erfolgsaussichten der Betreuungen stark ein.

Mit seiner Tätigkeit, seinem Engagement in der Familie begann für den pädagogischen Betreuer eine psychologische Gratwanderung: Mit der manifesten Zielsetzung der schulischen Leistungsverbesserung des "Problemkindes" verknüpfte sich die Konfrontation mit einer breiten Palette an Schicksalsschlägen menschlicher, sozialer und wirtschaftlicher Art. Nur wenige Pädagogen hatten die Betreuung in diesem Bewußtsein angetreten, sondern gewannen die Erkenntnis erst im Laufe der Zeit. Verknüpft mit der Tatsache, daß durch das "Eindringen" der Betreuerperson in ihre Lebenswelt auch ein großes Maß an Mißtrauen aktiviert wurde, was es gleichermaßen nebenbei zu bewältigen galt, wurde ihr meist nach kurzer Zeit klar, daß der Zusammenhang zwischen dem Schulversagen und der gesamten familiären Situation von zentraler Bedeutung war.

Der Aufbau eines Vertrauensverhältnisses zu den Eltern wurde von den Betreuern als wichtiger Bestandteil der pädagogischen Arbeit erkannt und in den meisten Fällen gleich zu Beginn des Betreuungszyklus angestrebt. Ausgesprochen gute Kontakte mit einem oder beiden Elternteilen beschrieben die Betreuer, wenn sie als allgemeine Helfer auftraten, Formalitäten für sie erledigten, sie beim Gang auf Ämter begleiteten o.ä. Für die entstehende Beziehung war dieser Abschnitt von besonderer Bedeutung. Es entstand hierüber schnell ein relativ enger Kontakt, der Pädagoge gelangte durch die Eltern selbst an (zum Teil sehr persönliche) Informationen über die Familie. Diese spontanen Vertrauensbeweise motivierten ihn zusätzlich, so daß er sich in den meisten Fällen gern bereit fand, Hilfestellung zu leisten bzw. diese noch auszubauen.

Eine möglicherweise prekäre soziale Lage der Familie verstärkte deren Hilfsbedürftigkeit, löste beim Betreuer neben einer nochmaligen Steigerung seiner Hilfsangebote tendenzielle Distanzierungsbestrebungen aus: Angesichts ihrer scheinbar nie enden wollenden Bedürftigkeit kam bei besonders verständnisvollen, einfühlsamen Betreuerpersonen nicht selten das Gefühl völliger Hilflosigkeit auf, ihre primär an der schulischen Entwicklung der Kinder orientierte Rolle lief Gefahr, sich in der umfassenden Bedürftigkeit der süditalienischen Familien zu verlieren.

Als Einstieg wurde dieser Weg der Vertrauensschaffung auch dann gewählt, wenn die möglichen Konsequenzen der genannten Art bekannt bzw. durch die Vorerfahrungen der Betreuerpersonen bereits durchlebt worden waren. Denn er stellte weitgehend die einzige Möglichkeit dar, ein momentanes bereitwilliges Öffnen bei den Eltern zu erreichen. Der gewisse Vertrauensvorschuß in der personenbezogenen Arbeit hatte als "Nebenwirkung" in den meisten Fällen einen Anstieg der Leistungsbereitschaft und einen generellen Motivationsschub bei allen Familienmitgliedern zur Folge.

Eine starke Erwartungshaltung war sehr häufig auch von den Betreuern gegenüber den Eltern zu erkennen: Gerade hinsichtlich reifer, bewußter Entscheidungen zur Lebens- und Familiensituation entsprach die vorgefundene Realität kaum der erwünschten. Die Enttäuschung, die bei der Betreuerperson entstand, verhalf nur in seltenen Fällen zu einer positiven Bewältigung dieses Problems. Eher ließ sie bestehende Positionen verhärten und die Kluft zwischen - dann sowohl kultur- wie auch schichtspezifischen - Lebenswelten immer größer werden. Auf der anderen Seite verhalfen ihm seine Erwartungen an die Veränderungsbereitschaft der Eltern zu erheblichen Erfolgen. Auch seine Tätigkeit, sein Umgang mit den Familien, war stark geprägt vom Lernprozeß nach dem Prinzip "Versuch und Irrtum" (Selvini-Palazzoli 1978). Im täglichen Kontakt mit jedem einzelnen mußte er immer wieder aufs neue seine gefundenen Eindrücke reflektieren und gegebenenfalls neue Handlungsvarianten anbieten.

Gewisse Idealisierungstendenzen bei der Betrachtung der Eltern stellten sich heraus, wenn die Betreuer nach verständnisvollen und motivierenden gemeinsamen Gesprächen voraussetzten, daß die Eltern ihrerseits ein bewußteres Leben und Handeln anstreben würden. Die Offenheit, mit der viele Eltern gerade zu Beginn des Kontaktes dem Betreuer gegenübertraten, förderte diese Annahme ein Stück weit, dabei blieben in seiner Sichtweise jedoch leicht die dahinter verborgenen emotionalen Ambivalenzen unberücksichtigt. So wurden von den Betreuern initiierte Veränderungen, die negative Erscheinungen beseitigen halfen, beispielsweise bei Problemen mit Arbeitgebern oder Vermietern, ohne Zögern und sehr motiviert angenommen. Sobald jedoch eigene Verstrickungen mit in Betracht gezogen wurden und eine direkte Beteiligung der Eltern an der aktuellen Situation in den Gespräche thematisiert wurde, erlebten die Pädagogen häufig elterliche Blockaden und Rückzug.

Die genannten Ambivalenzen waren im Selbstverständnis der Betreuer größtenteils unerkannt geblieben und konnten dadurch ihre Wirkung innerhalb von Übertragung und Gegenübertragung entfalten. Unsicherheit der Eltern und ihr angeschlagenes Selbstwertgefühl wurde im Kontakt mit dem Betreuer ständig aufs neue wachgerufen, selbst, wenn er dies nicht bezweckte. Eine grundlegende Erklärung dafür waren ihre unzähligen Erfahrungen mit deutschen Behörden und ihren Vertretern sowie das für sich beschämende Eingestehen ihrer eigenen Unzulänglichkeit gegenüber Schul- und Berufsausbildung.

Für den Pädagogen, der sich der verschiedenen Übertragungsphänomene bewußt war, konnte diese Entwicklungsphase sehr bedeutsam für den positiven weiteren Betreuungsverlauf werden, in jedem Falle stellte sich hierbei die "Gratwanderung" heraus, auf die er sich begeben hatte: Er erlebte, wie durch seine Intervention Bewegung in die familiären Strukturen gelangte. Die Eltern hatten ihm durch relativ großen Spielraum bei der Erziehung der Kinder eine gewisse Machtposition eingeräumt, und nun befand er sich in einer direkten Konkurrenzsituation zu ihnen. Sie erlebten diese als existentiell bedrohlich und begannen, um die Wiedergewinnung ihrer alleinigen Macht zu kämpfen. Dies geschah leider allzu oft zum Leidwesen der Kinder, deren Förderung dabei zwangsläufig auf der Strecke blieb.

Die Position der Betreuerperson war (dies ist übertragbar auch auf andere sozialpädagogische Aktivitäten in der Arbeit mit Randgruppen) sehr zerrissen: Sie befand sich zwischen Kindern, Familien, Schule und dem Träger der Intervention. Die ursprünglich zu vertretenden Interessen waren die der Kinder. Sie, die schwächsten Glieder dieser verschiedenen Interessengemeinschaften, hatten ihr Recht auf das Erlernen von Lesen und Schreiben nicht selbständig durchsetzen können. Ihre gesetzlichen Vertreter, die Eltern, hätten dieses vielleicht anfänglich auch gern übernommen, durch ihre Unsicherheit in der deutschen Gesellschaft und dem daraus resultierenden Abwehrverhalten gegenüber jeglichen Anpassungsleistungen war ihre Motivation dafür allerdings sehr gering. Mit der Kontaktaufnahme zu den Lehrern kam noch eine weitere zu berücksichtigende Interessenlage hinzu. Innerhalb ihrer Klasse hatten die Kinder in der Regel keine besonders starke Position. Sie waren schon vor Betreuungsbeginn die "Schlußlichter", was ihren Beliebtheitsgrad bei den Lehrern nicht gerade stärkte. Selbst wenn diese sich verständnisvoll die Problematik der ausländischen Kinder betrachteten, argumentierten sie letztendlich dafür, daß die Mehrheit ihrer Klasse weitergebracht werden müßte und dabei auf einzelne nur bedingt Rücksicht genommen werden könnte.

Für die Lehrer kam der Einsatz der pädagogischen Betreuer oftmals sehr gelegen, da sie sich ja ausschließlich der Problematik des betreffenden Kindes widmeten und somit für sie entlastend wirkten. Doch an diesem Punkt ließen sich auch die Schwachstellen erkennen: Sobald der Betreuer die geschilderte Rolle des Kindes in der Klasse hinterfragte, stellte sich häufig heraus, daß die Lehrkräfte, trotz erkennbarer Verbesserungen und allgemeinem Motivationsschub, nicht vorbehaltlos bereit waren, das Kind aus seiner Versagerrolle zu entlassen, ihm eine neue Chance zu geben. Damit wurde der Kontakt zwischen Betreuern und Lehrern sehr konfliktträchtig und ambivalent, zumal für die Betreuerpersonen - schon unter psychologischen Aspekten betrachtet - der Zuspruch und das Verständnis der Lehrkräfte sowie ein insgesamt positiver Austausch besonders notwendig waren.

Auch das Verhältnis zur Trägerinstitution beinhaltete eine Reihe von Ambivalenzen: In der Konzeption bestand der formale Vertrag zwischen Träger und Betreuer, real handelte es sich jedoch um ein Arbeitsverhältnis, das "in Wirklichkeit zwischen dem Lehrer und der Familie begründet wird" (Liguori-Pace 1983:7). Die Betreuer hatten neben den eigentlichen Betreuungsstunden, die vergütet wurden, die Aufgabe, Kontakte mit Eltern und Schule herzustellen und zu pflegen, an Elternabenden teilzunehmen und darüber hinaus monatlich Berichte abzufassen (ebenda:8). Gemeinsame Besprechungstermine mit den Eltern, die in den Räumlichkeiten der Institution stattfanden, nahmen durch lange Wartezeiten zum Teil ganze Vormittage in Anspruch. Um den Betreuungsansatz auszuarbeiten und den Verlauf gewissenhaft mitzugestalten, war demnach ein weitaus größerer Aufwand notwendig, als dies durch das offerierte Honorar abgedeckt wurde. Aus diesen schlechten formalen Arbeitsbedingungen entstand bei vielen Betreuern eine Unzufriedenheit, die sich mit der Zeit auch auf die außerplanmäßigen Kontakte zu Eltern und Lehrern auswirkte: Sie fanden nur selten und recht oberflächlich statt. Die Situation des Kindes war gestärkt gegenüber einer ungerechtfertigten Sonderschuleinweisung, da die Betreuerperson in diesem Fall sofort eingeschaltet worden wäre, die ursprünglich angestrebte gemeinsame Problembewältigung konnte jedoch nur durch besonderes privates Engagement der Betreuerperson stattfinden.

Zum Selbstverständnis der betreuenden Pädagogen gehörte auch die Einsicht, daß die Aufarbeitung der Tätigkeit in Form einer psychologischen Supervision dringend notwendig war. Sie war in den ersten Jahren des Förderprojektes (bis 1982) auch angeboten (vgl. Co.As.Sc.It. 1982), danach allerdings im Zuge der Umorganisation des Projektes u.U. aus Kostengründen nicht weitergeführt worden. So wurde die weitere Teilnahme an einer Supervision von der persönlichen Bereitschaft und den ökonomischen Möglichkeiten der Betreuerpersonen abhängig gemacht.

Der vielfach von Betreuern geäußerte Wunsch nach einem regelmäßigen Erfahrungsaustausch, an dem auch Mitarbeiter der Schulabteilung des Generalkonsulats teilnehmen sollten, da diese einen tieferen Einblick in kulturelle Feinheiten der süditalienischen Erziehung und Familientradition hatten und damit den Pädagogen zumindest einige Erklärungsansätze der unterschiedlichen Lebenswelten hätten bieten können, wurde von der Institution nicht aufgegriffen.

## 5.4 Betreuungsreports

### 5.4.1 Methodische Überlegungen

Innerhalb meiner Tätigkeit galt es mehrere unterschiedliche Aktionsfelder zu definieren. Das erste war der eigentliche Kontakt zwischen dem betreffenden Kind und mir während der Betreuungsstunden, der nach Möglichkeit ohne weitere Teilnehmer stattfand. Dadurch konnte ich am ehesten ein - zum restlichen Tagesablauf unterschiedliches - setting herstellen, in dem das Kind lernte, seine Position zu finden und zu vertreten. Das zweite betraf die Kontakte zu Eltern oder anderen nahestehenden Verwandten, die direkt auf die Erziehung der Kinder Einfluß hatten. Hier erhielt ich Informationen über einzelne Lebensgewohnheiten und konnte das Bild, das ich innerhalb der Einzelsituation gewonnen hatte, vervollständigen und gegebenenfalls auch berichtigen. Ich setzte Elterngespräche an, die nach Möglichkeit regelmäßig einmal im Monat, meist im Anschluß an die Betreuungsstunden, mit ca. halbstündiger Dauer stattfanden. Meistens nahmen daran die Mütter teil, da die arbeitenden Väter erst später nach Hause kamen. In Einzelfällen fanden die Gespräche auch am Abend statt, grundsätzlich vermied ich dies jedoch, um nicht die Rolle der immer greifbaren Allround-Betreuerin für die gesamte Familie zu übernehmen. Drittes Aktionsfeld war die Kontaktpflege mit den Lehrern. Dabei war von großer Bedeutung, diese erst einmal über meine Tätigkeit in Kenntnis zu setzen und sie für das Betreuungsprojekt zu gewinnen. Es galt gleichzeitig, vermeintlichen Interessenkonflikten bereits vor ihrem Entstehen vorzubeugen, da diese einer wohlwollenden, unterstützenden Betrachtung des Lehrers im Wege gestanden hätten. Je nach aktuellem schulischen Anlaß fand dann nach der ersten Kontaktaufnahme der regelmäßige Kontakt zu den Lehrern einmal im Monat telefonisch oder persönlich statt.

Weitere Aktionsfelder waren die Teilnahme an pädagogisch-psychologischen Supervisionen, wie auch die regelmäßigen Kontakte zu der Institution, die das Förderprojekt finanzierte, diese fanden streckenweise einmal monatlich statt. Beide müssen der Vollständigkeit halber genannt werden; ersteres, da es mir als geeignetes Mittel zur Vermeidung unbewußter Gegenübertragungs-Situationen innerhalb der familiären Situation unerläßlich schien, letzteres, da diese Zusammenkünfte sehr zeitaufwendig waren (lange Anfahrt- und Wartezeiten), und eine Aufwandsentschädigung dafür nicht gezahlt wurde.

Vorgehens- und Arbeitsweise innerhalb der direkten Betreuungssituation orientierten sich in erster Linie am aktuellen Wissensstand der Kinder. Daraus ergaben sich erste Eingrenzungen dessen, was ich an bereits Gehörtem, Gesehenem und Gelerntem voraussetzen und welche Richtlinien ich bei meinen Anforderungen an die Kinder ansetzen konnte. Mein Denken und Handeln war darauf ausgerichtet, wie das betreffende Kind am effektivsten gefördert wurde; die Betreuungsintervention sollte ihm und seinen Bedürfnissen in größtmöglichem Maße entsprechen und dadurch erreichen, daß es lernte, sich künftig in seiner täglichen Lebenspraxis besser zurechtzufinden.

Immer wieder habe ich festgestellt, daß die Kinder selbst recht hohen Anforderungen meinerseits durchaus positiv entgegentraten, sogar gern gefordert werden wollten und, solange ihrem Versagen nicht mit schlechten Noten oder anderen Strafmaßnahmen begegnet wurde, sich spielerisch den neuen Aufgaben stellten. Wie selbstverständlich probten sie "Versuch und Irrtum", bis sie zur Lösung gelangten. Sehr heftig, beinahe gekränkt und beleidigt reagierten sie, wenn ich zur Illustration mancher Problemkreise, die sie verbal nicht präzise formulieren konnten, Hilfsmaterialien wie Bildlexika oder Bilderbücher heranzog. Sie drückten damit Ängste aus, möglicherweise als nicht altersgemäß entwickelt, kleinkindhaft oder zurückgeblieben und damit als dumm zu gelten. Sie lehnten solche Arbeitsmittel daher ab. Es erwies sich als diplomatisch recht erfolgreich, parallel zueinander ein Bild- und ein richtiges Wörterbuch zu benutzen. Da das Bildlexikon manchen fehlenden Wortschatz bereichern konnte, wurde dieser Vorschlag nach einer "Probezeit" dann doch meistens akzeptiert. Damit war der Einstieg in Gespräche, Leseübungen und Situationsbeschreibungen geschaffen.

Ein wichtiger Platz innerhalb der Betreuungssituation gehörte den gemeinsamen Gesprächen. Die Kinder hatten - sie sprachen untereinander deutsch - durch die Kontakte im Wohnumfeld einen gewissen umgangssprachlichen Wortschatz. Im Gespräch mit Lehrern oder anderen Erwachsenen taten sich jedoch sehr schnell Unsicherheiten auf. Hierbei wurden die sprachlichen Lücken deutlich sichtbar, unter denen sie litten: Teilweise waren es falsche Ausdrücke, die unreflektiert in den Sprachgebrauch übernommen worden waren und den Eindruck entstehen ließen, das betreffende Kind hätte einen Sachverhalt überhaupt nicht begriffen (eine häufige Reaktion seitens der Lehrer). Hierzu war es von besonderem Nutzen, die erschwerten Bedingungen für das Erlernen von Zweit- und Drittsprache zu kennen - letztere war es ja bei den Kindern, die zu Hause Dialekt sprachen und im muttersprachlichen Unterricht Italienisch als Hochsprache lernten. Es bedurfte kontinuierlicher Gespräche und eines immensen Übungs- und Lernpensums, um solche Lücken aufzuholen. Die Kinder beherrschten die Technik des Verbergens sprachlicher Unsicherheiten recht gut, was ihnen in der Erwachsenenwelt streckenweise sehr zum Nachteil ausgelegt wurde. Hier hatten die meisten von ihnen bereits so viel Mißtrauen gegenüber deutschen Erwachsenen entwickelt, die sich fast ausschließlich aus dem Erzieherbereich rekrutierten, daß es ausgesprochen wichtig war, dies von Anfang an in die methodischen Überlegungen mit einzubeziehen.

Einen spielerischen Einstieg konnten Ratespiele liefern, bei denen im Raum befindliche Gegenstände benannt werden mußten. Es fiel selbst den Kindern langsam auf, daß sie allzu häufig das Ersatzwort "Dingsda" benutzten, um ihre Wissenslücken zu füllen. Von Betreuerseite war eine gewisse Pedanterie erforderlich, um auf der korrekten Benennung zu bestehen. Neben der Vergrößerung des Wortschatzes und der Sicherheit im Sprachgebrauch trainierten diese Spiele auch die Konzentration; weiterhin halfen sie, die Kinder besser kennenzulernen und ihre außerschulischen Interessen einschätzen zu lernen. Mit Sicherheit waren diese Gespräche, obwohl bei Limonade oder Kakao geführt, oftmals harte Übungen. Trotzdem empfanden die Kinder diese Art des Arbeitsstils als relativ locker. Kritik wurde stattdessen des öfteren durch die Eltern geübt, für deren Empfinden ich nicht streng genug war. Zu einem großen Teil lag dies an meiner eher leisen Sprechweise, in der ich "Befehlstöne" vermied. Im Gegensatz dazu war bereits die alltägliche familiäre Kommunikationsweise um einiges lauter und hektischer, und von mir als "Autoritätsperson" wurden strenge Kommandotöne einfach erwartet.

Die Gesprächssituationen mit den Kindern, nach Möglichkeit ohne weitere Zuhörer, brachten alle nur erdenklichen Themen hervor, vom Streit mit Geschwistern oder Eltern, dem bevorstehenden Kinobesuch bis hin zu den diversen Schulstreichen. Sehr häufig waren auch unverarbeitete Videofilme Gegenstand der Gespräche. Das Nacherzählen spannender und vor allem angstmachender Szenen verhalf den Kindern, ihre verworrenen Gedanken und diffusen Ängste auszudrücken. Da das Fernsehen eine ganz zentrale Stellung im Leben der Kinder einnahm, mußte dies im methodischen Vorgehen auch berücksichtigt werden. Im weiteren Verlauf dieses Kapitels werde ich noch einmal darauf zurückkommen Das Training verbaler Ausdrucksfähigkeit war weiterhin das gemeinsame Hören und Nacherzählen von Hörspielen. Hierbei ging es zuerst einmal um die akustische Wahrnehmung, die bei der weitgehend auf visuelle Reize ausgerichteten "Fernseh-Generation" eher verkümmert war.

Schreib- und Leseübungen wurden direkt am jeweiligen Wissensstand ausgerichtet. Waren noch keine oder sehr geringe Kenntnisse vorhanden, begannen sie mit dem Kennenlernen und Aussprechen der einzelnen Buchstaben und führten dann zum Formulieren, Buchstabieren und Aufschreiben der einzelnen Wörter. Oftmals wurde eine starke Diskrepanz zwischen dem einfachen Abschreiben und dem tatsächlichen Begreifen eines Übungstextes deutlich. Das zu erkennen und zu verringern, war besonders wichtig, um das zukünftige Mitkommen im Klassenverband sicherzustellen. Für die Kinder bestand ja, das mußte im Rahmen der Betreuung immer wieder berücksichtigt werden, kaum eine Möglichkeit, bestehende fachliche Unklarheiten zu Hause mit den Eltern zu besprechen. Die Lehrer ihrerseits hatten dafür nur selten eine Sensibilität entwickelt. Nach ihrer Auffassung sollten die Kinder nachfragen, falls sie etwas nicht verstanden hatten. Dieser "emanzipierte" Weg stand allerdings vorwiegend denjenigen Kindern offen, die ihn von zu Hause aus kannten, die gewissermaßen Bildung bereits zu Hause hatten. Die beschriebenen italienischen Kinder konnten nicht darauf zurückgreifen: Sie schämten sich vielmehr, bei Lehrer oder Lehrerin nachzufragen und möglicherweise als "Spätzünder" oder "Dummkopf" vor der Klasse dazustehen.

Wenn Schreibkenntnisse bereits vorhanden waren, ließen sich die Frage- und Antwortspiele auch in schriftlicher Form gestalten. Diese Art der Kommunikation fand großen Anklang bei den Kindern, konnten sie hierbei doch auch ganz persönliche Lebensumstände und Gedanken oder alle möglichen Alltäglichkeiten mit einbringen, eine spielerische und zugleich spannende Möglichkeit des Austausches. Um der sehr regen Phantasie der Kinder eine weitere Ausdrucksmöglichkeit zu eröffnen und den Spaß am Schreiben zu vertiefen, boten sich auch Briefe an. Hierbei konnten sowohl alltägliche Begebenheiten wie auch Träume und Wünsche formuliert werden, was sich auf ihr Selbstgefühl äußerst positiv auswirkte. Derartige Aktivitäten waren natürlich immer abhängig von der Motivation der Kinder, die durch verbindliches, engagiertes und ermutigendes Handeln von Betreuerseite meist sehr schnell geschaffen werden konnte.

Als weitere Themen zur Vertiefung der Schreibübungen und parallellaufend zur Analyse des eigenen Standpunktes diente die "Situationsbeschreibung zu Hause": Familie, Erwartungen an Eltern und Geschwister, Wohnsituation sowie Aktivitäten in der Freizeit, an Wochenenden und im Urlaub.

Die von mir gewählten Themenkreise wurden in der Regel begeistert angenommen, zum Teil wurden damit jedoch auch brisante Bereiche angesprochen, die große Widerstände hervorriefen; sie mußten so schnell wie möglich erkannt werden. Von pädagogischer Seite war also neben dem engagierten Sich-Hineinbegeben in die jeweilige Situation gleichzeitig immer auch die Rolle des distanzierten Beobachters gefordert.

Auch die Entdeckung der Zahlenwelt war gebunden an die Vorerfahrung der Kinder und an ihren individuellen Wissensstand. Grundsätzlich, so stellte sich in allen Betreuungsfällen heraus, waren die Kinder unsicher, ob sie die in der Schule gegebenen Erklärungen - z.B. über einen Rechenweg - richtig verstanden hatten. Sprachliche Defizite bezüglich der Hochsprache spielten dabei mit Sicherheit eine tragende Rolle. Zu Hause nachzufragen konnte die Verunsicherung noch einmal verstärken, und so hatte sich bei den Kindern eine Art "Versteckspiel" ausgeprägt, mit dem sie ihren tatsächlichen Wissensstand zu verschleiern versuchten. Der Umgang mit Zahlen konnte mit dem spielerischen Einsatz von Pfennig-Stücken illustriert werden. Ich wählte diesen Einstieg, da die Kinder, weitgehend schon seit früher Kindheit stark geldorientiert waren und daher keinerlei Schwierigkeiten hatten, sich spielerisch auf die Übungen einzulassen: sie begannen spontan, entsprechende Gegenwerte in Süßigkeiten, Fußballbildchen o.ä. umzurechnen oder Beträge zusammenzuzählen. Auf diesem Weg ließen sie sich leicht motivieren, ich konnte erweiterte Rechenfähigkeiten aufzeigen, die beim abstrakteren Schulrechnen nicht erkennbar waren. Es boten sich noch andere Spiele an, um den Umgang mit Zahlen weiter einzuprägen: In allen Familien spielten die Erwachsenen in der Freizeit des öfteren mit Freunden Karten- oder Würfelspiele. Die meisten Kinder hatten diese Spiele zu Hause auch schon gelernt. Das Kartenspiel hatte neben der Funktion als Freizeitbeschäftigung eine besonders positive Besetzung erhalten, ähnlich einer Überleitung zwischen Kinder- und Erwachsenenwelt. Die Tatsache, daß mir einige italienische Kartenspiele sowie das italienische bzw. sizilianische Blatt bekannt sind, konnte ich mir zunutze machen. Dabei mußte ich bedenken , daß die elterlichen Erwartungen an die "maestra" sich mit dem Kartenspielen nicht unbedingt deckten. Auch wenn von pädagogischer Seite derartige Vorurteile nicht geteilt wurden, mußte das Wissen um ihr Vorhandensein gleich zu Beginn in die methodischen Überlegungen miteinbezogen werden.

Bei allen mir bekannten Kindern, auch bei den älteren, waren Schwächen beim Lesen der Uhrzeit festzustellen. Die Kinder, im digitalen Zeitalter aufgewachsen, kannten sich - schon auf Grund der vielen Fernsehtermine - mit Digitalanzeigen gut aus, Analoguhren begriffen sie nur sehr langsam. In der Grundschule war man anscheinend auf Lehrerseite davon ausgegangen, daß dieses Anzeigesystem bereits zu Hause erlernt worden war. Die Probleme stellten sich mit Beginn der ersten Fremdsprache ein, wo sich dann herausstellte, daß die Kinder nicht in der Lage waren, analoge Anzeigen zu erkennen. Die ersten Englisch-Übungen scheiterten dann bereits an diesem fehlenden Wissen, oftmals sehr zum Gespött der Klassenkameraden. Die Vorerfahrung, daß derartige, anfangs kleine Lücken sich später als echte Defizite manifestierten und viel schwieriger aufzuholen waren, veranlaßte mich dazu, spielerische Übungen zum Thema "Uhrzeit" ins Programm aufzunehmen.

Zum Thema Fernsehen komme ich hier im allgemeinen, übergeordneten Teil, im Rahmen der Beschreibung meines methodischen Vorgehens zu sprechen. Dies hat mehrere Gründe: Fernsehen, Videoanlagen und die damit verknüpften Zerstreuungsmethoden waren in allen Familien, in denen ich tätig war, weit verbreitet, was darüberhinaus die Betreuerprotokolle (Kap. 3) bestätigten. Wenn sich auch familienspezifisch durchaus graduelle Unterschiede zeigten, was z.B. inhaltliche Schwerpunkte des Fernsehprogramms anging, so war eine große Gemeinsamkeit doch vorhanden: Die Geräte liefen nämlich beinahe ständig . Selbst wenn Gäste ins Haus kamen oder ein Familienfest gefeiert wurde, blieben sie eingeschaltet. Dies resultierte zum einen aus der Gewohnheit, daß in Italien der flackernde, laute Fernsehapparat zum normalen Familienleben einfach dazugehört. Zum zweiten wurde neben dem aktuellen Programm noch italienische Videofilme angeschaut - dies geschah dann meist am Nachmittag. Mit ein wenig Zynismus könnte man dem Fernsehen durchaus die Rolle eines weiteren Familienmitglieds zuweisen.

Die übergroße Bedeutung, die dem Medium Fernsehen innerhalb des Familienlebens zukam, hatte sogleich Auswirkungen auf das setting der Betreuungssituation. Was dem Außenstehenden als Selbstverständlichkeit erscheinen mag, mußte in den Familien von Anfang an geklärt werden: daß Gesprächs- und Betreuungsstunden unbedingt ohne zugeschaltetes Fernsehprogramm ablaufen sollten. In jedem Einführungsgespräch mit den Eltern thematisierte ich Fernsehgewohnheiten, ungefähre tägliche Dauer, hauptsächliche Art der Filme, die gesehen werden - nach deren Selbsteinschätzung. Um nicht implizit schon in den gestellten Fragen einen unlösbaren Konflikt zu vermitteln, vermied ich es, die dem Erzieher gern zugedachte Rolle des verfolgenden Über-Ich anzunehmen: Wichtig für den Aufbau einer Beziehung und die weitere Arbeit waren ehrliche Antworten und nicht das Ausagieren des "drohenden Zeigefingers". Dieses hätte sicherlich bei der gesamten Familie einen Rückzug bewirkt, der das schrittweise, reflektierende Bearbeiten und eine eventuelle längerfristige Verhaltensänderung von Anfang an unmöglich gemacht hätte. Eher hätte die Familie als geschlossenes System versucht, übermäßigen Fernsehkonsum vor mir zu verbergen, und es wäre mir wahrscheinlich oftmals nicht gelungen, die Ursachen für manches verstörte, unkonzentrierte Verhalten gemeinsam mit den Kindern aufzuarbeiten, wenn diese beispielsweise brutale, angstmachende Filme gesehen hatten und anschließend nicht schlafen konnten. An derartigen Beobachtungen angelangt, waren Gespräche mit den Eltern unerläßlich, die im konkreten Zusammenhang das Anliegen ihrer Kinder eher begriffen. Es stellte sich in vielen Fällen heraus, daß sie ihnen so viel Sensibilität und Verletzbarkeit nicht zugetraut hatten. Sie begannen, sich darüber Gedanken zu machen, ihre Betroffenheit war spürbar. Dauerhafte Veränderungen ihrer Fernsehgewohnheiten waren daraus jedoch meist noch nicht abzuleiten - die räumliche Beengtheit auf der einen, die das Wohnzimmer zum einzigen Aufenthaltsraum für alle Familienmitglieder werden ließ wie auf der anderen Seite die eingefahrenen Gewohnheiten der Kinder, die Fernseher und Videoanlagen bereits im Alter von 6 - 7 Jahren problemlos selbst bedienen konnten, waren dafür schlechte Voraussetzungen.

Die familiären Fernsehgewohnheiten ließen schon eine tedenzielle Abhängigkeit auch insofern sichtbar werden, als sich bei den Kindern eine einseitige Empfänglichkeit für visuelle Reize abzeichnete. Insbesondere auf ihr schulisches Lernverhalten bezogen, bedeutete dies, daß ihre Motivation zum selbständigen gedanklichen Umsetzen relativ gering war und daß ihre Konzentration beim Zuhören schnell nachließ. In einem günstigen Fall konnte innerhalb der Betreuung eine Sensibilisierung der Kinder erreicht werden, einhergehend mit dem Erleben weiterer als nur der visuellen Wahrnehmungsebene. Spannungsmomente sollten auch dort erlebt und der eigene Erfahrungsbereich erweitert werden können.

Meine Entscheidung, das Fernsehen innerhalb des familiären Systems als einen entscheidenden Faktor anzusehen und zu akzeptieren, ist sicherlich innerhalb der Pädagogik zum Teil recht umstritten: Ich hatte mich zu der genannten Vorgehensweise entschlossen, da es nach meiner Einschätzung grundlegend wichtig war, vorhandene Realitäten zu erkennen und als momentan gegeben hinzunehmen, so erschrekkend sie auch sein mochten. Erst damit konnte die Situationsanalyse in der Familie stattfinden und in kleinen, langwierigen Schritten auf eine bleibende Veränderung hingearbeitet werden.

In den nachfolgenden Betreuungsreports wird Fernsehen nur insofern Beachtung finden, als es in Form von Irritationen direkt auf das Betreuungsgeschehen Einfluß nahm und somit zum Bestandteil der Interaktion wurde.

Das setting innerhalb der Betreuungsstunden war nach Absprache mit den Familien "fernsehfrei": Ich hatte bereits im Vorgespräch darauf bestanden, daß während unseres gemeinsamen Zusammentreffens keinerlei derartige Ablenkungen stattfinden durften. Dies wurde, wenn auch so manches Mal zum Leidwesen der Eltern, tatsächlich realisiert.

### 5.4.2 Vier Familien

#### 5.4.2.1 Familie A.

Die Eltern A. (er 36, sie 31 Jahre alt) lebten zum Zeitpunkt unseres ersten Treffens bereits seit rund 17 Jahren in einer hessischen Kreisstadt. Er arbeitete in einer ortsansässigen Maschinenfabrik, sie war Hausfrau und ging tagsüber stundenweise putzen. Am Spätnachmittag hatten beide Elternteile noch eine weitere Putzstelle, so daß sie wochentags meist erst gegen 20 Uhr nach Hause kamen.

Mit 4 Söhnen im Alter von 17, 15, 7 und 6 Jahren wohnten sie sehr beengt in einem kleinen, baufälligen Fachwerkhäuschen mitten in der Altstadt. Das "Problemkind" war der siebeneinhalbjährige F., der die erste Klasse der örtlichen Grundschule besuchte. Von offizieller Seite war noch kein Sonderschul-Aufnahmeverfahren eingeleitet worden, die Eltern ihrerseits jedoch hatten während der ersten Monate des Schulbesuchs festgestellt, daß F. so gut wie gar nicht lesen und schreiben lernte, insgesamt immer unruhiger wurde, und sie befürchteten die baldige Sonderschuleinweisung, zumal sie über Bekannte von einer rigiden und schnell wirksamen Überstellungspraxis gehört hatten. Auf Grund des Tips eines Bekannten hatten sich die A.s an das Italienische Generalkonsulat in Frankfurt gewandt in der Hoffnung, schnellstmöglich eine Betreuerperson zu finden, die "ein bißchen nach F. schauen" sollte und bei der Gelegenheit u.U. auch gleich seine Verhaltensauffälligkeiten beheben könnte. Die Mitarbeiter der Schulabteilung boten mir die Betreuung an und veranschlagten erst einmal 2 Stunden wöchentlich, in zeitlicher Absprache mit der Familie. Die Anzahl der Wochenstunden richtete sich nach der Dringlichkeit des Falles, diese wurde bemessen nach dem offiziellen Stand der Sonderschulgefährdung der Kinder: In Fällen, in denen das Sonderschul-Aufnahmeverfahren bereits eingeleitet war oder kurz bevorstand, wurden bis zu 5 Stunden wöchentlich genehmigt.

Für das Vorgespräch versuchte ich, einen Termin zu vereinbaren, an dem beide Elternteile anwesend sein konnten. Dieses gestaltete sich einigermaßen schwierig, da beide nur selten, und noch seltener gemeinsam, zu Hause waren. Frau A., mit der ich wegen der Terminabsprache Kontakt hatte, verstand zuerst gar nicht, warum ich auf das erste Familiengespräch so großen Wert legte, ich sollte mich doch gleich mit F. verabreden. Sie und ihr Mann könnten sich wegen ihrer großen Arbeitsbelastung keine Zeit für eine Besprechung nehmen: Unter dem Motto "Wir haben eine große Familie, also müssen wir viel arbeiten" wurden tatsächlich alle möglichen Aktivitäten betrieben, die materiellen Nutzen versprachen. Da der elterliche Wunsch nach einer Betreuerperson für F. jedoch bestehen blieb und ich meine Forderung nach dem gemeinsamen Vorgespräch in der Familie beibehielt, kam nach einigem Hin und Her ein halbstündiges Gespräch zustande.

Die Unterhaltung wurde auf deutsch geführt. Herr und Frau A. konnten sich über Alltägliches gut verständigen, darauf waren sie stolz, außerdem könnten die älteren Söhne ja übersetzen, falls dies notwendig werden sollte. Für den Fall, daß Verständigungsprobleme auftraten, bot ich auch an, die Unterhaltungen in italienisch zu führen. Dies wurde abgelehnt - zum Teil aus Stolz, zum Teil auch, da Familie A. einen nicht ganz leicht zu verstehenden Heimatdialekt sprach.

Familie A. stammte aus einem kleinen sizilianischen Dorf in der Provinz Caltanisetta. Entsprechend ihren eigenen Erzählungen waren sie direkt im Anschluß an ihre Hochzeit nach Deutschland gekommen, alle ihre Söhne waren hier geboren worden. Beide Eltern entstammten selbst großen Familien, von denen ein Teil in unmittelbarer Nachbarschaft lebte, zur restlichen Familie in der Heimat bestand reger Kontakt, des öfteren kamen Angehörige für einige Wochen zu Besuch und regelmäßig in den Sommerferien verbrachte Familie A. mindestens 5 Wochen zu Hause "per caricare le batterie" ("um die Batterien aufzuladen" - Kraft zu schöpfen. Übers. d. Verf.). Auch die Weihnachts- bzw. Osterfeiertage wurden fast jedes Jahr im Heimatdorf gefeiert. Hier stellte sich auf den ersten Blick der klassische Fall des ausländischen Arbeitnehmers dar, der die meiste Zeit des Jahres in der Fremde, von der Erinnerung zehrend, sein Geld verdient, um dann für 5 bis 6 Wochen im Kreise von Familie und heimischer Umgebung die Früchte der harten Arbeit genießen zu können.

Die bisher in Deutschland verbrachten 17 Jahre beschrieben die A.s als durchweg zwar arbeitsreich, aber trotzdem sehr zufriedenstellend. Ihre Verwandtschaft im Ort und ein großer, hauptsächlich italienischer, Bekanntenkreis halfen, Gefühle von Einsamkeit und Heimweh gut zu kompensieren. Als Beispiel für das Meistern ihrer elterlichen Pflichten wurden die beiden älteren Söhne angeführt, der älteste hatte bis zum Hauptschulabschluß in schulischer Hinsicht keine Probleme. Da sich nunmehr allerdings Schwierigkeiten bei der Lehrstellensuche auftaten, hofften die A.s für den zweiten Sohn, der die Gesamtschule besuchte, daß er die mittlere Reife absolvieren könnte und dann bessere Chancen für einen Ausbildungsplatz bekam. Auch der jüngste Sohn, sehr aufgeschlossen und lebhaft, wurde stolz erwähnt. Als schockierendes Erlebnis stellte es sich für die A.s heraus, daß F., der zweitjüngste, in der ersten Grundschulklasse nicht einfach so funktionierte wie seine älteren Brüder. Es schlossen sich tiefgreifende Ängste an, F. könnte "im Kopf nicht ganz richtig" sein. Dazu wurde F. im Vorgespräch regelrecht vorgeführt: Er kritzelte unleserliche Zeichen in sein Heft, die Rechenkästchen ordnete er im äußersten Eck der Heftseite an, was bei Herrn A. einen Zornesausbruch verursachte. Er gab zu, in solchen Situationen öfters Ohrfeigen zu verteilen, da er meinte, F. wäre in der Vergangenheit zu sehr verwöhnt worden und könnte nur mit Hilfe von Gewalt endlich zur Raison gerufen werden. Hinweisen, daß Druck in solchen Fällen eher Verhärtung denn Einsicht bewirken würde, begegnete Herr A. mit den Worten, daß er in seiner Jugend auch mit ein paar Schlägen aufgewachsen sei, die ihm schließlich nicht geschadet hätten.

Im Vorgespräch, zu dem alle Familienmitglieder anwesend waren, wurde die klassische patriarchalische Familienstruktur sichtbar: Herr A., der Ernährer der Familie, vermittelte sein Weltbild, in dem feindliche Impulse von allen Seiten die Integrität der Familie in Frage stellten. Er duldete keinen Widerspruch und dominierte unser Gespräch, so daß die restliche Familie nicht zu Wort kam. Zu mir als fremder Person verhielt er sich formell höflich, ließ jedoch keinen Zweifel aufkommen, daß meine Vorschläge bezüglich des weiteren Vorgehens innerhalb der Betreuung für ihn erst einmal völlig irrelevant waren. Er verließ das Vorgespräch nach einer halben Stunde, da sein Nachmittagsjob auf ihn wartete, während ich mit Frau A. und F. noch die Zeiten der Betreuungsstunden festlegte. Ein wenig mürrisch wurde die Verpflichtung in Kauf genommen, daß sich die Familie an dem Betreuungsprojekt mit DM 30,-- monatlich beteiligen sollten: Es war seitens des Konsulates festgelegt worden, daß nur für Familien mit sehr geringem Einkommen die gesamten Betreuungskosten übernommen wurden. Mit seinem Verdienst in der Maschinenfabrik lag Herr A. deutlich darüber, also wurde er mit einem pauschalen Kostenbeitrag beteiligt.

Die Betreuung F.s erwies sich von Anfang an als ungemein kompliziert: Zum einen fanden die Sitzungen im Wohnzimmer statt, dem einzigen Aufenthaltsraum. Damit war ein Konflikt mit weiteren anwesenden Familienmitgliedern bereits vorprogrammiert, denn wir hatten beschlossen, daß die Betreuungsstunden ohne familiäre Beteiligung stattfinden sollten, um einen ruhenden Pol innerhalb unserer Beziehung zu gewährleisten. Elterngespräche hätten, so mein Vorschlag, bei Bedarf jederzeit im Anschluß daran stattfinden können.

F.s Unzufriedenheit und Leid zeigte sich auch in seiner Freßsucht; für sein Alter war er stark übergewichtig. Seine Eltern hatten dies wohl auch erkannt, sie kompensierten jedoch offensichtlich ihre geringe Verfügbarkeit mit einer Überversorgung an Essen. Stolz wurde erwähnt, daß es ihm doch so gut schmeckte, und eine Phase völliger Verschlossenheit konnten zumeist mit dem Servieren seiner Lieblingsspeise aufgebrochen werden, er wurde gewissermaßen aus der Reserve gelockt. Meine langjährigen Beobachtungen ergaben, daß die Kommunikation zwischen F. und seinen Eltern zum größten Teil über die orale Bedürfnisbefriedigung stattfand. Für Außenstehende war diese perfekte Art der Kommunikation nur sehr schwer verständlich. Die äußere Konsequenz, F.s Fettleibigkeit, wurde dabei in Kauf genommen.

F. litt an starken Konzentrationsstörungen und blockierte völlig, sobald seine älteren Brüder hereinkamen, die meinten, in Abwesenheit des Vaters dessen Rolle übernehmen zu müssen. Er zeigte sich im Umgang mit ihnen und seinen Eltern sehr verschlossen und auch unser Kontakt war davon in der Anfangsphase stark betroffen: Er hatte große Schwierigkeiten, mit mir zu sprechen, schaltete abwechselnd Radio, Fernseher und Videogerät ein, rannte hinaus und war durch die Nähe unseres Zusammentreffens schlicht überfordert. Das einfühlsame Gewährenlassen eines Teiles seiner Fluchttendenzen, das deutende Gespräch und meine "Unerschütterlichkeit" (nämlich trotzdem immer wieder pünktlich zu den Verabredungen zu erscheinen) ermöglichten nach einigen Wochen pro Betreuungsstunde ca. eine Viertelstunde konzentriertes Arbeiten. Unsere Kommunikation fand dann in erster Linie statt über Bilder, die er spontan malte, meistens mit Helden aus den verschiedenen Videofilmen, die ihm nicht aus dem Kopf gingen; er stellte sie mir mit Hilfe der Bilder vor. Somit konnten wir auch für die verbale Kommunikation Anknüpfungspunkte finden. In den anschließenden Gesprächen stellte F. seine teilweise sehr bunten und abenteuerlichen Phantasien vor, die er - wie er sagte - in der Realität nachzuleben versuchte. Tatsächlich hinderte gerade dies ihn in seiner täglichen Umgebung jedoch oft (besonders in der Schulsituation), auf jegliche Art von äußerer Anforderung adäquat zu reagieren.

F.s größte Angst, die er zu äußern begann, war, dumm zu sein. Wahrscheinlich hatte er diese Prognose in seiner Familie schon so häufig gehört, so daß er selbst auch daran glaubte. In der pädagogischen Betreuung erlebte und durchlebte er nun seine mangelnden Kenntnisse, seine Fehler und damit eine geballte Ladung intensivsten Schmerzes. F. reagierte stark autoaggressiv: Er riß sich während manch einer Betreuungsstunde büschelweise die Haare aus, biß sich in die Handballen oder trommelte sich mit aller Kraft gegen den Kopf, sobald er merkte, daß er eine ihm gestellte Aufgabe nicht so einfach lösen konnte. Wenn in diesen Momenten tiefgreifender Wut und Verzweiflung keines der anderen Familienmitglieder in der Nähe war, konnten die Schübe vorübergehen, ohne daß sich F. großen Schaden zufügte. In ihrem Beisein jedoch war es schon häufig passiert, daß er sich die Hände blutig biß. Je verständnisloser sie dann auf seine autoaggressiven Schübe reagierten, desto intensiver steigerte er sich hinein. Für die Eltern ein erneutes Indiz für seine Verrücktheit.

Indem ich ihn immer wieder zu neuen Lösungsversuchen ermutigte, dabei auch sein Leid und Unglücklichsein thematisierte, konnten seine inneren Konflikte angesprochen und der Versuch gestartet werden, sie nach und nach aufzuarbeiten. Die Schwelle seiner Autoaggression stieg merklich an und zeigte, daß er begann, mit seinem Versagen und seiner Selbsteinschätzung besser umzugehen. Rückfälle traten allerdings oft auf, wenn sich seine älteren Brüder in unsere Gespräche einmischten. Sie wollten mir offensichtlich beweisen, daß ich mit F. zu wenig autoritär umging. Dabei gelang es ihnen immer wieder, F. zu verunsichern und seine panischen Verhaltensweisen zu reaktivieren. Die Enge der Wohnverhältnisse begünstigte natürlich die familiären "Übergriffe": Zum einen wurde mir widerwillig der einzige Aufenthaltsraum zur Verfügung gestellt (hier befand sich die gesamte Ausstattung an Unterhaltungselektronik), zum anderen kam auch ein Stück weit die große Bedürftigkeit der anderen Familienmitglieder zum Vorschein, da sich um sie offensichtlich ja niemand kümmerte. Trotzdem bestand ich mit Nachdruck auf der Einhaltung unserer Abmachung, schloß manchmal allerdings ein Gespräch mit den Brüdern an die Betreuungsstunde an.

Seine Klassenlehrerin stand F. zu Beginn meiner Tätigkeit relativ ablehnend gegenüber. Sie sah in ihm vorwiegend einen schlecht erzogenen, halbstarken Jungen, der sich in der Schule hauptsächlich prügelte, störte und so die Klassenkameraden vom Lernen abhielt. Sie war deshalb schon lange am überlegen, ob sie nicht ein Sonderschul-Aufnahmeverfahren einleiten sollte. In langen Gesprächen mit ihr gelang es mir jedoch, die gezeigten Verhaltensweisen zu analysieren, die dahinter verborgenen Aspekte mit einzubeziehen und dadurch bei ihr eine differenzierte Betrachtungsweise zu erreichen. Sie begann, sich für F.s spezielle Problematik zu öffnen und ihn mit anderen Augen zu sehen. Im Laufe dieser Kontakte stellte sich heraus, daß auch F. (oberflächlich sehr "cool und ablehnend") großen Wert auf ihr Urteil und ihr Wohlwollen legte. Auf diesem Wege ließen sich, gemessen an F.s anfänglich so gravierenden Symptomen, rasche Veränderungen feststellen. Er fand an einigen Schulfächern sichtlich Spaß. Seine Klassenlehrerin empfahl weiterhin, daß F. nachmittags in den Hort gehen sollte, um zusätzliche Hilfestellung bei den Hausaufgaben zu erhalten und vermittelte prompt einen Platz. Größtes Problem war anfangs die Finanzierung. Da F. jedoch gern dort war, erklärten sich die Eltern bereit, diese Belastung auf sich zu nehmen.

Mit F.s aufkommender positiver Veränderung geriet nunmehr auch die restliche Familie, d.h. die gesamte familiäre Dynamik, in Bewegung. Frau A., die sich mir gegenüber sehr aufgeschlossen verhielt, kam häufig gegen Ende der Betreuungsstunden hinzu, fragte mich um Rat (meist wegen formaler Anliegen: Sozialzuschüsse, -wohnung etc.). Sie begann, ein wenig von sich selbst und der Familiengeschichte zu erzählen. Wie sich herausstellte, war sie nur wenige Jahre älter als ich, äußerlich jedoch schien sie völlig verbraucht und am Ende ihrer Kräfte zu sein. Durch die kurzen Gespräche mit mir lebte sie ein wenig auf. Sie erzählte, als junges Mädchen mit ihrem Mann "durchgebrannt" zu sein. Um die familiäre Ehre wiederherzustellen, heirateten sie und zogen nach Deutschland. Die Kinder "kamen dann einfach so", und außer von viel Arbeit war ihr Leben geprägt von der Hoffnung, das Glück endlich zu finden, in Wechselwirkung mit der Angst, es für immer verloren zu haben. Es kam so etwas auf wie grenzenlose Trauer über ihre verlorene Jugend (als Beispiel saß ich ihr ja gegenüber!), das festgefahrene Leben, die vielen Kinder und das nie aufhörende Hasten nach Geld etc. Sie schien sich für meine Denkweise zu interessieren und auch meine Arbeit mit F. zu unterstützen, ein Vertrauensverhältnis war am entstehen ... und doch: es kam anders.

Nach ca. 6 Wochen der Betreuung war F. zu einer Verabredung nicht zu Hause. Seine Mutter öffnete mir. Sie tat sehr verwundert, da ich doch angeblich abgesagt hätte. Deshalb wäre F. nun zum Spielen gegangen. Wenige Tage später bekam ich einen Anruf von F.s Klassenlehrerin, die beschrieb, daß F. sehr aufgeregt und traurig zu ihr gekommen wäre mit der Nachricht, ich hätte die Betreuung aufgegeben.

Offensichtlich stellten diese Irritationen familiäre Abwehrmechanismen dar gegen F.s zunehmende Veränderung. Sein Leistungsaufschwung bestätigte meine Tätigkeit und erhöhte dazu meinen Einfluß, auch blieb es der Familie natürlich nicht verborgen, daß sich F. an mir orientierte und mich ein wenig verehrte. Zum anderen war, wenn die positive Tendenz anhielt, der innerfamiliäre Platz des "ungezügelten Dummkopfes" frei geworden, F. brauchte ihn nicht mehr auszufüllen. So war das ganze familiäre System gefordert, ihm einen neuen Platz zuzuweisen. Dieser Aspekt kann - familiensystemisch betrachtet - große Angst auslösen und Blockierungen auslösen. Es war schließlich nicht nur die Rolle des "Dummkopfes" freigeworden, sondern dadurch ein Ungleichgewicht entstanden, zu dessen Überwindung das gesamte Familiensystem neue Konstellationen hätte errichten müssen. Dies tut, wie Erkenntnisse aus der Familientherapie belegen, kein Familiensystem "kampflos", d.h. freiwillig. Selvini-Palazzoli weist insbesondere auf die verwirrenden Strategien hin, die von einem Patienten während der Therapie eingesetzt werden können, um Veränderungen zu umgehen (Selvini-Palazzoli et al.:49). Entsprechende Abwehrreaktionen des gesamten Familiensysterns beschreiben sie bei Familien mit schizophrener Transaktion: Informationen, die der Therapeut von der Familie erhält, sind ausgerichtet auf dessen Irritation und erweisen sich "letztlich als eine Falle" (ebenda:54f).

Ausschlaggebend für die familientherapeutische Arbeit ist jedoch das klar definierte setting, innerhalb dessen die Aufarbeitung von Abwehrmechanismen wie den geschilderten überhaupt möglich wird. Unsere Betreuungssituation konnte diese Bedingungen von vornherein nicht erfüllen und hatte auf Grund des unterschiedlichen settings nur wenige Möglichkeiten, den Kampf von Familie A. um den Erhalt ihres Systems zu bearbeiten. An solch einem Punkt angelangt stellte sich die Frage, die Betreuung abzubrechen, da die äußeren Bedingungen sehr schlecht waren und die notwendige Kooperationsbereitschaft seitens der Familie nur unzureichend bestand. Auch unter dem Aspekt des Selbstschutzes sollte m.E. der Pädagoge in einer derartig festgefahrenen Situation den Abbruch oder Wechsel durchaus in Betracht ziehen, da er sich, in solche Verstrickungen eingeschlossen, einer massiven Gegenübertragung auf die Familie nur sehr schwer entziehen kann.

Zum genannten Zeitpunkt und nach einer Reihe analysierender Gespräche im Kollegenkreis hatte ich mich entschlossen, mit der Betreuung trotz der schlechten Bedingungen fortzufahren. Mir erschien das Nicht-Aufgeben eine der ganz wenigen Chancen, die einem Kind mit der genannten Problematik überhaupt als Prophylaxe geboten werden. Therapeutischen Angeboten, sowohl familien- als auch einzeltherapeutischen, steht die Zielgruppe ablehnend gegenüber, und so bleibt es dem freiwilligen Einsatz der Pädagogen überlassen, diese "Gratwanderung" zu wagen.

Um Familie A. meine Gesprächsbereitschaft zu signalisieren und ihnen auch das Betreuungsziel, nämlich F.s schulische Stabilisierung zu erreichen, wieder vor Augen zu führen, schlug ich den Eltern Gespräche vor, versuchte, sie mehr an der Entwicklung zu beteiligen. Die von ihnen eingeleiteten Verunsicherungen und Irritationen mußten dringend thematisiert werden, damit die dahinter verborgenen Unsicherheiten mir gegenüber zum Vorschein kommen und dann nach Möglichkeit beseitigt werden konnten. Nur auf diese Weise konnte ich das Angebot einer ernsthaften und ehrlichen Beziehung an Familie A. noch einmal und ganz neu formulieren.

Frau A. erschien im Anschluß daran sehr regelmäßig. Bevor auch nur der Anklang einer Kritik an Kindererziehung oder Fürsorge aufkommen konnte, wurden bezeichnenderweise alle möglichen Abwehrmechanismen eingesetzt. Die äußeren Bedingungen wie z.B. die Enge der Wohnverhältnisse waren Grund genug, die bestehende Misere als solche zu belassen. Es wurden Schuldzuweisungen ausgesprochen, daß der Staat nichts für die Bürger täte (im Hinblick auf den ältesten Sohn, der keine Lehrstelle fand). Also sollte man sich auch nicht beschweren, daß F. zu spät zur Schule käme. Es stellte sich immer stärker heraus, daß die Eltern A. (vertreten durch Frau A.) die Verantwortung für ihre Familie gerne an andere abgetreten hätten. Innerfamiliär funktionierte dies recht gut, da die älteren Söhne es einerseits genossen, die Kleinen herumzukommandieren, andererseits aber sehr darauf achteten, daß sie nicht draußen herumstreunten und "in schlechte Gesellschaft" kamen. Mittlerweile war auch F. alt genug, um Verantwortung zu übernehmen, nämlich für seinen kleinen Bruder. Dagegen hatte er sich zuvor offensichtlich erfolgreich gewehrt, indem er die anfänglich geschilderten Verhaltensweisen praktizierte.

Auf meine Anfrage hin, warum F. in der Schule immer so müde wäre (laut seiner Klassenlehrerin), erklärte mir Frau A., daß er erst schlafen ginge, wenn alle anderen Familienmitglieder auch das Wohnzimmer verließen. Also schlief F. allabendlich vor dem Fernseher ein und wurde dann nach Mitternacht in sein Bett getragen, oftmals auch wachgerüttelt. Die von Frau A. angeführten Argumente, daß die freizügige italienische Kindererziehung gerade hier ansetze, konnte dabei nur als Ablenkungsmanöver gewertet werden von der eigentlichen Verantwortung, den Kindern gerade in ihrer gewohnten Umgebung gewisse sinnvolle Grenzen zu setzen und Orientierungshilfen zu geben. Wir diskutierten diese Problematik immer wieder. Frau A. erkannte wohl, daß F. am nächsten Morgen nur schwerlich aufstehen, geschweige denn sich in der Schule konzentrieren konnte, doch da kam hier immer wieder aufs neue die Wohnsituation zum Tragen, die ein besseres Abgrenzen F.s eben nicht gestattete.

Im weiteren Verlauf entwickelten Herr und Frau A. doch langsam ein Interesse daran, mich ab und zu im Anschluß an die Betreuungsstunden zu sprechen. Es gab ganz unterschiedliche Anknüpfungspunkte: Die Verschiedenartigkeit der Lebensweisen in Deutschland und in Süditalien, Differenzen in der moralischen Auffassung, Vorurteile über die zu freizügigen Deutschen, der Sittenverfall schlechthin. Die Gesprächskonstellationen konnten sich ergeben, da ich für die A.s ein Stück weit beides verkörperte, einerseits abzulehnende Vertreterin einer dekadenten Gesellschaft, andererseits idealisierte Verfechterin des freieren Lebens. In ihrer ambivalenten Haltung wurde sowohl eine aktuelle Orientierungsschwäche deutlich (noch verstärkt, da die älteren Söhne deutsche Freundinnen hatten) wie auch die Erinnerung an die eigene, stark reglementierte Jugend (die für Frau A. mit der Heirat als 14-Jährige endete) und die Vorstellung von einer offeneren Lebensweise. Rückblickend läßt sich die Ambivalenz geradlinig auch auf meine Arbeit mit F. übertragen. Die Meinung der A.s schwankte zwischen tiefster Ablehnung und bewundernder Anerkennung.

Ziel der dargestellten Familiengespräche war es, die verhärtete Beziehung zwischen dem Ehepaar A. und mir aufzubrechen; durch meine Offenheit machte ich mich selbst zwar oft angreifbar, konnte jedoch sowohl F. als auch den Eltern gegenüber Authentizität vermitteln. Die Gesprächsphase, die von ihnen nach anfänglichem Zögern gut angenommen worden war, konnte nach einigen Wochen beendet werden: Da es sich jeweils um zusätzlichen, privaten Zeitaufwand von mir handelte, war es wichtig, hierbei einen akzeptablen Rahmen zu finden und nicht "unendliche Verfügbarkeit" zu signalisieren. Unsere unterschiedlichen Standpunkte waren ein wenig deutlicher geworden und mit diesem Wissen konnte ich mich nun gezielt F. widmen und der Stabilisierung seiner schulischen Leistungen.

F. hatte die kontroversen Diskussionen mit seinen Eltern aufmerksam verfolgt. Auch wenn er seine emotionale Beteiligung nicht verbergen konnte, die teilweise harten Gespräche ihn stark verunsicherten, waren sie doch eine Zeitlang zum festen Bestandteil im Anschluß an die Betreuungsstunden geworden. In der Schule machte er Fortschritte, fand durch manche Erfolgserlebnisse einen gewissen Spaß am Lernen und hatte ein Gefühl dafür entwickelt, wie er zumindest ohne große Probleme "durchkommen" konnte. Rückblickend auf die Ausgangssituation hatte F. also nach ungefähr einem Dreivierteljahr, was seine Position in Familie und Schule anbelangte, ein labiles Gleichgewicht erreicht - eine ganz beträchtliche Leistung.

Im Laufe der Zeit war die gesamte Familiendynamik sehr nachhaltig in Bewegung geraten. Zum Teil versuchten die A.s, ihre Aktivitäten ein wenig vor mir zu verbergen. Dies entsprach auch meiner Intention, da ich weder Patentrezepte für ihre Lebensgestaltung vorlegen, noch als "verfolgendes Über-Ich" auftreten wollte und konnte. Eines Tages, ca. anderthalb Jahre nach Beginn der Betreuung, verkündete mir F. stolz, daß sie bald in eine größere Wohnung ziehen würden, in der er auch sein eigenes Zimmer bekäme. Wie sich herausstellte, hatten die A.s eine Sozialwohnung beantragt, und trotz üblicher mehrjähriger Wartezeiten zeigten ihre Bemühungen rasch Wirkung. Zwar hatten wir zwischendurch immer wieder einmal über diese Möglichkeit gesprochen, der Erfolg jedoch war eindeutig der Initiative der A.s zuzuschreiben, die mutig sogar den Gang zum Amt auf sich genommen hatten.

Die daraus entstandene Verbesserung der äußeren Lebensbedingungen war im Hinblick auf F.s weitere Entwicklung ausgesprochen wichtig, neue Bereiche konnten entdeckt werden. Ganz neu war sowohl für F. wie auch für alle anderen die Möglichkeit räumlicher Abgrenzung: Drängten sich früher alle Familienmitglieder im winzigen Wohnzimmer, so war in der neuen Geräumigkeit geradezu beängstigend viel Platz. Mit den neuen Bedingungen mußte jeder für sich umgehen lernen, und das Recht des Einzelnen auf Ungestörtsein in seinem Zimmer, das Respektieren der Privatsphäre des anderen, mußte in langsamen Schritten gelernt werden.

Mit diesen gravierenden familiären Veränderungen hatte sich F. sowohl schulisch als auch persönlich zusehends stabilisiert. Er besuchte die dritte Klasse, war hier ein mittelmäßiger Schüler und fiel in seiner Klasse nicht mehr durch besonders ungezügeltes Verhalten auf. Nach seiner Selbstauffassung war das gut so, er wollte kein Musterschüler werden; die Gefahr jedoch, in die Sonderschule überwiesen zu werden bzw. in seiner Familie und Umgebung als Dummkopf dazustehen, war fürs erste gebannt.

F.s Betreuung wurde nach zweieinhalb Jahren beendet. Dies resultierte einerseits daraus, daß F. neben seinem Hortbesuch keine Einzelbetreuung mehr in Anspruch nehmen wollte. Andererseits sahen auch die Eltern durch F.s labiles Gleichgewicht in der Schule keine weitere

Veranlassung einer Betreuung. Es hatte sich ja in den letzten Jahren so vieles zum Guten hin entwickelt, daß nunmehr bei den A.s vielmehr die Tendenz zu spüren war, sich nach außen hin abzugrenzen. Wir hatten im Laufe der Zeit eine so intensive Beziehung entwickelt, daß ich leicht durch unangenehme Fragen, z.B. nach der Schlafenszeit der Kinder oder ihrem Videokonsum, die Hochstimmung trüben und sie an ihre nie enden wollenden elterlichen Pflichten erinnern konnte. Sie versäumten am Ende von F.s drittem Schuljahr, einen Verlängerungsantrag bei der Institution zu stellen.

Das Ziel der pädagogischen Intervention war in diesem Fall erreicht worden: F. hatte die ersten drei Schuljahre ohne Sitzenbleiben absolviert. Daß damit zukünftige Leistungseinbrüche auch gebannt sein würden, war natürlich nicht garantiert. Das Ehepaar A. hatte neue Verhaltensmuster erproben können und sich, gleichermaßen wie ihr Sohn, weiterentwickelt.

Wie ihre Entscheidung gegen die Fortsetzung der Betreuung jedoch zeigte, griffen sie nach wie vor auf unreife Konfliktlösungs-Techniken zurück, indem sie passiv (durch Unterlassen) und nicht aktiv (durch Handeln) ihre Position kundtaten.

#### 5.4.2.2 Familie B.

Das Ehepaar B. (er 36, sie 30 Jahre alt) bewohnte mit Tochter R. (10) und Sohn A. (9) eine Dreizimmerwohnung in einem Taunusstädtchen im Einzugsgebiet Frankfurts. Sie waren seit ca. 11 Jahren verheiratet, hatten beide aber schon vorher längere Zeit mit ihren Familien in Deutschland gelebt. Er war Sizilianer, sie Kalabresin. Beide sprachen gut deutsch, die Kommunikation zwischen ihnen und mir stellte von Anfang an kein Problem dar. Beide Elternteile waren berufstätig. Herr B. arbeitete in einer nahe gelegenen Getränkefabrik. Frau B. war in einem ortsansässigen Sanatorium ganz in der Nähe der Wohnung beschäftigt, und konnte in ihrer Mittagspause regelmäßig nach Hause kommen, um die Kinder zu versorgen. Ihre sozialen Bindungen waren recht intensiv, sowohl zu Deutschen wie auch zu Landsleuten. Eine Schwester von Frau B. wohnte mit ihrer Familie im selben Haus (siehe Familie C.), außerdem wohnten einige Verwandte in benachbarten Orten. Man traf sich häufig und konnte somit das Lebensgefühl nach dem traditionellen Bild der Großfamilie ein ganzes Stück weit aufrechterhalten. Die beiden Kinder waren in Deutschland geboren worden, sprachen miteinander deutsch und hatten gute umgangssprachliche Fähigkeiten entwickelt. Beide hatten den Kindergarten besucht und gingen nun in die 2. Klasse der Grundschule (Parallelklassen) am Ort, dort besuchten sie auch einmal wöchentlich nachmittags den Italienischunterricht. Sie hatten Freunde in der direkten Nachbarschaft, mit denen sie den Schulweg gemeinsam machten und sich nachmittags zum Spielen trafen.

Frau B. hatte bereits mit der Schulabteilung des Italienischen Generalkonsulats die meisten Formalitäten bezüglich der Betreuung geregelt, so daß ein Vorgespräch gleich angeschlossen werden konnte. Die Terminabsprache gestaltete sich als sehr unproblematisch, die B.s wollten keine Zeit verlieren bis zum Beginn der Betreuung.

Das Vorgespräch verlief in aufgeschlossener, erwartungsvoller Haltung mir gegenüber, die gesamte Familie B. war dabei anwesend. Definiertes "Problemkind" war R.: Sie hatte die 1. Klasse auf Empfehlung ihrer damaligen Klassenlehrerin wiederholt. Schon seinerzeit hatte, so Frau B., der Schulleiter gesagt, daß R. "ein Fall für die Sonderschule" wäre. Nach der Schilderung von Frau B. argumentierte er damit, daß kleinwüchsige Leute (Frau B. selbst war nur knapp 1,50 m groß und sehr zierlich) wohl "auch im Kopf ein wenig zu kurz gekommen wären." Als Sohn A. eingeschult wurde, hätte er sich in ähnlicher Form geäußert, da A. jedoch im Gegensatz zu seiner Schwester wesentlich selbstbewußter war, ließ er sich davon nicht sonderlich verunsichern und konnte sich in den ersten beiden Schuljahren leistungsmäßig im Mittelfeld seiner Klasse halten. Für das Ehepaar B. war große Unsicherheit die Folge, ihren Kindern bei Schulproblemen hinreichend zur Seite stehen zu können, gleichwohl blieb die tiefe menschliche Kränkung, welche die Äußerungen des Schulleiters darüber hinaus bewirkt haben mußte, weitgehend unbewußt. Da man ihm in ihrem italienischen Bekanntenkreis bereits seit langem nachsagte, er würde ausländische Kinder aus seiner Schule fernzuhalten versuchen und selbst bei geringen Lernschwächen die Sonderschulaufnahme einzuleiten trachten, hielten sie es für den besten Weg, daß ihre Kinder möglichst unauffällig die 4 Grundschuljahre absolvierten. Gegen seine Äußerungen unternahmen sie nichts, weil sie gezielte Diskriminierungen ihrer Kinder befürchteten.

Frau B. hatte R.s Schulprobleme an ihrer Arbeitsstelle mit ihren deutschen Kollegen und Vorgesetzten schon damals besprochen. Ihr war empfohlen worden, mit R. bei einer ortsansässigen Psychologin einen Intelligenztest durchführen zu lassen. Diese bescheinigte R. einen IQ von 80 und bestätigte damit quasi die "Diagnose" des Schulleiters. Zur Art des Tests konnte das Ehepaar B. keine konkreten Auskünfte geben, zumal die Unterlagen nicht mehr auffindbar waren, den Verlauf schilderten sie nach wiederholtem Nachfragen jedoch sehr drastisch: R. war dieser Testsituation anscheinend mit derart massiven Angstzuständen begegnet, daß sie blockierte, kaum ein Wort herausbrachte und - in den Augen der Eltern- völlig versagte. Die Angst des Ehepaars B., daß ihrer Tochter die Sonderschule nicht erspart bleiben würde, hatte durch das Testergebnis eine realistische Komponente bekommen. Sie selbst hatten durch Fälle in der Verwandtschaft kennengelernt, welche Konsequenzen ein Sonderschulbesuch für die weitere berufliche Zukunft nach sich ziehen konnte, und wollten eine Wiederholung dessen bei ihrer Tochter um jeden Preis verhindern.

In der Schule war nicht bekannt, daß R. psychologisch getestet worden war, stattdessen bemühte sich Frau B. um Kontakt zu R.s Klassenlehrerin. So konnte sie, quasi auf "diplomatischem Wege", zu R.s Verbleib in der Regelschule beitragen. Das Ehepaar B. erwartete, durch die Einzelbetreuung auf längere Sicht für R. eine psychische Stabilisierung gegenüber den schulischen Anforderungen zu erreichen, gerade im Hinblick auf den in anderthalb Jahren anstehenden Wechsel in die Förderstufe der Gesamtschule.

Die Institution hatte in Vereinbarung mit Frau B. die Betreuung zuerst einmal mit 2 Stunden wöchentlich veranschlagt, nach einem halben Jahr wurde sie auf 3 Wochenstunden erhöht.

R. war ein Mädchen mit großen dunklen Augen und langem schwarzem Haar, sie entsprach damit so richtig dem Klischee des anmutigen süditalienischen Mädchens. In ihrer familiären Umgebung trat sie, was ihre häusliche Rolle als älteste Tochter anbelangte, recht selbstsicher auf. Sie war höflich, liebenswürdig und sehr pflichtbewußt. Im Kontakt zu Autoritätspersonen jedoch gab sie sich ängstlich und verschlossen. Sie traute sich kaum, Fragen zu beantworten, geschweige denn zu erzählen. Sobald sie spürte, daß ernstgemeinte Angebote zur Kontaktaufnahme von meiner Seite bestanden, versuchte sie zaghaft, über besonders liebes, verwöhnendes Verhalten und kleine Briefchen, die sie mir schrieb, einen persönlichen Kontakt zu mir aufzubauen. Sobald sie jedoch einen leisen Vedacht spürte, unser Kontakt hätte eine Überprüfung ihrer intellektuellen Fähigkeiten zum Inhalt, blockierte sie: es blieb nur ein freundliches Lächeln. Eine Ursache dafür war mit Sicherheit ihre negative Vorerfahrung aus den ersten Klassen und die immerwährende Angst vor einer nochmaligen Bestätigung ihrer "Dummheit" und der möglichen Sonderschuleinweisung.

Unsere Beziehung entwickelte sich rasch und intensiv: Die Tatsache, eine Privatlehrerin zu haben, erfüllte sie mit Stolz, schon dadurch war R. anfangs gut zu motivieren und fand langsam Spaß an kleinen spielerischen Übungen, die ich ihr vorschlug. Sie kümmerte sich sehr gewissenhaft um ihre Hausaufgaben und legte dabei den größten Wert auf saubere Schrift und ordentliche Heftführung. Zur Klassenlehrerin nahm ich umgehend Kontakt auf. R.s freundliche zurückhaltende Art, ihre "vornehme Schüchternheit", hatten bei ihr schon früher Sympathien geweckt, so daß sie zu einer wohlwollenden Beurteilung neigte. Ich erfuhr von ihr, daß der Schulleiter bereits angeregt hatte, für R. das Sonderschul-Aufnahmeverfahren einzuleiten, sie mit ihm jedoch nicht konform ginge und dies bislang noch nicht getan hätte. Sie war über die pädagogische Intervention sehr erfreut und äußerte sich zuversichtlich, mit ihrer Hilfe die bei R. vorhandenen Wissenslücken beheben zu können. Darüber hinaus erwähnte sie lobend das Engagement von Frau B., die regelmäßig an den Elternabenden teilnahm und zwischendurch in telefonischem Kontakt zu ihr stand. Auch wir vereinbarten, uns gegenseitig regelmäßig über Vorkommnisse zu informieren, die mit R.s schulischer Entwicklung in Zusammenhang standen, was in der Folgezeit sehr gut klappte.

R. war ungemein anhänglich. Es war spürbar, daß sie mit unserem Kontakt nicht nur Zuneigung verknüpfte, sondern konkrete Hoffnungen verband. Sie orientierte sich sehr an mir und versuchte, ihre diffusen Ängste, vielleicht auch von mir abgelehnt zu werden, z.B. wenn sie etwas nicht gleich begriffen hatte, unter Kontrolle zu halten, indem sie alles daran setzte, mir zu gefallen und mich mit Kaffee, Keksen u.ä. zu verwöhnen. R.s eigenständige Persönlichkeit und Selbstvertrauen waren auf Grund ihrer tief verwurzelten Ängste nur sehr schwach entwikkelt. Sie lebte gewissermaßen die Folgen der erfahrenen familiären Kränkung aus und nahm mit der Versagerrolle die meiste Schuld auf sich. Nach ihrem Empfinden war sie es, die ihren Eltern so viele Sorgen bereitete und fühlte sich verantwortlich für die daraus entstehenden familiären Problemen. Für sie war eine immense psychische Belastung entstanden, die sie z.T. durch die besonders sorgfältige Erfüllung ihrer häuslichen Pflichten zu kompensieren versuchte. Sie hatte als älteste Tochter diverse Pflichten zu erfüllen: In den Augen ihrer Eltern und der Großmutter war sie verantwortlich, daß tagsüber, wenn sie mit Bruder und Cousine zu Hause war, alles in Ordnung gehalten wurde. Nach Schilderung der Eltern begannen für R. diese Verpflichtungen mit ihrem Eintritt in die Schule. Danach hatte ihr kindliches Selbstbewußtsein bereits zu diesem Zeitpunkt einen kleinen Rückschlag erhalten. Sie hatte ihre eigenen Bedürfnisse aufgrunddessen schon frühzeitig zurückstellen müssen zugunsten der elternvertretenden Rolle und gleichzeitig mit der neuen Umgebung Schule einen weiteren Pflichtbereich bekommen, der sich schwer mit dem familiären vereinbaren ließ. Dies zeigte sich in ihrer Persönlichkeit zum Teil in recht widersprüchlichen Verhaltensweisen. So schwankte sie im ersten Jahr der Betreuung immer wieder zwischen der Rolle einer Ersatzmutter, die sich rührend und wie selbstverständlich um die kleinen Alltäglichkeiten des Haushalts kümmerte und regressiven Verhaltensweisen, die ihre Sehnsucht nach der Rückkehr ins Kleinkindalter, mit einem grenzenlosen infantilen Spieltrieb und dauerhafter Versorgungshaltung, ausdrückten. Sie konnte hier streckenweise Bedürfnisse nach Geborgenheit ausleben, die ihr wohl in frühester Kindheit ein wenig gefehlt hatten: Auf Grund der Tatsache, daß ihr Bruder gerade ein Jahr nach ihr zur Welt kam, hatte sie vermutlich schon frühzeitig die Erfahrung machen müssen, ihre Bedürfnisse als ältere Tochter hinter die des kleinen Bruders zu stellen. In den regressiven Momenten konnte sie ein Stück davon nacherleben. Anna Freud weist auf eine für die psychische Entwicklung heilende Wirkung zeitlich begrenzter Regressionen (z.B. in Spannungssituationen) hin, die allerdings, falls sie permanent werden, "aus ihrer Rolle der Normalentwicklung [herausfallen] und sich in pathogene Faktoren verwandeln" (Freud 1968:103). Mir schien es ratsam, neben der direkten, schulorientierten Arbeit mit R. diese persönliche Problematik anzusprechen, damit ihre Energien für die täglich steigenden Anforderungen freigesetzt werden konnten und sie diese motiviert annehmen konnte. Wir führten viele Gespräche, bei denen sie das Gefühl entwickeln konnte, daß ihre kindlichen Wünsche von einer erwachsenen Person einmal ernst genommen wurden. Das daraus entstandene Vertrauensverhältnis ermöglichte es mir, ihre zeitweiligen Blockierungen bei intellektuellen Anforderungen zu deuten und ihr als Abwehrverhalten transparent machen, was für ihre Neuorientierung sehr wichtig war.

R. genoß den Kontakt zu mir und die Betreuungsstunden sichtlich, hier konnte sie auf der einen Seite ihre kindlichen Spielwünsche teilweise befriedigen, machte auf der anderen Seite aber auch engagiert und motiviert ihre Hausaufgaben, und auch bei kleinen Übungsdiktaten stellten sich zügig Erfolge ein. Rückmeldungen darüber erhielt ich seitens ihrer Klassenlehrerin prompt. Weniger Spaß hatte sie anfangs an Gedichten: Für R. ergab sich in erster Linie die Assoziation, daß es diese nur stupide zu wiederholen galt, ohne sie inhaltlich auch zu erfassen. Indem wir die Gedichte zusammen lasen und erklärten, bekamen sie eine wirkliche Kontur, von der sich R. zuweilen auch begeistern lies. Weitaus schwieriger gestaltete sich der Zugang zu den Rechenübungen: R. kam im Umgang mit den 4 Grundrechenarten leidlich zurecht, sie war jedoch überzeugt, daß sie später sowieso nicht so viele mathematische Kenntnisse brauche. Sie bezog sich dabei auf Äußerungen aus der Verwandtschaft, in der es genügend Frauen gäbe, die auch nicht gut rechnen könnten. Eine ansatzweise Verknüpfung dieser Schulprobleme - in Sinne von Verweigerung - mit der traditionellen geschlechtsspezifischen Erziehung war hierbei deutlich zu erkennen. Wenngleich ihre Mutter eher das Gegenteil verkörperte, so war innerhalb der sie umgebenden Großfamilie ihre Rolle des bildhübschen, artigen Mädchens festgeschrieben, von dem solche Fähigkeiten nicht erwartet, ja, dem sie auch nicht zugetraut wurden. Ich konnte nicht davon ausgehen, daß, sobald sie sich von mir emotional angenommen fühlte, voller Zuversicht und Lerneifer die Schule erste Priorität in ihrem Leben bekommen sollte. Dafür war schon ihr Selbstgefühl diesbezüglich zu tief verunsichert. Auf Dauer sollte ihr vielmehr die Erfahrung, eigenständig Sachverhalte erkennen und beurteilen zu können, dazu verhelfen, eine stabile Position in ihrer Umgebung zu finden und einhergehend damit auch eine positive Besetzung des Lernens ermöglichen. Aus dieser grundsätzlichen Veränderung ihrer Selbstwahrnehmung konnte dann dauerhaft - und das bedeutete gezielt auch für die zukünftige Zeit in der Gesamtschule - ein gesundes Einschätzen der eigenen Fähigkeiten und das daraus resultierende bewußte Aufholen verschiedener Wissensrückstände entstehen.

R. gewann durch die Beziehung, die wir aufgebaut hatten, Kraft und Selbstvertrauen, dies zeigte sich auch in ihrer Klasse und im Umgang mit den vorher so angstvoll erlebten Autoritätspersonen. Die 3. Klasse beendete sie mit einem leicht positiven Trend, die Sonderschulgefährdung war in den Augen der Klassenlehrerin gebannt.

Zu R.s weiteren Persönlichkeitsentwicklung gehörte auch das Erkennen und Durchsetzen ihrer eigenen Interessen, sowohl im häuslichen als auch im schulischen Bereich. Die Anregung, daß ihr Bruder und ihre Cousine (beide ein Jahr jünger) sich mit ihr die häuslichen Pflichten teilen könnten, wurde anfangs von diesen abgelehnt; Konflikte zeichneten sich ab, da A. spontan auch wenig Bereitschaft zeigte, auf seine "männlichen" Privilegien zu verzichten. In Familiengesprächen konnte ich jedoch die Eltern für R.s Position gewinnen, zumal ihnen klar geworden war, daß ein direkter Zusammenhang bestand zwischen ihrem Schulversagen und dem täglichen häuslichen Pflichtbereich. Weitaus schwieriger war es, die sehr dominante Großmutter davon zu überzeugen, daß R. während der Betreuungsstunden von Hausarbeiten verschont wurde. Die Großmutter, eine resolute 50jährige Frau, schaute jeden Nachmittag nach ihrer Arbeit kurz "nach dem rechten". R. hatte vor ihr Angst, denn sie verprügelte die Kinder schnell, wenn ihre Anordnungen nicht sogleich befolgt wurden, und sie war als älteste dann meistens die Leidtragende. Obwohl ich mit der Großmutter und den Eltern B. diese Erziehungspraxis wiederholt besprach, ließ sich keine grundlegende Veränderung erkennen. In den Augen der Großmutter war dies die einzig richtige Methode, Mädchen zu erziehen; sie erklärte, daß sie auch ihre, mittlerweile 19-jährige, unverheiratete Tochter noch körperlich züchtigte - dieser Zustand bliebe so, bis diese heirate. Trotzdem bestand ich auf einem absolut störungsfreien Ablauf der Betreuung ohne großmütterliche Irritationen. Wir hielten die Stunden, bevor die Großmutter kam, anschließend teilten sich die Kinder untereinander die Hausarbeit, so daß R. nicht alle Belastungen allein auf sich nehmen mußte. R. wurde zunehmend selbstbewußter, konnte auch innerfamiliär ihre Interessen eigenständiger vertreten, ohne vor den daraus entstehenden Konflikten flüchten zu müssen.

Die parallel dazu verlaufende schulische Entwicklung von R. war strekkenweise geprägt von einem deutlichen Aufwärtstrend. Sobald sie ihre Situation zu Hause nicht mehr so spannungsgeladen erlebte und auch da sie sich dem Wohlwollen ihrer Klassenlehrerin nunmehr ziemlich sicher war, stabilisierten sich ihre schulischen Leistungen zwischen den Noten 3 und 2. In ihrem Verhalten ließ sie eine neue Variante zu: Sie blieb nicht mehr nur das brave und stille Mädchen, sondern äußerte spontan ihre Meinungen und Gefühle, was ihre Klassenlehrerin allerdings zuerst einmal als vorlaut und als persönliche Kränkung gegen sich gerichtet erlebte. Wir telefonierten in dieser Phase mehrmals wöchentlich miteinander, und ich konnte sie mit der Zeit davon überzeugen, daß R.s Verhalten, auch wenn sie es momentan recht negativ erlebte, einen ganz elementaren Bestandteil ihrer Persönlichkeitsentwicklung darstellte. Sie war eben nicht mehr so unkompliziert zu handhaben, außerdem wurde auch der bestehende Altersunterschied immer deutlicher sichtbar: Durch das Wiederholen der ersten Klasse war sie in der 2. Klasse 10 Jahre alt und damit die älteste, körperlich war sie reifer als die meisten ihrer Klassenkameradinnen, die Pubertät kündigte sich bereits langsam an. In dieser Situation fühlte sich die

Klassenlehrerin streckenweise ein wenig überfordert, sie befürchtete, R. könnte Unruhe in ihre Klasse hineinbringen und ihr Unterrichtskonzept stören. Sie wandte sich häufig besorgt an mich, wir konnten im gemeinsamen Gespräch jedoch herausarbeiten, daß R.s Entwicklung in einem ganz natürlichen Rahmen verlief und daß sie, die Klassenlehrerin, eher noch R. bei der Bewältigung der nachfolgend auftretenden Probleme unterstützen könnte. Mit dem Einsetzen der ersten Menstruation trat nämlich für R. eine neue familiäre Beschränkung in Kraft: Ihr Vater erlaubte ihr nicht mehr, an Ausflügen teilzunehmen und verbot ihr auch die Abschlußfahrt der 4. Klasse über mehrere Tage, auf die sich R. besonders gefreut hatte.

Die Betreuung geriet hier in eine sehr schwierige Phase. Zum einen waren dringend Gespräche mit den Eltern notwendig, besonders mit Herrn B., der sich nur sehr schwer davon überzeugen ließ, daß auch während einer Klassenfahrt die Aufsicht über die Kinder gewährleistet ist. Er gab an, mir seine Tochter jederzeit anzuvertrauen, ihre betreffenden Lehrer(innen) kannte er jedoch zu wenig, als daß er ihnen vertrauen zu können glaubte. Zum anderen mußte die Klassenlehrerin für R.s Probleme sensibilisiert werden, damit ihr manche Reaktionen verständlich wurden. Ich konnte Herrn B. davon überzeugen, R. an Tagesausflügen teilnehmen zu lassen; nach Schilderung der Klassenlehrerin benahm sie sich dann jedoch so undiszipliniert und aufmüpfig, daß sie sie beim nächsten Mal gar nicht mehr mitnehmen wollte. R. genoß die Aufhebung des Verbotes anscheinend so sehr, daß sie voller Übermut war. Ich plädierte bei ihrer Lehrerin dafür, ihr mit verständnisvoller, leitender Hand zu begegnen; diese benötigte sie dringend, um die Krise zu überwinden.

Ein nächster, schwerer Schritt begann für R. mit dem Schulwechsel in die Förderstufe der Gesamtschule. Sie war in der Grundschule nach langen Diskussionen doch jeweils für die C-Kurse vorgeschlagen worden, da man ihr nicht zutraute, größere Anforderungen zu bewältigen. Nach einem halben Jahr sollte jedoch in der Gesamtschule eine weitere Überprüfung der Kinder sicherstellen, daß keines durch die Kurseinteilung unterfordert war.

Mit Beginn des 5. Schuljahres stiegen die Anforderungen enorm. Es kam eine - für R. anfangs nur schwer überschaubare - Anzahl neuer Fächer hinzu; verknüpft mit den wechselnden Lehrern, mußte R. hier langsam neue Bezugspersonen finden. Frau B. und ich nahmen Kontakt zur neuen Klassenlehrerin auf, die R.s weitere Entwicklung recht zuversichtlich betrachtete. Auch Frau B. gewann zu ihr Vertrauen, und so war der erste Schritt getan, daß auch die bereits geschilderte Klassenfahrt-Problematik nach und nach bewältigt werden konnte. Die Klassenlehrerin bat dringend, R. in den C-Kursen zu belassen. Ihre Argumentation war durchaus plausibel, sie erkannte R.s anfängliche Verunsicherung über die vielen neuen Fächer und meinte, bei zu großen inhaltlichen Anforderungen könnte leicht eine dauerhafte Überforderung stattfinden, der R. nicht gewachsen wäre. Die menschlich verständnisvolle und positive Haltung der Klassenlehrerin R. gegenüber versprach insgesamt einen weiteren Ausbau ihres psychischen Gleichgewichts, so daß die steigenden schulischen Anforderungen verkraftbar erschienen.

Für den um ein Jahr jüngeren Sohn A. beantragten die Eltern ein halbes Jahr nach dem Betreuungsbeginn von R. auch Betreuungsstunden bei der Institution. Es wurde zwei Stunden wöchentlich genehmigt. Obwohl A. in den ersten Grundschuljahren dem Unterricht problemlos folgen konnte, befürchteten die Eltern, daß er nach dem Ende der 3. Klasse den Anschluß an eine höhere Einstufung in der Förderstufe ohne die Betreuungsstunden verpassen würde. Seine spontane Auffassungsgabe, logisches Denken, die Neigung zum spielerischen Entdecken neuer Dinge wie auch technisches Interesse waren vorhanden. A. war leicht zu motivieren, intellektuelle Anforderungen reizten ihn; sein Klassenlehrer, mit dem ich telefonisch Kontakt hatte, bemängelte, daß er ein wenig zu verspielt wäre, sagte ihm jedoch kaum Schwierigkeiten für den Besuch einer weiterführenden Schule voraus.

Im Laufe des 2. Schuljahres zeigten sich bei A. jedoch kleinere Schwachstellen, die vornehmlich er selbst als große Mängel erlebte und unter denen er sehr zu leiden schien: die bestehende Diskrepanz zwischen dem, was er intuitiv und auf Grund seiner recht guten umgangssprachlichen Kenntnisse begriff und seiner streckenweisen Unsicherheit, doch nicht alles verstanden zu haben, zu Hause aber die fehlenden Erklärungen auch nicht bekommen zu können. Zu diesem Zeitpunkt konnte A. die genannten Schwierigkeiten nach außen hin weitgehend verbergen und versuchte, den in ihn gesetzten familiären Hoffnungen als "Stammhalter" zu entsprechen. Sein Klassenlehrer mochte A. auf Grund seiner immer freundlichen und sehr umgänglichen Art, er schilderte ihn als normal begabt und am Lernstoff interessiert. Allerdings zeigte er sich nach seiner Schilderung im Unterricht eher zurückhaltend und wagte wohl häufig nicht, nachzufragen, wenn er etwas nicht verstanden hatte. Der Klassenlehrer erkannte dies jedoch nicht als schwerwiegendes Problem für A., das gezielt aufzuarbeiten gewesen wäre. Er war der Auffassung, daß jeder seiner Schüler im Laufe der ersten Schuljahre die innere Reife entwickeln konnte, Fragen zu stellen, falls etwas unklar geblieben war. Ängstlichkeit oder Unsicherheit ließ er als Zeichen von infantilem Verhalten nicht gelten, er verkannte dabei das Dilemma, das für A. bestand: Die familiären Hoffnungen und Erwartungen, was seine schulische Entwicklung anging, hatte er bis dahin weitgehend erfüllen können. Im Vergleich zu seiner Schwester schnitt er - auf Grund seiner recht schnellen Auffassungsgabe - gut ab, mußte sich also hier relativ wenig mit seinen Schwächen auseinandersetzen. Nun, da die Anforderungen wuchsen, stellte sich heraus, daß er selbst große Schwierigkeiten hatte, seine Schwächen wahrzunehmen. Schon diese Tatsache machte es ihm unmöglich, innerhalb seiner Klasse gravierende Wissenslücken zu offenbaren. Darüber hinaus hatte es ihm an vertrauensvollen Kontakten gefehlt, in denen sie gleich zu Beginn hätten aufarbeiten werden können.

Die pädagogische Einzelbetreuung war eine Chance, um bei A. einen Beginn von Lernstörungen zu verhindern. In Telefonaten mit seinem Klassenlehrer warb ich um Verständnis für A.s schwierige Situation und konnte ihn langsam für seine Probleme sensibilisieren. Er befürwortete die Betreuung, zumal er auch im Unterricht in der 2. Klasse eine positive Entwicklung feststellte: A. bemühte sich verstärkt, nachzufragen und seine Anliegen zu formulieren. Leistungsmäßig stufte er A. in Deutsch und Mathematik zwischen 3 und 4 ein und betonte dabei den positiven Trend durch die Betreuung. In der von der Grundschule gesandte "Bildungsempfehlung" für den Eintritt in die Förderstufe wurde A. in Deutsch, Mathematik und Englisch jeweils in den C-Kurs eingestuft. Das Ehepaar B. hielt auf meine Anregung hin Rücksprache mit dem Klassenlehrer und bewirkte, daß die Vorschläge zurückgezogen wurden und A. in B-Kurse eingestuft wurde. Der Klassenlehrer schätzte A.s intellektuelle Fähigkeiten auf jeden Fall ausreichend für einen Platz im Mittelfeld dieser Kurse ein.

A. empfand die Fürsprache seines Klassenlehrers als wirkliche persönliche Unterstützung und war darauf sehr stolz. Dies äußerte sich deutlich in einem Motivationsschub, den sein Klassenlehrer bestätigte: Er war ungemein fleißig geworden, arbeitete im Unterricht viel konzentrierter mit und hätte dadurch noch mehr Ansehen innerhalb seines Klassenverbandes gewonnen. Er war von seinen Mitschülern auf Grund seiner sportlichen Leistungen (im Fußballspiel) schon recht gut akzeptiert worden, nun zeigte er, daß er auch mit seinen intellektuellen Fähigkeiten durchaus mithalten konnte.

Herr und Frau B. waren über die Entscheidung des Klassenlehrers für A.s Einstufung in die B-Kurse sehr froh und hatten gleichzeitig einen Erfolg ihres Einsatzes erleben können, da sie ja bei ihm die "Bildungsempfehlung" reklamiert hatten. Ihr Selbstvertrauen, daß sie die Interessen ihrer Kinder in der Schule vertreten konnten, stieg damit. Dieses Erlebnis war sehr wichtig, gerade für die zukünftige Situation in der Gesamtschule, beide befürchteten jedoch bis zum Ende des 4. Schuljahres, daß der Leiter der Grundschule doch noch veranlassen könnte, A. gewissermaßen heimlich wieder für die C-Kurse zu melden. Der Klassenlehrer und ich versuchten zwar, sie zu beruhigen, sicher waren sie jedoch erst, als das 5. Schuljahr begonnen hatte und A. tatsächlich in den B-Kursen eingeschrieben war.

A. begann das neue Schuljahr mit viel Engagement. Er interessierte sich sehr für neue Fächer, und auch die Tatsache, daß nicht mehr der Klassenlehrer einzige Bezugsperson war, sondern es darüber hinaus eine Vielzahl an Fachlehrern gab, motivierte ihn. Schwierigkeiten ergaben sich nachfolgend besonders im Englischunterricht, da A. schon hinsichtlich der Aussprache keinerlei Selbstvertrauen zeigte und sich deshalb am Unterricht nicht beteiligte. Er äußerte sich häufig verärgert, daß seine Eltern kein Englisch sprächen und ihm deshalb auch nicht behilflich sein könnten. Die Eltern ihrerseits versuchten, sowohl ihn als auch R. zu noch mehr schulischen Aktivitäten zu bringen, mit dem Argument, daß sie auf Grund ihres geringen Bildungsstandes sich beruflich nicht haben verwirklichen können.

Problematisch gestalteten sich Kontakt und Zusammenarbeit mit dem neuen Klassenlehrer von A. Telefonisch hatte ich ihn mehrfach um einen Gesprächstermin gebeten, was er jedoch mit dem Argument ablehnte, daß mit A. alles normal verliefe, es also keinerlei Veranlassung zu einer Kontaktaufnahme gäbe. Ich traf ihn zufällig in der Schule während eines Gesprächs mit der Klassenlehrerin von R. und konnte einen Termin mit ihm vereinbaren. Doch auch dabei zeigte er nur geringe Bereitschaft, sich tiefer mit der speziellen Situation von A. auseinanderzusetzen. Er beschrieb den Verlauf des 5. Schuljahres derart, daß man im ersten Halbjahr die Leistungen aller Schüler beobachtete, um dann im zweiten Halbjahr ihre Einstufung in die jeweiligen Kurse gegebenenfalls zu revidieren. Für A. konnte dies u.U. bedeuten, daß er aus den B-Kursen hinausfiel, noch bevor er sich an die Anforderungen hatte anpassen können. Es war somit erst einmal unser Ziel innerhalb der Betreuungsstunden, ihn psychisch so zu stabilisieren, daß er mit schulischen Mißerfolgen umgehen konnte, ohne gleich vollends die Hoffnung aufzugeben, es doch noch schaffen zu können. Seitens seines Klassenlehrers konnte er dabei mit keiner allzu großen Unterstützung rechnen.

Der Wechsel von der Grund- zur Gesamtschule wurde für A. und R. gleichermaßen beeinflußt von einer ziemlich problematischen Schwangerschaft von Frau B., während der sie ein gutes Vierteljahr im Krankenhaus zubrachte. Es trat hierdurch eine innerfamiliäre Destabilisierung ein, da der Platz der Mutter weder von Tanten noch von der Großmutter hinreichend ausgefüllt werden konnte. Die entlastende Funktion, die ihre Verfügbarkeit für die Kinder gerade in dieser schwierigen Phase des Schulwechsels gehabt hätte, fehlte. Herr B. war sich dessen bewußt und versuchte, ausgleichend zu wirken. Er übernahm einen Teil der häuslichen Pflichten, die Kinder berichteten ihm allabendlich über Vorkommnisse in der Schule und lasen ihm z.B. Gedichte aus dem Deutschunterricht vor. Er kümmerte sich rührend um die beiden, bis das kleine Söhnchen zur Welt gekommen war und Frau

B. selbst wieder die täglichen erzieherischen Pflichten der Kinder übernahm; seinem Engagement und Einfühlungsvermögen war es mit zu verdanken, daß bei R. und A. in dieser Situation ein stärkerer schulischer Rückschlag verhindert werden konnte. Gleichzeitig zeigte es die grundsätzliche Bereitschaft, Konfliktsituationen bewußt zu machen und gab deutlichen Anlaß zu der Hoffnung auf einen positive schulische Weiterentwicklung.

Bis zum Ende des 5. Schuljahres blieben bei beiden Kindern die schulischen Leistungen labil, die Einstufungen in Kurse wurden beibehalten, so daß für A. noch ein weiteres Halbjahr lang die Chance bestand, sich hier zu stabilisieren. R. fühlte sich in ihrer Klasse wohl, und auch wenn sie leistungsmäßig Schwächen zeigte, hatte sie doch ihren festen Platz im Klassenverband.

Kurz vor Schuljahresende erhielten sowohl Eltern wie auch Betreuerin von der Institution die Mitteilung, daß auf Grund einer Neuorganisation der pädagogischen Betreuungen diese nunmehr auf zwei Jahre begrenzt würden. Die Betreuung von R. und A. endete damit sowohl für Familie B. wie auch für mich recht abrupt, und obwohl die Betreuungsziele - das Verbleiben von R. in der Regelschule und die Stabilisierung von A. - erreicht worden waren, konnte die Art der Beendigung bei Familie B. einen Rückschlag bedeuten, der ihre Fähigkeit, zukünftige Schulschwächen der Kinder selbst aufzufangen, möglicherweise beeinträchtigte. Eine bewußte, verantwortungsvolle Handhabung seitens der Institution wäre dringend notwendig gewesen, um nicht Gefahr zu laufen, die erreichten Erfolge gleich wieder zunichte zu machen. Dazu hätte auch gehören können, beispielsweise eine Art "Nachbereitung" für das folgende Schulhalbjahr anzubieten, innerhalb der die Eltern in ihrer eigenen Verantwortung unterstützt werden.

### 5.4.2.3 Familie C.

Das Ehepaar C. wohnte mit ihrer Tochter T. im selben Haus wie Familie B. Frau C., eine jüngere Schwester von Frau B., war 27 Jahre alt und arbeitete in demselben Sanatorium, ihr Mann, 45 Jahre alt, war als Schreiner tätig. Er stammte ursprünglich aus einem kleinen Dorf in der Nähe Roms, auch er hatte jedoch schon mehr als 15 Jahre in Deutschland gelebt. Er war sehr zurückhaltend, erweckte zuerst den Eindruck, daß er kaum deutsch sprach, was sich nach und nach jedoch als Resultat seiner relativen Verschlossenheit herausstellte. Seine Frau hatte weniger Deutschkenntnisse, zu Verhandlungen wurde sie meist von ihrer älteren Schwester begleitet. Sie verhielt sich dann entsprechend ihrer Rolle als "kleine Schwester" und blieb verbal völlig im Hintergrund. Gesprächstermine mit T.s Klassenlehrer wie auch die Vorbesprechungen in der Schulabteilung des Italienischen Generalkonsulats verliefen in dieser Art. Für T. wurden 2 Wochenstunden genehmigt.

Die achteinhalbjährige T. besuchte die 2. Klasse der örtlichen Grundschule, die Betreuung begann im 2. Schulhalbjahr. Sie stand leistungsmäßig in Deutsch, Mathematik und Sachunterricht im Viererbereich; Rechtschreibung wurde nicht bewertet, da sie als Legasthenikerin eingestuft worden war. Sie nahm stattdessen am Förderkurs für Lese- und Rechtschreibschwäche teil. Außerdem besuchte sie einmal wöchentlich nachmittags den muttersprachlichen Unterricht. Die Gefahr einer Sonderschuleinweisung bestand akut nicht, obwohl - wie bereits im Falle von R. und A. beschrieben - der Schulleiter auch für T. auf längere Sicht eine solche prophezeite.

Die Anfangsphase der Betreuung war bestimmt durch T.s schüchternes, völlig verängstigtes Verhalten, sowohl mir gegenüber als auch in ihrer gewohnten familiären Umgebung. Sie beobachtete sehr aufmerksam alles, was um sie herum geschah, sobald man sie jedoch direkt ansprach, schreckte sie förmlich auf und hatte große Schwierigkeiten, zu antworten. Einzig mit den beiden im selben Hause wohnenden R. und A. verhielt sie sich aufgeschlossener. Sie spielten an den

Nachmittagen zusammen, und hier zeigte T. ein recht temperamentvolles und selbstsicheres Verhalten.

T. hatte, bevor sie in die Schule kam, zwei Jahre lang den Kindergarten besucht; wie ihre Mutter und ihre Tante mir erklärten, fühlte sie sich dort sehr wohl. Auf die Schule hatte sie sich gefreut, und ihre Familie ging davon aus, daß es ihr auch dort gefiel. Da sie bereits als Kleinkind eher schüchtern war, wurde ihr das schüchterne, introvertierte Verhalten als Charaktereigenschaft zugeschrieben. Wenn sie sprach, sprach sie sehr gut deutsch - zumeist hochdeutsch.

Die Phase des Vetrauenfindens zu Beginn war für den Betreuungsverlauf entscheidend. Wir hatten uns zwar schon des öfteren im Hause der B.s gesehen, hier hatte ich auch die Verhaltensunterschiede beobachten können zwischen ihrem Umgang mit Erwachsenen und dem Kontakt zu R. und A. Losgelöst davon gab es nun aber zwei Tage in der Woche, an denen wir jeweils für eine Stunde sehr viel näher zusammen waren; denn um ungestört miteinander sprechen zu können, mußten die Distanz abgebaut und T.s Ängste bearbeitet werden. Um einen von außen störungsfreien Ablauf zu gewährleisten, hatte ich - wie im Falle von R. - gebeten, daß die nachmittäglichen Besuche der Großmutter möglichst erst nach unseren Betreuungsstunden stattfanden. Meinem Wunsch wurde von familiärer Seite weitgehend entsprochen.

T.s größtes Problem in ihrer Persönlichkeitsentwicklung war ihr schüchternes und ängstliches Verhalten, das sie selbst in ihrer bekannten Umgebung nur schwer ablegen konnte. Zeitweise schien sie von diffusen Angstzuständen geplagt zu sein, weshalb ich erwog, den Eltern die Konsultierung eines Kinderpsychologen zu empfehlen. In den gemeinsamen Gesprächen war jedoch eine derart überzeugte Abwehrhaltung gegenüber jeder Art von Psychologen zu erkennen, daß es mir nicht ratsam erschien, den weiteren Betreuungsverlauf zwingend an diesen Vorschlag zu binden. Vielmehr versuchte ich, unter Hinzuziehen von Informationen aus ihrer Schulsituation, die ich von ihrem Klassenlehrer zu erhalten hoffte, und mittels meiner genauen Beobachtungen aus den Betreuungsstunden T. aus ihrer Verklemmtheit heraushelfen zu können. Mit ihrem Klassenlehrer stellte ich telefonisch den Kontakt her. Er befürwortete die pädagogische Einzelbetreuung sehr und erhoffte sich davon, daß T. ein wenig aufgeschlossener würde in ihrer schulischen Umgebung, auch gegenüber den Mitschülern.

Wir begannen mit dem Lesen und Nacherzählen kleiner Gedichte und Geschichten, die T. aus ihrem Unterricht kannte. Sie gab anfangs beinahe verstockt an, nichts verstanden zu haben und beobachtete meine Reaktion genau. Vielleicht erwartete sie, daß ich wütend wurde oder sogar, daß ich aufgab. In dieser Situation, in der alles weitere davon abhing, ihr die Sicherheit zu vermitteln, emotional angenommen zu sein, so, wie sie war, und ihr Kontinuität zu vermitteln, beschrieb ich jeweils ihre gezeigten Reaktionen und gab ihr assoziativ auch meine Vorstellungen von ihrem momentanen Selbstgefühl wieder. Sie beobachtete mich dabei sehr ernst, und zuweilen flackerte es in ihren Augen auf, ich hatte dann wohl ihr Gefühl richtig eingeschätzt. So wenig sie sich auch verbal äußerte, tat sie dies doch über Mimik und Gestik. Zum Ende ihres zweiten Schuljahres hatte sie ihre Ängstlichkeit mir gegenüber reduziert. Wir konnten das aufgebaute Vertrauensverhältnis im weiteren Verlauf als Grundlage für ihre schulischen Lernübungen wie auch zur Stabilisierung ihres seelischen Gleichgewichts benutzen.

In der Folgezeit lernte T. bereitwillig und interessiert neuen Schulstoff, zeigte mir stolz ihre Hefte und stellte manche Fragen zu unklar gebliebenen Dingen aus dem Unterricht. Sobald sie sich auf einen Themenkreis konzentrieren konnte, verstand sie diesen sehr schnell und mit guter logischer Auffassungsgabe. Ein Nachfragen, beispielsweise von ihrem Klassenlehrer oder auch ihren Eltern, verunsicherte sie jedoch dermaßen, daß sie prompt alles Gelernte wieder vergaß. Sie reagierte dabei auch körperlich, mit Schweißausbrüchen, Zittern und dem Versagen der Stimme.

Auf Fragen über ihre Situation in der Klasse gab sie knapp Auskunft, zählte dann doch die Namen einzelner Mitschüler auf, die sie offensichtlich bewunderte. Auch ihren Klassenlehrer schien sie insgeheim zu verehren; so beschrieb sie z.B. ganz begeistert, wie anschaulich er Themen aus dem Sachunterricht erklärte und schloß die Vermutung an, daß er wohl ungemein viel wissen müßte.

Mit T.s Klassenlehrer kamen neben dem telefonischen Kontakt auch persönliche Treffen zustande. Er beschrieb sie nach wie vor als so schüchtern, daß sie oft keinen Ton herausbrächte, wenn sie in der Klasse aufgerufen wurde. Dies war nach seiner Einschätzung die wichtigste Ursache für ihre schwachen Leistungen. Zu ihrer Rolle innerhalb des Klassenverbandes gab er eine vage Einschätzung ab in der Art, als es schwer zu erkennen wäre, ob sie sich wohlfühlte oder nicht; es dauerte wohl eine sehr lange Zeit, bis sie sich an ihre Umgebung gewöhnt hatte. Der Klassenlehrer schien sich mit T.s Verhalten eingehend beschäftigt zu haben, jedoch bislang zu keiner zufriedenstellenden Lösung gekommen zu sein. Er hatte unter anderem erwogen, den Eltern die Zurückstufung in die 2. Klasse vorzuschlagen, dies diskutierten wir heftig. Es stellte sich heraus, daß sich dahinter zum Teil Ratlosigkeit darüber verbarg, wie man T. überhaupt motivieren könnte. Als ich ihm ansatzweise ihre persönliche Entwicklung des ersten halben Jahres der Betreuung schilderte, konnte ich ihn - zumindest für den Anfang - davon überzeugen, daß ein Zurückstufen zum jetzigen Zeitpunkt einen tiefen Rückschlag für T. bedeuten würde. Stattdessen überlegten wir nun gemeinsam, wie T. im Unterricht auch zu verbaler Beteiligung motiviert werden könnte. Versuchsweise wollte er in seinem Unterricht einmal pro Woche eine Lesestunde einführen, während der T. und andere besonders zurückhaltende Kinder aus der Klasse kleine Geschichten vorlesen sollten. Wenn T. dies positiv annahm, konnten hiermit durch unsere gemeinsamen Leseübungen zu Hause wichtige Erfolgserlebnisse eingeleitet werden. Durch das Verständnis des Klassenlehrers für T.s Problematik schien die gemeinsame Zielsetzung, T. zu mehr mündlicher Mitarbeit im Unterricht zu motivieren, so gut wie erreicht zu sein.

Die Förderstunden für lese- und rechtschreibschwache Schüler lagen leider meist in den Stunden des regulären Deutschunterrichts. Diese Organisation hielt ich für ausgesprochen bedenklich, da hierbei insbesondere diejenigen Kinder, die schon von vornherein Schwächen hatten, dem Unterricht zu folgen, sehr benachteiligt waren: Sie sollten sich bei Klassenkameraden über die gestellten Hausaufgaben und über die Themen, die im regulären Unterricht behandelt worden waren, informieren. Dieser reife Weg des Vermittelns und Austauschens von Informationen konnte m.E. jedoch keinesfalls bei 8 - 9jährigen Kindern der Grundschule vorausgesetzt werden, zumal diese - wie im Falle T. - selbst im regulären Unterricht ihre Verständnisprobleme nicht ohne weiteres äußern konnten. Der Klassenlehrer sah meine Einwände ein und gab an, sie bei der Stundenplangestaltung für das nächste Schuljahr mit zu berücksichtigen. Für das laufende Schuljahr wollte er die betreffenden Kinder gezielt auf Verständnisfragen ansprechen.

In der Folgezeit konnte sich T. auf die Leseübungen recht gut einlassen; sie nahm das Vorlesen in ihrer Klasse als eine große Ehre auf und genoß anscheinend, daß alle Schüler still dasaßen und ihr zuhörten. Da sie sehr leise sprach, übten wir auch Sprechtechnik und Betonung. Wir lasen viele Texte mit verteilten Rollen, T. engagierte sich dabei sehr und machte gute Fortschritte.

Es stellte sich mehr und mehr heraus, daß eine Ursache für T.s Unsicherheit ihre sehr strenge Selbstbewertung war. Sie hatte an sich dermaßen hohe Erwartungen gestellt, daß sie sich z.B. in der Schule in einem Zustand permanenter Hochspannung befand. Sobald Klassenarbeiten angesetzt waren, verstärkte sich diese Spannung noch. Rechen- oder Schreibübungen, die T. in den Betreuungsstunden fehlerfrei beherrschte, schloß sie dann mit schlechten Ergebnissen ab. Hierbei war die Gefahr sehr groß, daß sie das wenige aufgebaute Selbstvertrauen wieder verlor und resignierte. Dagegen konnte sie, zur Überraschung ihres Klassenlehrers, einen nicht angekündigten Mathematik-Test mit nur 2 Fehlern abschließen. Auch sie konnte das Ergebnis kaum fassen, gab aber an, zum ersten Mal nicht so aufgeregt gewesen zu sein, sondern so ruhig wie während unserer Betreuungsstunden. Die aus derartigen Erfolgserlebnissen gewonnene Erfahrung konnte T. nun langsam mit in ihre Selbstwahrnehmung aufnehmen, wenngleich sich Erfolge und Mißerfolge noch immer abwechselten. Es trat jedoch sogar in ihren Leistungen in der Rechtschreibung eine deutliche Verbesserung auf. Ihr Klassenlehrer rief mich diesbezüglich an, da er ihr ein fast fehlerfreies Diktat nicht zugetraut hatte. Er bestätigte den allgemeinen Aufwärtstrend bei T.s Leistungen und empfahl weiterhin den Ausbau ihrer mündlichen Mitarbeit.

T.s Schüchternheit und Zurückhaltung fand in ihrer familiären Rolle ihre Entsprechung: Ihr Vater war eher introvertiert. Sie erzählte mir nach und nach, ein wenig verschämt, doch gleichzeitig mit großem Stolz, daß auch er zur Schule ginge. Abends und an den Wochenenden müßte er regelmäßig Hausaufgaben machen (Herr C. besuchte die Abendschule, um den italienischen Schulabschluß nachzuholen). Hieraus entstand für T. innerlich die Motivation zum Lernen, verknüpft jedoch mit einer sehr unsicheren Selbstdarstellung nach außen. Auch Frau C. konnte für die Vermittlung von Selbstbewußtsein T. keine große Hilfestellung geben, da sie hauptsächlich im Schatten ihrer älteren Schwester stand. Sie bot dabei das Beispiel einer sehr unsicheren Frau, die ihre eigene Persönlichkeit kaum hatte entwickeln können. Eine Chance für sich durch die Teilnahme an den Weiterbildungskursen, die ihr Mann besuchte, hatte sie zwar anfangs gesehen, diese nach kurzer Zeit jedoch abgebrochen. Sie nannte ihre zu große Verunsicherung durch die Fragen von Bekannten, was sie als erwachsene Frau denn damit anzufangen gedachte, als Hauptgrund für ihr Abbrechen. Hier war für T. die weibliche Identifikationsfigur eindeutig verknüpft mit der Ablehnung intellektueller Fähigkeiten.

Eine zusätzliche Veränderung stellte für T. die Geburt der kleinen Schwester dar, die zur Welt kam, als sie die 3. Klasse besuchte. Ihr häuslicher Pflichtbereich wurde dadurch erweitert und die Erfahrung, nach beinahe 10 Jahren ungeteilter elterlicher Zuwendung nunmehr "Konkurrenz" bekommen zu haben, bewirkten anfangs eine gewisse psychische Verunsicherung. T. konnte jedoch durch den Ausbau von positiven Erfahrungen in ihrer schulischen Lebenswelt hier einen Ausgleich schaffen und sich auf die neue Situation im weiteren Verlauf recht gut hineinfinden.

Die pädagogische Betreuung von T. wurde nach dem Ende ihres 3. Schuljahres - wie bei R. und A. - nicht fortgesetzt. Das Betreuungsziel war insofern erreicht worden, als T.s Leistungen sich gefestigt hatten und sie auch neuen Anforderungen gegenüber sicherer geworden war. Das familiäre Engagement für eine gute Schulbildung von T. ließ insgesamt gesehen eine zuversichtliche Betrachtung ihrer zukünftigen Entwicklung zu.

Unabhängig davon ließ die formale Handhabung des Betreuungsendes durch die Institution fehlendes Einfühlungsvermögen erkennen: Für T. konnte sich dieser abrupte Schluß schockartig auswirken, da sie im Laufe der zweieinhalb Jahre eine sehr intensive Beziehung zu mir aufgebaut hatte und ihre positive Erfolgsbilanz sehr stark mit meiner Person verknüpfte. Nun wurde die Beziehung von institutioneller Seite plötzlich unterbrochen, was auf seiten der Familie C. auf großes Unverständnis stieß, sowohl Frau C. als auch T. reagierten persönlich gekränkt. Ich bot ihnen an, bei eventuell auftretenden Problemen im nächsten Schuljahr ratgebend zur Verfügung zu stehen. Sie kamen darauf nicht zurück.

#### 5.4.2.4 Familie D.

Familie D. lebte zu Beginn des Betreuungs-Zyklus bereits seit 11 Jahren in Deutschland. Die beiden Söhne (8 und 10 Jahre alt) waren hier zur Welt gekommen. Die Familie bewohnte eine kleine, verschlagähnliche 2-Zimmer-Wohnung in einem kleinen Dorf, Stadtteil einer Kreisstadt in der Nähe Frankfurts. Im Hauptort besuchten die beiden Söhne der Familie D. die Sonderschule für Lernbehinderte.

Die sozialen Bedingungen für Familie D. waren denkbar negativ. Herr D., ungelernter Arbeiter und seit Jahren arbeitslos, erwähnte den einen oder anderen saisonal abhängigen Hilfsarbeiter-Job, während Frau D. über Jahre schon im Dorf in verschiedenen Privathaushalten putzen ging, um das Allernötigste zu verdienen. Hier hatte sie sich auch ein paar Deutschkenntnisse angeeignet, so daß sie sich über Alltägliches einigermaßen verständigen konnte.

Das Geld, das Frau D. auf diese Weise verdienen konnte, reichte jedoch bei weitem nicht aus, um den Familienunterhalt kontinuierlich zu sichern. So wurden auch Geldzahlungen der in Sizilien lebenden Großmutter dankend angenommen. Sie schickte ca. alle drei Monate einen Teil ihrer Rente und half damit, die größte Not zu lindern.

Das Vorgespräch mit der Familie D. konnte sehr kurzfristig vereinbart und durchgeführt werden, da alle Familienmitglieder ein großes Interesse am schnellen Beginn der Betreuung hatten.

Frau D. sprach sehr viel besser deutsch als ihr Mann. Mein Vorschlag, das Vorgespräch in italienisch zu führen, da sich dann beide gleichermaßen daran hätten beteiligen können, wurde jedoch stolz zurückgewiesen. Trotzdem halfen meine Italienischkenntnisse zuweilen, Verständigungschwierigkeiten mit den Eltern zu überbrücken. Die beiden Söhne der D.s sprachen miteinander deutsch.

Als Thema der Kontaktaufnahme bot sich gleich zu Beginn die miserable Wohnsituation der Familie D. an: Nicht nur die allzu beengten Wohn- und Schlafverhältnisse machten dabei zu schaffen, sondern besonders die Feuchtigkeit der Wohnung. Kinder und Eltern waren deshalb häufig krank. An den Vermieter heranzutreten, wagte Familie D. jedoch nicht.

Zuerst einmal zum Ehepaar D. (er Mitte 30, sie 2 Jahre jünger). Sie hatten nach Angaben von Frau D. für sizilianische Verhältnisse spät geheiratet. Sie zogen anschließend nach Deutschland, wo er vorher bereits einige Jahre allein gelebt hatte. Die Heirat war - wie in Sizilien nicht unüblich - auf Vermittlung von Verwandten zustande gekommen. Frau D. beschrieb ihre emotionale Bindung an ihren Mann eher als gering. Allerdings war sie seinerzeit froh gewesen, daß er sie heiratete, zumal sie im Heimatort durch eine leichte Körperbehinderung (sie hatte Verwachsungen an beiden Unterarmen) schlechte Heiratschancen hatte. Das körperliche Handicap machte ihr psychisch weiterhin zu schaffen und war mit Sicherheit ein Grund für ihr verunsichertes Selbstwertgefühl.

Während des ersten Gespräches begannen beide Elternteile ohne Umschweife mit der Inszenierung eines zwischen ihnen schon lange bestehenden latenten Konfliktes, der hervorgerufen wurde durch den erheblichen Bildungsunterschied. Frau D., im Besitz des italienischen Hauptschulabschlusses, hatte ihrem Mann bei den Lese- und Schreibkenntnissen einiges voraus, konnte jedoch auf Grund ihres mangelnden Selbstvertrauens kaum Gebrauch davon machen. Er wiederum, nahezu Analphabet, versuchte ständig, ihr geringes Selbstvertrauen durch Beschimpfungen noch weiter zu dämpfen.

Frau D. litt sehr unter der Abhängigkeit von ihrem Mann, die grundlegend darin bestand, daß - entsprechend der traditionellen Rollenverteilung - die Frau sich ihrem Mann unterzuordnen habe, und konzentrierte sich darauf, eine treu sorgende und dienende Ehefrau und Mutter zu sein. Anders als im Beziehungsgeflecht der süditalienischen Familien, in dem der Ehemann alle nach außen gehenden Bereiche wahrnimmt, verhielt sich dies bei den D.s entgegengesetzt. Frau D. vertrat ihre Familie beinahe in jeder Hinsicht, indem sie den Hauptteil des Geldes verdiente und größere Anschaffungen selbst in die Hand nahm, während Herr D. völlig lethargisch im Wohnzimmer sitzenblieb und die Wände anstarrte.

Frau D. äußerte in einem der folgenden Gespräche ihren größten Wunsch, den Führerschein zu machen. Hier hatte ihr Mann bislang sozusagen eine Monopolstellung; und wenn auch das Auto fehlte, so suggerierte er ihr doch, daß sie unfähig wäre, die Führerscheinprüfung zu bestehen, zum einen, weil es ihr an technischem Verständnis mangele, zum anderen auf Grund ihrer verwachsenen Unterarme, die sie daran hinderten, die Arme ganz auszustrecken.

Herr D. erweckte währen der ersten Kontakte eher den Anschein eines Tagträumers. Er hatte jedoch durch die Jahre des Ausharrens und Abwartens darauf, daß sich alles schon irgendwie von selbst richten würde, eine schwere Depression entwickelt. Im Gespräch taumelte er ständig zwischen Phantasie und Wirklichkeit hin und her. Er schilderte seinen Kindheitswunsch, einmal ein berühmter Boxer zu werden, den er sogar beinahe realisiert hätte; als Beweis, in jedem Falle als Relikt dieses Vorhabens, hingen die Boxhandschuhe an der Wohnzimmerwand. Bei diesen Erzählungen aus der Vergangenheit lebte Herr D. auf, vergaß für einen Moment seine depressiven Dauerstimmungen, schilderte in euphorischen Tönen die Highlights seiner Vergangenheit, um dann anschließend mit gedankenschweren Seufzern in seine Lethargie zurückzufallen.

Als sehr bedeutungsvoll zeigte sich, daß das Familienleben der D.s von diffusen Ängsten bestimmt war. So wurde ein in der Wohnung installierter Ölofen im Winter nicht in Betrieb genommen, da er ja explodieren könnte. Herr D. schilderte die geradezu gespenstig anmutenden Aktivitäten der neuen Elektroöfen, die ständig knisterten und Funken zu sprühen drohten. So blieb in den Wintermonaten die sowieso schon feuchte Wohnung eiskalt, das Wasser lief sprichwörtlich an den Wänden hinunter.

Die beiden neuen Geräte, die Frau D. in einer Blitzaktion auf der Suche nach einem Ausweg aus dieser Misere gekauft hatte, brachten keine positive Wandlung mit sich, sondern warfen neue Probleme auf: Herr D., der nur sehr selten das Haus verließ, klagte über ein ständiges Schwindelgefühl, Dröhnen und Schmerzen im Kopf. Dies war einerseits mit den Laufgeräuschen der neuen Geräte erklärbar, andererseits litt Herr D. offensichtlich unter starken Spannungen, die er inhaltlich jedoch nicht exakt festmachen konnte.

Einen Anhaltspunkt für seine Sorgen brachte nun der schulische Werdegang seiner Söhne. Dieser Problemkreis war von seiner Seite aus sehr ambivalent besetzt, litt er doch zum einen an seiner mangelnden Schulbildung, träumte sich zum anderen jedoch in die Rolle eines Lebenskünstlers, der spielerisch durchs Leben geht, und wünschte diese Fähigkeit auch seinen Söhnen.

Insbesondere wenn die Söhne aus der Schule kamen und das Wohnzimmer für die Betreuungssitzungen genutzt wurde, geriet Herr D. des öfteren außer sich. Er blieb meistens, trotz meines Vorschlages, die Betreuungsstunden nur mit den Kindern abzuhalten, im Raum und reagierte auf die vermeintliche Unfähigkeit seiner Kinder mit Ungeduld, Toben und Wutausbrüchen.

Mein Erscheinen im familiären Umfeld war für ihn ganz besonders brisant und brachte für ihn auf zwei Ebenen unlösbare Probleme: Ich bewies ihm immer wieder aufs neue die Unfähigkeit seiner Söhne und war darüber hinaus Zeugin seines eigenen Versagens als Ernährer der Familie geworden. Die Brisanz des eingangs erwähnten Konflikts zwischen Herrn und Frau D. wurde auch dadurch aufrechterhalten, daß sie ihm nur ein sehr geringes Taschengeld gab. Dies wiederum betrachtete er als Grund dafür, daß er nicht für die Zeit der Betreuungsstunden aus dem Haus gehen konnte. Frau D. ihrerseits genoß es unterschwellig, die starke finanzielle Abhängigkeit ihres Mannes zu ihr aufrechtzuerhalten.

Kontakte zu Landsleuten oder Verwandten, die in Deutschland lebten, hatten die D.s nur sehr wenige, obwohl einige Landsleute aus ihrem Heimatdorf in der zwei Kilometer entfernten Kreisstadt lebten. Einige von ihnen kamen während der Betreuungsstunden vorbei - Erzählungen über die pädagogische Intervention hatten sie vermutlich neugierig gemacht - jedoch waren diese Kontakte nach Schilderung der D.s eher oberflächlicher Art. Die D.s schämten sich dabei auch ihrer schlechten ökonomischen Situation und verstärkten dadurch ihre isolierte Position nochmals.

Auch in bezug zur Heimat war keine verklärte und schwärmerische Sichtweise zu erkennen. Es bestand nicht die traditionelle feste Verankerung, und abgesehen von der finanziellen Unterstützung durch die Mutter Frau D.s, gab es keine Kontakte zum Heimatdorf. Im Gespräch stellte sich heraus, daß dort in der Vergangenheit sehr viele Menschen von der Mafia umgebracht worden waren; die D.s selbst hätten davor sehr viel Angst und wären deshalb auch schon seit 5 Jahren nicht mehr in der Heimat gewesen.

Die Söhne der D.s besuchten die zweite bzw. dritte Klasse der Sonderschule für Lernbehinderte. Nach Darstellung der Eltern erfolgte die Einweisung, ohne daß sie darüber hinreichend informiert worden seien. Es war jedoch nicht möglich, dies zu überprüfen, da die entsprechenden Dokumente nicht mehr auffindbar waren.

Sohn S. (zum Betreuungsbeginn in der 3. Klasse) war in die erste Klasse der Dorfschule eingeschult worden. Da er hier nur unzureichend folgen konnte, wurde er mit HAWIK getestet. Insgesamt ergab der Test einen IQ von 86, im verbalen Teil erreichte S. 84, im Handlungsteil 92. Anschließend war S. in die Sonderschule für Lernbehinderte eingewiesen worden.

S. war ein zierlicher und sportlicher Junge von 10 Jahren und machte bei unserem ersten Zusammentreffen einen äußerst sensiblen, schüchternen Eindruck. Er war glücklich und stolz, daß nun jemand mehrere Stunden in der Woche nur für ihn da sein sollte. In seiner Entwicklung erschien S. auf den ersten Blick ein wenig retardiert, der Grund hierfür konnte jedoch in seiner geduckten, völlig verängstigten Haltung gegenüber seinen Eltern und anderen Erwachsenen liegen.

Nach seinen Angaben ging er gern zur Schule. Zu seiner Klassenlehrerin hatte er ein Vertrauensverhältnis aufgebaut: Sie erwähnte lobend seine liebenswürdige Art und seine Zartheit, und er konnte durch sie innerhalb seiner Klasse eine gewisse Geborgenheit empfinden. Somit hatte S. für sich bereits einen Weg gefunden, sich mit der bestehenden Realität zu arrangieren, wenn er sich damit auch nicht anfreundete. Seitdem S. die Sonderschule besuchte, trug er nämlich die "familiäre Schande" auf seinen Schultern. Ihm war bescheinigt worden, ein kompletter Versager zu sein. Auch beide Eltern scheuten sich nicht, ihm dies unterschwellig immer wieder vorzuwerfen.

S. litt sehr unter den Beschimpfungen als Dummkopf und Faulpelz und flüchtete sich häufig in seine Traumwelt, in der er als unbezwingbarer Ritter gemeinsam mit einem Freund, der körperlich stärker war, alle Ungerechtigkeiten dieser Welt bekämpfte. S. phantasierte sich auch gern als Zauberer, der alle Aufgaben im Leben mit einer Formel lösen kann. Frau D. warf S. oft vor, er wäre ein "Spieler wie sein Vater", was seiner genannten Phantasie zwar zum einen entsprach, ihn zum anderen aber mit dem Ungebildeten, dem Analphabeten, identifizierte und ihn deshalb kränkte.

Das Verhältnis zwischen Frau D. und S. war von diversen Ambivalenzen gekennzeichnet, die auf Übertragungs- und Parentifizierungsmechanismen hindeuteten bzw. aus denen heraus sich double-bind-Situationen erkennen lassen. Als der erstgeborene Sohn war er das "verschriebene Glückskind", er war - im Gegensatz zu seinem Bruder - der schöne Junge. Jedoch trug er, entsprechend der sizilianischen Tradition, den Namen des Vaters von Herrn D. Frau D. adressierte unbewußt Wutausbrüche an ihn, die eigentlich ihrem Mann (dem Versager in seiner traditionellen männlichen Rolle) oder ihrem Schwiegervater hatten gelten sollen.

Während der Betreuungsstunden versuchte S. über mehrere Monate, seine "Dummheit" unter Beweis zu stellen. Völlige Blockierung seiner Wahrnehmung und Aufnahmefähigkeit wechselten mit Schweißausbrüchen und Angstzuständen davor, daß er die an ihn gestellten Aufgaben nicht lösen könnte. Die vermeintliche Dummheit hatte somit unter anderem eine Schutzfunktion: Sie verhütete durch Vorwegnahme das Erlebnis des eigenen möglichen Versagens.

Sohn V., zu Beginn der Betreuungsphase 8 Jahre alt, besuchte die 2. Klasse. Er war gleich nach dem Kindergarten in die Sonderschule für Lernbehinderte eingewiesen worden. nach HAWIK schloß er im Gesamtergebnis mit einem IQ von 94 ab (verbaler Teil 100, Handlungsteil 89). Sowohl äußerlich als auch in seinem Verhalten unterschied er sich deutlich von S.: Er schien von Selbstbewußtsein zu strotzen, war sehr aufgeschlossen und relativ wortgewandt. Sehr kräftig für sein Alter, war er davon überzeugt, sich "durchs Leben zu schlagen". Vorbelastet war er allerdings durch die Verwachsungen an den Unterarmen, die er von seiner Mutter geerbt hatte. Er schämte sich dessen und hatte als Antwort darauf vermutlich schon in der früheren Kindheit seine "Flucht-nach-vorn-Taktik" entwickelt.

V. war der Überzeugung, er würde in der Schule auf Grund seiner Nationalität diskriminiert werden. Hierzu führte er handfeste Auseinandersetzungen mit Klassenkameraden und älteren Schülern in den Pausen an, aber auch von seinen Lehrern und Lehrerinnen fühlte er sich oft benachteiligt und ungerecht behandelt. V.s verbale Aufgewecktheit wurde in seiner Klasse nicht immer positiv betrachtet, bei seinen Lehrern genoß er den Ruf einer "Quasselstrippe". An eine Veränderung konnte V. nach eigenen Angaben nicht glauben, vielmehr vermittelte er, daß es sich um sein unausweichliches Schicksal handelte.

Nach Rücksprache mit der Schulabteilung des Italienischen Generalkonsulats und nach Vorsprache und formaler Antragstellung der Eltern wurden für das laufende Schuljahr für S. und V. jeweils 3 Wochenstunden pädagogische Einzelbetreuung genehmigt mit der Zielsetzung, möglichst schnell eine Rückführung in die Regelschule zu erreichen.

Hinsichtlich der Lebensumstände der Familie D. wurde bereits zu Beginn deutlich, daß neben Arbeitslosigkeit, beengter Wohnverhältnisse und schulischer Problematik eine umfassende Identitätsproblematik vorlag. Die Eltern hatten weder zur Heimat Kontakte aufrechterhalten, noch in ihrer aktuellen Situation Heimatverbindungen pflegen oder neue Kontakte aufbauen können, weder zu Italienern noch zu Deutschen. Das in Kapitel 2 und 4 beschriebene Gefühl von Entwurzelung wurde im Fall der D.s noch intensiver erlebt, denn auch die Vergangenheit, die Heimat, barg kaum positive Erinnerungswerte, sondern ließ sogar traumatische Erinnerungen hervortreten, die jedoch innerhalb des Betreuungszyklus nicht näher thematisiert wurden, deren tatsächliche Intensität also nur vermutet werden kann.

Die für das Ehepaar D. aus dieser Situation entstandene Haltlosigkeit konnte das ganze Jahr hindurch nicht kompensiert oder verringert werden. Es bestand nicht - wie bei vielen anderen süditalienischen Familien - die Möglichkeit des "Auftankens" während ihres Urlaubs in der Heimat. Die direkte Verknüpfung mit ihrer materiellen Not und die fehlende Aussicht auf jegliche Veränderung wirkten sich zusätzlich destabilisierend auf die familiäre Situation aus.

Ein Ende der Misere wurde von den D.s mit dem Erreichen materiellen Wohlstandes verknüpft: Man blickte neidvoll auf flüchtige Bekannte, die aus jeder mißlichen Lage auf Grund ihrer finanziellen Möglichkeiten problemlos herauszukommen schienen. Das Schicksal ihrer Söhne wurde direkt mit den mangelnden Finanzen verknüpft: nach eigener Schilderung hätten sie zur Sicherung des Schulerfolges der Kinder sofort einen Privatlehrer engagiert, wenn die finanzielle Lage dieses erlaubt hätte.

Entsprechend dem Wunsch der Eltern sollten S. und V. kein Italienisch lernen; erstens wäre die Belastung zu groß und zweitens müßten sie in eine andere Schule der Kreisstadt fahren, wo der muttersprachliche Unterricht stattfand, was viel zu gefährlich wäre: von der Sonderschule wurden sie mit dem Schulbus direkt bis vor die Haustür gefahren, zum muttersprachlichen Unterricht hätten sie öffentliche Verkehrsmittel benutzen müssen. Mit ähnlicher Argumentation wurden auch alle anderen Wünsche der Söhne nach außerschulischen Aktivitäten (Sport, Musik) abgelehnt, beiden blieb also keine andere Wahl, als sich täglich nach der Schule in die depressive Grundstimmung der Familie hineinzubegeben und auf den nächsten Tag bzw. das allabendliche Fernsehprogramm zu warten. Die Vision der zahllosen Gefahren, die überall außerhalb der eigenen vier Wände lauerten, ließen den Söhnen kaum eine Möglichkeit zum Austausch mit der Umgebung.

Neben der pädagogischen Arbeit mit den Kindern (Hausaufgabenbetreuung/Stützunterricht) begann eine langwierige, oftmals sehr von Widerständen, Konkurrenzkämpfen und Irritationen geprägte, intensive Kontaktaufnahme mit den Eltern. Erstes Vertrauen zueinander entwickelten wir dadurch, daß die Treffen mit den Söhnen verläßlich vereinbart wurden und sich alle Beteiligten daran hielten. Dadurch daß zumindest der Vater, oftmals jedoch beide Elternteile während der Betreuungsstunden anwesend waren, ergaben sich regelmäßig Gespräche nicht nur über die Söhne, sondern auch über ihre eigenen Probleme.

Mehr und mehr genossen langsam die Eltern mein Kommen und versuchten, durch ihre Problemdarstellung die Zeit, die eigentlich S. und V. zur Verfügung stehen sollte, für sich selbst zu nutzen. In ihrem Selbstgefühl tat sich ein Bereich auf, der ihre insbesondere emotionale Bedürftigkeit zutage förderte und der dokumentierte, daß sie es waren, die dringend Zuwendung brauchten. Zuweilen gestaltete sich dieses Konkurrenzverhalten zu den Kindern als sehr problematisch, zumal diese auf ihrem Recht bestanden, in ihrer Betreuungsstunde nicht gestört zu werden.

Da mir das Einbeziehen der Eltern zum Erreichen des Betreuungszieles notwendig und in diesem Fall besonders wichtig erschien, teilte ich die zur Verfügung stehende Zeit nach gemeinsamer Absprache mit allen Beteiligten und der Institution auf, so daß nach einer dreiviertelstündigen Betreuung pro Kind noch eine halbe Stunde Zeit für Elterngespräche verblieben. Alle Familienmitglieder erlebten damit sowohl die eigenen Interessen berücksichtigt, als auch die der anderen zu respektieren.

Die ganze Familie begann langsam, aus ihrer Lethargie zu erwachen: Alle versuchten, mir zu gefallen und mich zu verwöhnen, servierten Kaffee und Kuchen. Man hatte wohl ein wenig Angst, daß ich möglicherweise die Betreuung aufgeben könnte und wollte mir damit freundschaftlich entgegentreten. Der Aspekt des Verwöhnens, der hierbei vorrangig erkennbar war, wurde jedoch auch durch die Kehrseite, des "Mund-Stopfens" ergänzt, was später noch deutlich wurde. Zuerst einmal bedeutete das Auftauchen aus der Lethargie für Familie D. - insbesondere für die Eltern - neben dem Erproben neuer Verhaltensmuster den Beginn eines völlig neuen Lebensabschnitts.

Durch das Abbauen von Distanz und unseren persönlichen Kontakt konnte ich den Eltern D. verdeutlichen, wie wichtig es für sie und die weitere Entwicklung ihrer Söhne war, ihr Leben selbst in die Hand zu nehmen, Initiativen zu ergreifen und ihre eigene Lebenserfahrung dabei zu nutzen. So schwer es auch für sie war, sie mußten das schicksalergebene Warten auf Besserung aufgeben, den Glauben an die Lösung aller Probleme in einer fernen Zukunft und sich bewußt machen, daß kein Außenstehender für ihr eigenes Tun Verantwortung tragen konnte.

Ganz entscheidend war, daß die Eltern sich nicht zu sehr an ihre Söhne klammerten, sondern einen eigenen beständigen Lebensinhalt finden konnten; die Erwartung, es müßte sich eine deutliche Leistungsverbesserung gleich in den ersten Tagen abzeichnen, und dann könnte sogleich der Wechsel in die Regelschule stattfinden, war allzu illusorisch. Wir besprachen dies mehrfach, und es bedurfte einer klaren Bestimmung der Positionen, daß auch solch überhöhte Erwartungen an die Betreuerperson relativiert werden konnten.

Im Elterngespräch hatten wir gemeinsam Prioritäten formuliert, die Herr und Frau D. vorrangig angehen wollten: Arbeit zu finden (dies betraf insbesondere Herrn D.) und eine Sozialwohnung zu beantragen (darum wollte sich Frau D. kümmern).

Die anfängliche Trennung der Aufgabengebiete ließ nun auch den Söhnen ein wenig mehr Raum für ihre eigene Entfaltung. Während Frau D. sehr kühn davon zu schwärmen begann, daß, wenn alles klappt wie besprochen, sie mit dem Führerschein beginnen möchte, gelang es Herrn D., ca. 4 Monate nach Beginn der Betreuung, einen Job zu finden. Voller Stolz wurde bald darauf ein Gebrauchtwagen präsentiert. Frau D. gab an, das Geld, das sie durch Putzen verdiente, fortan zu sparen und sich bei der Fahrschule anzumelden. Ich unterstützte dieses Bestreben und ermunterte sie, sich von ihrem Vorhaben nicht abbringen zu lassen.

S. und V. erlebten den psychischen Aufschwung ihrer Eltern ausgesprochen positiv. Die Tatsache, daß auf einmal Bewegung in das familiäre Leben sowie in das gesamte Familiensystem gekommen war (die Festschreibungen von aktiv/passiv bzw. Versager/Retter existierten plötzlich nicht mehr), spornte sie an. Von nun an wurden sie stolz jeden Morgen in die Schule gefahren, und auch nachmittags konnten sie sich mit Klassenkameraden verabreden, da der Vater sie abends abholte.

Da die ursprüngliche familienübergreifende Lethargie einer euphorischen Aufbruchstimmung gewichen war, konnten auch S. und V. die Anregungen aus ihrer Umgebung nunmehr annehmen und neue Verhaltensmuster erproben. Beide machten in der Schule sprunghafte Fortschritte, erschienen konzentrierter und arbeiteten gezielt auf den in Aussicht gestellten Wechsel in die Regelschule hin. S.s Klassenlehrerin deutete ihm an, er würde bald zum probeweisen Wechsel in die Regelschule vorgeschlagen werden. Dies motivierte ihn zusätzlich, er bewies viel Geduld und Ausdauer, und dieses Ziel rückte für eine Weile in greifbare Nähe.

Hinsichtlich der schulischen Entwicklung machte V. noch deutlichere Fortschritte, die jedoch von seinen Lehrern wegen seines vorlautes Benehmens nicht sonderlich unterstützt wurden. Verstärkt begann er, sich über langweilige Inhalte des Deutschunterrichts zu beklagen. Er bat mich, Lesebücher aus der Regelschule ("normale" Lesebücher) mitzubringen; damit bekam er auch am Lesen und Schreiben mehr Spaß, und seine Leistungen verbesserten sich zusehends.

Mit seiner Klassenlehrerin - V. verehrte sie sehr - war ein kontinuierlicher Gedankenaustausch über seine schulische Entwicklung leider nur bedingt möglich, da sie krankheitshalber für eine lange Zeit ausfiel. Für V. bedeutete dies eine starke Belastung durch ständig wechselnde Vertretungslehrer und den Mangel an einer festen Kontaktperson.

Familie D. schien unermüdlich das neu entdeckte Lebensziel zu verwirklichen. Herr D. war zufrieden, daß er Arbeit gefunden hatte, seine Frau konnte allen Mut zusammennehmen und sich in der Fahrschule anmelden. Sie war sehr besorgt, daß sie die Prüfung nicht bestehen würde und absolvierte eine große Zahl an Fahrstunden.

Auch den beschwerlichen Gang zum Wohnungsamt nahmen die D.s mutig auf sich: Frau D. hatte sich beiläufig darüber bei mir erkundigt, alle erforderlichen Schritte jedoch selbst eingeleitet. Das Ehepaar D., forciert durch Frau D., entwickelte erstaunliche Aktivitäten; es begann, für die neu erkannten Interessen zu kämpfen. Beinahe unglaublich erschien dann auch das Ergebnis: Nach eineinhalb Jahren bekamen sie eine Sozialwohnung, für die normalerweise eine drei- bis vierjährige Wartezeit angesetzt war.

Herr D. wechselte seinen Job, nachdem der erste zeitlich begrenzte beendet war; er war zuversichtlich geworden, auch danach wieder Arbeit zu finden. Frau D., nachdem sie ihre Prüfungsangst überwunden hatte, bestand die Führerscheinprüfung und konnte sich unabhängig von ihrem Mann bewegen, was sie sehr stolz machte. Er hatte anfangs einige Probleme, seine Monopolstellung verloren zu haben, fand sich jedoch langsam damit ab.

Durch die einzelnen kleinen Lichtblicke wie auch die großen Veränderungen, die sich in den ersten zwei Jahren der pädagogischen Intervention einstellten, wurde meine Stellung innerhalb der Familie immer wichtiger und die damit verbundene Macht größer. Zu allen möglichen Themenkreisen des täglichen Lebens wurde ich als Ratgeber konsultiert und insbesondere für S. und V. wurde ich zur wichtigen Vertrauensperson.

Diese Tatsache konnte sich im weiteren Verlauf der Betreuung sehr leicht zum "Stolperstein" entwickeln. Im Laufe der Einzelstunden und der Elterngespräche habe ich das Phänomen der diversen Übertragungen immer wieder thematisiert, die Wichtigkeit dieser Tatsache für eine positive eigene, selbständige Entwicklung herausgestellt sowie auf die zeitliche Begrenztheit des Betreuungszyklus hingewiesen.

Die Söhne genossen den familiären Aufschwung. Sie hatten nach dem Umzug schnell Anschluß an die Kinder der Nachbarschaft gefunden. Um ihr Weiterkommen bzw. den Wechsel in die Regelschule machten sie sich oft Gedanken und bemühten sich weiterhin sehr, diesen zu realisieren. Konzentration, Leistungsbereitschaft und ihre Belastbarkeit standen in deutlichem Zusammenhang mit der familiären Ausgeglichenheit. Damit einhergehend wurde jedoch ein Ablösungsprozeß von den Eltern eingeleitet. S. und V. verehrten mich sehr, sie projizierten Wunschvorstellungen auf mich und äußerten gegenüber den Eltern die Fragen, warum sie keine blonden Haare und deutsche Namen haben könnten.

In dieser Entwicklungsphase wurde der familiäre Zusammenhalt sehr stark auf die Probe gestellt. Wünsche nach Identifikationsobjekten außerhalb der Familie sind für die psychische Reifung unerläßlich; für S. und V. bedeutete dies, daß sie mittels derartiger Äußerungen geheime Wunschvorstellungen zu verbalisieren lernten und ihre erlittenen Kränkungen sowie ihre gesamte reale Situation in Schule und häuslicher Umgebung zu reflektieren begannen.

Für die Eltern ergaben sich damit jedoch erneut schwerwiegende Probleme, da sie große Verlustängste entwickelten. Sie waren sehr bestürzt und wandten sich ratsuchend an mich, wie sie ihre Söhne überzeugen könnten, stolz auf ihre italienische Staatsangehörigkeit und - mehr noch - auf ihre sizilianische Herkunft zu sein.

In Gesprächen, die wir anläßlich der geschilderten Entwicklung auch außerhalb der vereinbarten Zeiten führten, konnten wir einige ihrer Gefühle und Ängste gemeinsam formulieren. Dabei wurde deutlich, daß sie die Äußerungen der Söhne als persönliche Ablehnung erlebten, also für sie eine tiefe Kränkung darstellten, die ihrem idealisierten Selbstbild extrem widersprach: Sie hatten unbewußt sehr starke Größenphantasien entwickelt, insbesondere hinsichtlich ihrer elterlichen

Rolle und Autorität und konnten sich nicht vorstellen, daß sich ihre Söhne Identifikationsobjekte außerhalb der Eltern-Kind-Beziehung suchten. Die daraus resultierende Verunsicherung ließ spontane Wut auch darüber entstehen, daß jemand "besser" sein könnte als sie, an den sie ihre Söhne für immer verlieren würden.

Es folgten eine Vielzahl unterschiedlichster Reaktionen, mit denen Herr und Frau D. der aufgetretenen Veränderung ihrer Söhne begegneten. So deuteten sie S. und V. gegenüber an, in eine andere Stadt zu ziehen oder ganz nach Italien zurückzukehren. Es wurde ein regelrechtes "Verunsicherungs-Programm" inszeniert, das für S. und V. seine bedrohliche Wirkung nicht verfehlte: Für sie bedeuteten die angekündigten Veränderungen zum einen, daß alle neu geschaffenen positiven Beziehungen jederzeit sehr abrupt beendet werden könnten, und zum anderen, daß sie gewissermaßen gezwungen wurden, sich zwischen ihren Eltern und mir als Bezugspersonen zu entscheiden.

Eine Phase des Kampfes schloß sich an, in der das Ehepaar D. seine elterliche Vormachtstellung auch gegenüber dem pädagogischen Betreuungsprojekt beweisen wollte. Von meiner Seite wurden, sobald ich diese Dynamik erkannte, gezielt die Mitarbeiter der Schulabteilung um Vermittlung gebeten. Sie waren über den jeweiligen Stand der Betreuung unterrichtet, in dieser konkreten Zuspitzung erwartete ich jedoch neben der Solidarität im Nachempfinden der Ängste des Ehepaars D. auch ein distanziertes Verständnis für meine Position, das ein einfühlsames Vermitteln zwischen des D.s und mir gestattet hätte.

Pädagogisch-psychologisch geschulte Mitarbeiter der Institution hätten, ihre Einfühlung als Italiener hätte ihnen dies erleichtert, als beschwichtigende Pole wirken und in den Bereichen beratend zur Seite stehen können, in denen ich in den Augen der Eltern zum Konfliktauslöser wurde. Dabei hätte der Blick auf das zu verfolgende Ziel, nämlich den Kindern die Chance auf eine angemessene Schulausbildung zu ermöglichen, weiter im Vordergrund stehen müssen. Der gewissenhafte <u>gemeinsame</u> Einsatz von Eltern und Betreuern - und dies ohne Parteinahme - wäre hier notwendig gewesen. Leider konnte dieser Beitrag von der Institution nicht geleistet werden.

So blieben Austragung bzw. Klärung der Konflikte allein bei der Familie D. und mir. Theoretisch sind Identifikationsmechanismen natürlich leicht zu erklären und plausibel zu machen, da es sich um temporäre Erscheinungen handelt, die trotzdem für die Persönlichkeitsentwicklung sehr bedeutungsvoll sind. Die Reaktion der Mitarbeiter der Institution berücksichtigte diesen Mechanismus nicht genügend, obwohl ihm für eine erfolgreiche pädagogische Betreuung ein hoher Stellenwert hätte zukommen müssen. Innerhalb der realen Konfliktsituation zwischen dem Ehepaar D. und mir wurden stattdessen elterliche Aggressionen frei, so daß die Konfliktlage nicht mehr aufzulösen war.

Die Betreuung von S. und V. dauerte dreieinhalb Jahre. Sie wurde offiziell aus formalen Gründen beendet, da die pädagogischen Interventionen mittlerweile durch die Institution zeitlich limitiert worden waren. Die erarbeiteten positiven Impulse und Ansätze konnten somit nicht weiter vertieft werden, sondern mußten sich im persönlichen Umgang von S. und V. in ihrer Lebenswelt bewähren.

Das formulierte und angestrebte pädagogische Ziel, S. und V. in die Regelschule zurückzuführen, konnte im Rahmen der Intervention nicht erreicht werden.

# 6. Zur institutionellen Verantwortlichkeit bei der Behebung soziokulturell begründeter Lern- und Entwicklungsstörungen

## 6.1 Sonderpädagogische Diagnosemöglichkeiten und ihre Umsetzung in die Praxis

Die Handhabung der Sonderschuleinweisung bzw. die Diagnostizierung von Lernbehinderung bei ausländischen Schülern und Schülerinnen ist in den einzelnen Bundesländern während der letzten zwei Jahrzehnte sehr verschieden gehandhabt worden. Dementsprechend unterschiedlich fallen auch die Zahlen der Sonderschüler aus: Der relativ hohen Quote ausländischer Sonderschüler in Baden-Württemberg, Hamburg, Hessen und dem Saarland stehen niedrige in Berlin, Bremen und Nordrhein-Westfalen gegenüber.

Mit Blick auf Zahlen aus Hamburg, nach denen im Jahre 1973 "53,3 % der gemeldeten [ausländischen, Anm. d. Verf.] Schüler als sonderschulbedürftig und 46,7 % als grundschulfähig diagnostiziert wurden" (Schnorr 1980:322), verweist Schnorr auf eine zu diesem Zeitpunkt stattgefundene Umgestaltung der Sonderschul-Überprüfung in Nordrhein-Westfalen. Hier trat Ende 1973 ein Erlaß in Kraft, der in den Grundschulen den "Beobachtungsbogen für auffällige (verhaltensgestörte und/oder leistungsschwache) Grundschulkinder" einführte. Dieser ermöglichte eine Beobachtungsphase über einen längeren Zeitraum, während dem der Lehrer schulische, geistige und psychische Reaktionen festhielt, und wurde im Anschluß in das von der Sonderschule zu erstellende ausführliche Gutachten mit einbezogen (ebenda:322). Die besondere Problematik bei der Anwendung des Beobachtungsbogens auf ausländische Kinder wurde den Grundschullehrern deutlich, was zur Folge hatte, daß die Überweisungsquote in Nordrhein-Westfalen in dem Jahr bei 2 % lag. Umstritten war weiterhin, wie die Beobachtungskriterien für Lernbehinderung zu objektivieren sein könnten. Die Einbeziehung des Kindes in den Unterricht ist für die Beurteilung unerläßlich, denn erst dadurch "kann er [der Lehrer, Anm.d.Verf.] gezielt beobachten, ob es den Anforderungen dieser

Klasse gewachsen ist. Erst dann ist der Frage, ob das Kind im Falle einer Leistungsauffälligkeit evtl. lernbehindert ist, systematisch nachzugehen." (ebenda:323).

Nach der Formulierung der Kultusministerkonferenz (KMK) von 1969, in dem die Schulpflicht für die ausländischen Kinder festgeschrieben wurde, sollte gleichermaßen das "Recht auf eine ihnen gemäße Förderung ... [zukommen], wenn sie auf Grund von Körper- oder Sinnesschädigungen, geistiger oder Lernbehinderung in der allgemeinen Schule nicht hinreichend gefördert werden können." (Schmidtke 1984:290). Die Sonderschulaufnahme der ausländischen Kinder war jedoch grundsätzlich umstritten, da auch der Vorwurf des "Abschiebens" nicht entkräftet werden konnte. Hiermit bekam die Sonderschule ihre Funktion als stigmatisierende Instanz, "die den größten Teil ihrer Schüler von weiteren Bildungsmöglichkeiten abschneidet." (ebenda:290).

Das Sonderschul-Aufnahmeverfahren (SAV) sah nach den Empfehlungen der KMK von 1976 neben der diagnostischen Untersuchung keine besondere Berücksichtigung soziokultureller Faktoren vor, für ausländische und deutsche Kinder sollten dieselben Bestimmungen gelten. Den Empfehlungen schlossen sich Hinweise an, die als "Kann-Bestimmungen" gelten: erstens, daß mangelnde Sprachkenntnisse kein Maßstab für die Beurteilung der Sonderschulbedürftigkeit seien, zweitens, daß der Prüfung auf Sonderschulbedürftigkeit eine zehnwöchige Beobachtungsphase vorausgehen sollte, drittens, daß "für Elterngespräche sprachkundige Vermittler hinzugezogen werden könnten" und viertens wurde der Einsatz sprachfreier Tests angeregt (ebenda:291). In der Anwendung dieser Kann-Bestimmungen kommen bereits die "Freiräume des Pädagogen" zum Ausdruck, die Schirmacher anspricht (1989:126), die "nicht losgelöst von der Persönlichkeit des Lehrers sowie von gesellschaftlichen Einstellungen des Lehrers zu sehen" sind.

Die breite Auslegungsmöglichkeit der genannten Empfehlungen ließ die Kritik der Sozialpsychologen und Erziehungswissenschaftler stark ansteigen. Als positiver Aspekt wird von verschiedener Seite die niedrigere Klassenstärke in der Sonderschule genannt, wodurch die direkte Bezugnahme zu der spezifischen Problematik des einzelnen Kindes intensiviert wird. Doch die Kontroverse bleibt trotzdem bestehen, da viele Sonderschulen sich mit der spezifischen Problematik noch nicht genügend befaßt haben. Schmidtke nennt als Kritiker Schröder (1982), der den Vorwurf an die Sonderschule richtet, sie habe "die ihr gewährte 'Schonfrist', sich auf die Probleme mit ausländischen Kindern vorzubereiten, nicht genutzt, obwohl der Problemdruck in den Grund- und Hauptschulen schon zu Beginn der siebziger Jahre eine Entwicklung hin zur Sonderschule erwarten ließ" (ebenda:291f).

Die Zahl der Sonderschuleinweisungen nahm zum Ende der siebziger Jahre deutlich zu, teils war dies auf den unterschiedlichen Ausbau der Sondereinrichtungen in den einzelnen Bundesländern zurückzuführen (vgl. Narzi 1981), was das Problem der "Sprachlosigkeit" (Müller 1973) bei den ausländischen Kindern jedoch in keiner Weise beseitigte. Daraus entstanden auf erziehungswissenschaftlicher Seite große Bedenken, daß die Sonderschulen tatsächlich in erster Linie zum Auffangbecken für ausländische Kinder werden könnten (vgl. Reiser 1981).

Als Testmethode für die Sonderschulbedürftigkeit wird auf breiter Basis der Hamburg-Wechsler-Intelligenztest für Kinder (HAWIK) angewendet (vgl. Kornmann/Lorenz/Zimmermann 1977), obwohl er für ausländische Kinder "selbst bei guten Deutschkenntnissen nicht verwendbar" (Schmidtke 1984:323)ist. Sprachunabhängige Tests werden von erziehungswissenschaftlicher Seite angeraten, so z.B. die "Culture Fair Test Scale" (CFT). In der Gegenüberstellung von HAWIK und CFT von Mönikes/Mönikes (1975) wurde letzterem eine größere Objektivität bescheinigt: "Er mißt nicht, was das Kind lernen konnte, sondern was es lernen könnte" (Mönikes/Mönikes in Schmidtke 1984:323). Weitere sprachfreie Tests sind beispielsweise die "Snijders-Oomen nichtverbale Intelligenzreihe", (S.O.N.), ein Test, der auf Sprache völlig verzichtet, der "Coloured Progressive Matrices" oder der "Bildertest 1/2" von Horn/Schwarz. Bei diesem müssen jedoch passive Sprachkenntnisse bei dem ausländischen Kind vorhanden sein, da der Testleiter sehr viel sprechen muß.

Zu all den genannten Testverfahren gibt Schmidtke jedoch resümierend zu bedenken, daß auch die sprachfreien Tests mögliche Fehlerquellen nicht ausschließen bzw. der spezifischen Situation der ausländischen Kinder nicht genügend Rechnung getragen werden kann (ebenda:323; vgl. auch Apitzsch 1990:554).

Die grundsätzliche Diskussion um Sinn und Zweck von Intelligenztests schließt sich beinahe zwingend an diese Argumentation an. Einen der Widersprüche in der Realisierung beschreibt Apitzsch aus der schulischen Praxis: "Kinder, bei denen ein niedriger IQ festgestellt wird, haben praktisch keine Chance mehr, an ihrer bisherigen Schule zu bleiben. Der Umkehrschluß gilt allerdings nicht: Wird ein durchschnittlicher oder hoher IQ diagnostiziert, scheidet die Diagnose 'sonderschulbedürftig' keineswegs aus." (Apitzsch 1990:554).

Bei der Interpretation des bestehenden Bildungsgefälles zwischen deutschen und ausländischen Schülern betont Apitzsch den Vorrang sozialer, rechtlicher und ökonomischer Faktoren vor der ethnischen Zugehörigkeit (1990:506). Trotzdem ist damit noch keine Erklärung gefunden, weshalb die süditalienischen Kinder in Relation zu den Schülern anderer Nationalitäten insgesamt im unteren Bereich der Leistungsskala anzutreffen sind, obwohl die formalen Bedingungen für die gesamten Familien sowie die Dauer des familiären Aufenthalts in der BRD, die Möglichkeiten der Familienzusammenführung etc. grundsätzlich eher besser sind als für die Arbeitnehmer aus Nicht-EG-Staaten.

Rückblickend auf die schulische Entwicklung der Einwandererkinder in den USA stellt Elschenbroich allerdings ganz ähnliche Tendenzen bei den italienischen Kindern fest, "süditalienische, polnische und schwarze Kinder lagen am untersten Ende der Skala" (1985:145). Die Autorin macht für die Unterschiede des schulischen Werdegangs die verschiedenen kulturellen Haltungen der einzelnen Gruppen verantwortlich. "Institutionalisiertes Lernen wurde durch ihre religiösen Praktiken nicht gestützt; für die Süditaliener war vielmehr das religiöse wie das Alltagswissen in der Volkskultur verankert, nicht in geschriebenen Texten. Daraus und aus der grundsätzlich mißtrauischen Haltung gegenüber Obrigkeiten leitet sie die Orientierung an anderen Werten und eine weitgehende Ablehnung schulischen Lernens ab[28]. Erst sehr langsam und über mehrere Generationen konnten sich italienisch-stämmige Amerikaner durch verstärktes Wahrnehmen der Bildungsangebote auch in ihrer gesellschaftlichen Position weiterentwickeln, "die Schule wurde zur fast ausschließlichen gesellschaftlichen Aufstiegsleiter." (Elschenbroich 1988:93).

Die Berücksichtigung eines multikulturellen Klassenverbandes durch bestimmte, die Kulturen aller Schüler einschließende Unterrichtsinhalte in der Sonderschule ist nach wie vor den einzelnen Lehrern überlassen (vgl. Schirmacher 1989:180). Sie warnt gleichzeitig mit Hamburger davor, die Berücksichtigung der Herkunftskulturen als folkloristische Darbietungen zu verstehen und sie aus dem Kontext der "Sozialstruktur, ... der Wirtschaftsweise und der Tradition in einem regionalen Zusammenhang" (Hamburger in Schirmacher 1989:181) zu extrahieren. Schirmacher weist auf die Hamburger Richtlinien von 1986 hin, daß Geschichte und Gegenwartsprobleme sowohl der Deutschen als auch der Herkunftsländer berücksichtigt werden sollen, da nur auf diesem Wege ein Austausch und Verstehen zwischen den Jugendlichen stattfinden könne. Damit wird der Forderung der Gewerkschaft Erziehung und Wissenschaft Rechnung getragen, die beinhaltet, daß "auch unsere deutschen Jugendlichen ... die Verschiedenartigkeit der Kultur produktiv erfahren [müssen] und aus dem Kennenlernen wie der Auseinandersetzung mit ihnen neue Vorstellungen entwickeln" (Wunder in Schirmacher 1989:181).

Obwohl sich in den letzten Jahren das Bildungsniveau der süditalienischen Kinder und Jugendlichen insgesamt gebessert hat, liegt für Hessen die Quote der italienischen Sonderschüler prozentual an zweit-

28 Als Vergleichsgruppe führt sie die osteuropäischen Juden an, die mit der Talmud-Tradition eine wichtige schriftliche Orientierung hatten (Elschenbroich 1985:145). Der Vergleich an sich erscheint mir jedoch fragwürdig, da die historischen Hintergründe beider Gruppen wie auch ihre Bildungsvoraussetzungen allzu verschieden sind.

höchster Stelle unter den Migrantenkindern[29]. Und selbst der Anstieg geglückter Realschul- oder Gymnasialabschlüsse darf nicht den Blick versperren auf die große Anzahl der italienischen Kinder, die bereits in die Sonderschule überwiesen wurden bzw. deren drohende Sonderschuleinweisung mit außerschulischen Hilfsangeboten abgewendet werden könnte.

## 6.2 Schulische und außerschulische Institutionen - Prüfstein der süditalienischen Familien

Die innerfamiliären Bindungen der süditalienischen Familien sind sehr eng - wie bereits eingangs beschrieben. Sie versuchen u.a. durch den Aufbau eines ähnlich festgefügten institutionellen Subsystems wie in der Heimatgesellschaft ihre Positionen innerhalb der deutschen Gesellschaft zu stabilisieren. Dies gelingt zwar nur rudimentär, da Strukturen und Verflechtungen des verwandtschaftlichen Bereiches kaum ersetzt werden können, trotzdem entsteht dabei ein hoher Grad innerfamiliären Zusammenhaltes: Aus dem Bewußtsein heraus, daß der fehlende Teil der Familie in irgendeiner Form ersetzt werden muß, ist die unausgesprochene Verpflichtung für jeden einzelnen noch größer, sich für ein zuverlässig funktionierendes Familiensystem einzusetzen. Die Familie als "einzige fundamentale Institution" (Busch 1983:192) gilt also für die in Deutschland lebenden süditalienischen Familien in vollem Umfang. Und bei allen eintretenden Veränderungen bleibt die

---

[29] Die Zahlen sind berechnet nach Angaben des Statistischen Landesamtes Wiesbaden zum Schuljahr 1989/90. Anhand absoluter Schülerzahlen wurde die prozentuale Verteilung auf die jeweiligen Schultypen berechnet(in Apitzsch 1990:508): Danach liegen die marokkanischen Kindern mit 7,04 % an der Spitze, gefolgt von den italienischen mit 6,29 %. und den türkischen Kindern mit 5,68 %. vertreten. Zum Vergleich die deutschen Kinder: im Schuljahr 1989/90 besuchten in Hessen 2,67 % von ihnen eine Sonderschul-Einrichtung.

Verteidigung der Institution Familie elementares Anliegen jedes einzelnen.

Der erste langfristige Kontakt zu einer deutschen Institution, von dem sowohl Eltern als auch Kinder betroffen sind, wird durch den Kindergartenbesuch geknüpft. Durch den Kindergarten findet ansatzweise der erste Trennungsprozeß von der bis dahin sehr intensiven Mutter-Kind-Beziehung statt, wie bereits erwähnt. Doch die elterliche Haltung gegenüber dem Kindergarten ist nicht eindeutig ablehnend, sie weist vielmehr Ambivalenzen auf. Als überwiegend positiv wird größtenteils die Entlastung der Mutter bewertet, da sie, während das Kind den Kindergarten besucht, einer Lohnarbeit nachgehen kann. Der Kindergarten wird damit zwar weniger als Einrichtung betrachtet, die das Kind im Spracherwerb aktiv unterstützt, jedoch trägt er indirekt zur Verwirklichung der familiären Zielsetzung (schnelles Geldverdienen, Remigration) bei, indem er den Müttern dazu verhilft, einer Berufstätigkeit nachzugehen.

Über die Qualität des örtlichen Kindergartens sorgen sich die Eltern wenig, da sie grundsätzlich davon ausgehen, daß sowohl gute Qualifikationen der Erzieher(innen) vorliegen als auch der wohlwollende Umgang mit den Kindern gewährleistet ist. Hierbei spielt eine wichtige Rolle, daß in der Heimat die deutschen Bildungsangebote und -einrichtungen einen guten Ruf haben und dementsprechend die Erwartungen relativ hoch sind (vgl. Schmidtke 1984:291).

Der Kindergarten kann gerade für Kinder aus gesellschaftlichen Randgruppen einen ersten Schritt für soziales Lernen innerhalb einer Gruppe ihres Alters darstellen, wie er auch, insbesondere für Kinder mit anderer als der deutschen Muttersprache, erste Schritte zum Selbständigwerden in der Zweitsprache ermöglicht. Der frühzeitige Zweitsprachen-Erwerb kann die im günstigen Fall in nachbarschaftlichen Kontakten erworbenen, umgangssprachlichen Kenntnisse erweitern. Auch hinsichtlich des Knüpfens von Kontakten zu Kindern verschiedenster Nationalitäten hat der Kindergarten eine wichtige Bedeutung erhalten: Im Laufe der Zeit konnte sich in einigen Kindergärten die Idee einer multikulturellen Erziehung durchsetzen. Es ist jedoch vom Engagement der jeweiligen Kindergarten-Leiter(innen) und -Betreuer(innen) abhängig, ob und wie seine Umsetzung in die Realität stattfindet (u.a. Vink/Wennekes 1980:223f).

Im Kindergarten besteht von erzieherischer Seite grundsätzlich die Möglichkeit, Schwächen einzelner Kindern frühzeitig zu erkennen und zu beheben, bevor sie sich als gravierende Störungen in der Persönlichkeit des Kindes festigen können. In der Praxis tendieren Kindergarten-Erzieher eher dazu, Auffälligkeiten der Kinder zu verniedlichen, um nicht den Anschein selektiven Erziehungsverhaltens zu erwecken. Eingeschränkte Beurteilungsöglichkeiten werden auch mit einer zu großen Gruppe (ca. 15 Kinder pro Erzieher) begründet (vgl. Vink/Wennekes 1980:216ff und Vink 1980:334ff). Rückprache mit den Eltern, z.B. bei großer Aggressivität, Verklemmtheit o.ä. wird nur selten gehalten, zumindest insofern, als die Initiative dazu zu wenig von den Kindergarten-Erziehern ausgeht. Zum einen spiegelt sich darin die Auffassung einiger Eltern wider, die im Kindergarten hauptsächlich eine "Aufbewahrungsanstalt" sehen, in der man die Kinder abgibt und auf diese Weise einer Vielzahl von Problemen entgeht (v. Klitzing 1983:49 und Zografou 1982:89f), von vielen Kindergärten wird diese Rollenzuschreibung unbewußt auch übernommen.

Zografou weist darüber hinaus auf Parallelen zwischen den ausländischen Kindern und deutschen Unterschichtskindern hin und plädiert für ein Miteinbeziehen von Familien und familiären Hintergründen in die erzieherischen Aktivitäten im Vorschulbereich (1982:89). Doch trotz mancher Ähnlichkeiten sind erhebliche Unterschiede insofern vorhanden, als die ausländischen Kinder mit den Widersprüchen der Wertorientierungen ihrer Herkunfts- und der Aufnahmegesellschaft konfrontiert werden. Für sie sind diese Lernschritte zur Erlangung von Selbstbewußtsein und Ich-Stärke zwingend verknüpft mit der relativ frühzeitigen Ablösung vom elterlichen Wertesystem.

Ein Problem der Kindergarten-Erzieher stellt auch ihre große Zurückhaltung gegenüber den Eltern dar. Möglicherweise als Konsequenz aus der Erkenntnis heraus, daß schon durch die Sprache eine "unausgesprochene Bewertung des Erziehungsverhaltens" (Hoppe 1992:96) stattfindet, versuchen die Erzieher bewußt, ihre Dominanz den Eltern gegenüber einzuschränken. Leider wird so häufig eine andere Variante der "Sprachlosigkeit" praktiziert, in der Weise, daß die Erzieher auch das "normale", das alltägliche Gespräch mit den Eltern nicht suchen, zum Teil aus einer Angst heraus, ihr Verhalten könnte doch als Bevormundung angesehen werden. Dadurch kann leicht die Chance vertan werden, in einem nicht hierarchisch strukturierten Gespräch die Situation des jeweiligen Kindes verstehen zu lernen und etwaigen Verhaltensauffälligkeiten damit bereits im Vorfeld ihres Entstehens zu begegnen.

Im Kindergarten findet für die Kinder die erste Abgrenzung ihres eigenen Lebensbereichs von dem familiären statt, in den sie sich hineinfinden müssen und in welchem die bisher erlernten Verhaltens- und Lebensgewohnheiten erprobt und verifiziert werden. Die Institution Kindergarten verhilft dabei nach Möglichkeit jedem einzelnen Kind, diesen Schritt angstfrei erfahren und durchleben zu können. Doch auch die Institution Familie hat in diesem Entwicklungsstadium des Kindes eine besonders wichtige Aufgabe: Sie muß es auf die eintretenden Veränderungen vorbereiten, es hinführen, ihm bei der Aufarbeitung der neuen, erstmals auftretenden Probleme zur Seite stehen und ihm das Gefühl geben, bei der Entwicklung seiner Fertigkeiten aktiv mitwirken zu können. Hingegen wird in der Realität häufig die Weigerung des Kindes, in den Kindergarten zu gehen, auf elterlicher Seite unter unbewußten, aber dennoch höchst eigennützigen narzißtischen Gesichtspunkten betrachtet. Dazu gehört beispielsweise eine insgeheime Zufriedenheit darüber, wenn sich das Kind im Kindergarten nicht wohlfühlt, unter Heimweh leidet.

Durch die Komplexität der Situation können die Eltern damit eine ganze Reihe eigener Unsicherheiten kompensieren: Wenn der Kindergarten - hier gleichzeitig stellvertretend für eine unbekannte, feindlich phantasierte Außenwelt - vom Kind abgelehnt wird, kann dies von den Eltern als Bestätigung ihrer selbst und des Familiensystems und darüber hinaus auch als Aufwertung ihrer nationalen Identität gedeutet werden. Die Angst, das Kind an die deutsche Gesellschaft verlieren zu müssen, wird damit gebannt. Entsprechend brächte das vorbehaltlose Sich-Einlassen-Können des Kindes auf seine neuen Aufgaben und die neue Umgebung bei den Eltern eine tiefe narzißtische Kränkung mit sich (vgl. u.a. Richter 1969:168, Miller 1979:63ff).

Die Auseinandersetzung mit dem Kindergarten erfolgt also auf zwei Ebenen, einer familiendynamischen und einer individualpsychologischen. Familiäre Reaktionsmuster auf das kindliche Ablehnungsverhalten des Kindergartens belaufen sich zumeist auf zwei Varianten: Das erste entspricht dem Wunsch des Kindes, zu Hause zu bleiben, ohne die tieferliegenden Gründe zu erforschen. Für die Eltern bringt hierbei das "Nachgeben" eine ganze Reihe organisatorischer Probleme mit sich, da ihre Berufsausübung sich nur schwer damit vereinbaren läßt. Unzufriedenheit und Verärgerung bei den Eltern ist meist die unausweichliche Folge. Die zweite, weit verbreitete Reaktionsvariante äußert sich gewissermaßen gegenteilig: Das kindliche Abwehrverhalten wird von den Eltern als Auflehnung gegen ihre Autorität verstanden, und es wird gezwungen, den Kindergarten trotz seiner Aversion weiter zu besuchen; Klärung des Warum findet so gut wie nicht statt. Die zeitliche Belastung der Eltern stellt dabei den Hauptgrund dar, weswegen kein ratsuchendes Gespräch mit den Erzieher(innen) zustande kommt, dahinter verbirgt sich allerdings auch eine Reihe von Ängsten vor möglichen unbekannten Regungen und Empfindungen der Kinder und den Schuldgefühlen, diese einfach übergangen zu haben.

Zu der Kontaktaufnahme bzw. Konfrontation der süditalienischen Familie mit der Institution Kindergarten rückt ein weiterer Aspekt immer mehr in den Vordergrund, der auch für die Zukunft eine große Bedeutung erhalten wird. Die Inanspruchnahme von Kindergartenplätzen ist mittlerweile erst in zweiter Linie abhängig von der Bereitschaft der Eltern, ihr Kind in den Kindergarten zu schicken und etwaige schmerzliche familiäre Ablösungsprozesse zu ertragen: Sowohl in den Großstädten als auch im Kleinstadtbereich - und dies betrifft heutzutage zumeist die Kinder der zweiten Generation - ist der Mangel an Kindergartenplätzen zum wichtigsten Problem geworden. Anmeldefristen von über zwei Jahren sind keine Seltenheit, so daß eine lange Vorausplanung erforderlich ist, damit das Kind im Laufe des Kindergarten-Alters überhaupt einen Platz bekommt und auch nutzen kann.

Da die Berufstätigkeit für die jungen Frauen der zweiten Emigrantengeneration zur Selbstverständlichkeit, aber auch zur Notwendigkeit geworden ist, da sich die Familie mit einem Verdiener nur sehr schwer ökonomisch stabilisieren könnte, wird familienintern auf die Großmütter als Kinderbetreuerinnen zurückgegriffen. Damit rückt die ursprüngliche - wenn auch mittlerweile etwas modifizierte - Heimatsprache für die dritte Generation wieder in den Vordergrund, denn sehr oft ist für die Großmütter, d.h. die Ehefrauen der ersten Generation, die deutsche Sprache noch immer fremd geblieben. Für Kinder der dritten Generation kann auf diese Weise, von ihrer Familie völlig unbeabsichtigt und unverschuldet, eine ansatzweise Wiederholung der Spracherwerbs- und Bildungs-Misere ihrer Eltern entstehen. Durch den Mangel an Kindergarten-Plätzen kann an dieser Stelle im Vorfeld der Schule auch nicht gegengesteuert werden, und somit ist zu vermuten, daß ein Großteil der dritten Generation süditalienischer Arbeitsemigranten seine Schulkarriere wieder mit sprachlichen Defiziten starten wird.

Im Unterschied zum Kindergarten tritt die Regelschule den Kindern und Familien mit der Vergrößerung ihres Pflichtbereichs entgegen, was als wesentlich stärkere Forderung erlebt wird. Deutlich wird dies bereits mit dem Schuleignungs-Test, der einerseits im Kindergarten nicht als Test vorbereitet wird, da er seinen spielerischen Charakter dabei nicht verlieren soll, sein Nicht-Bestehen nimmt jedoch in den Augen von Kindern und Eltern eindeutig die Qualität von Abgelehnt- und Ausgestoßen-Sein an. Und doch wird bereits mit dem Begriff "Schulpflicht" der Stellenwert ausgedrückt, den die Institution Schule ab einem bestimmten Alter der Kinder beansprucht. An anderer Stelle wurden die ärztlichen Pflichtuntersuchungen vor der Einschulung schon erwähnt, die von den Eltern mangels Informationen nur unregelmäßig wahrgenommen werden. Ähnlich problematisch gestalten sich auch die elterlichen Reaktionen auf ein bevorstehendes Sonderschul-Aufnahmeverfahren: Die Eltern wissen oftmals weder über seine genaue Bedeutung noch über ihre Einspruchsrechte dagegen Bescheid, und so findet sich manches süditalienische Kind in der Sonderschule für Lernbehinderte wieder, während die Eltern diese Tatsache erst Monate später realisieren[30].

Mit dem Eintritt in die Schule treffen für die süditalienischen Kinder die Pole zweier extrem unterschiedlicher Lebenswelten aufeinander, hier "kumuliert der kulturelle Widerspruch" (Harandt 1987:250). Auf der einen Seite die häusliche, verknüpft mit der Tatsache, in einer Umgebung mit sehr vielen fremden Aspekten und Widersprüchen aufzuwachsen, auf der anderen steht die bürgerliche deutsche mit - bei gelungener sozialer Anpassung - der Aussicht auf eine lebenswerte Zukunft. Eigentlich hätte die Schule innerhalb dieser Konstellation die einmalige Chance, als Bindeglied zu fungieren, das die unterschiedlichen Lebenswelten erkennen und deuten hilft, ihre Gegensätze und Parallelen aufzeigt und den Kindern bei der Entwicklung ihrer ganz spezifischen, aus Impulsen beider resultierenden, eigenen behilflich ist.

Die Regelschule muß sich auf Grund ihrer realen Position einer Reihe kritischer Betrachtungen stellen: Mit ihrem Scheitern sind die vielen ausländischen "lernbehinderten" Kinder für sie nicht mehr relevant, ja, nicht mehr existent; Problemlösung findet in der Weise statt, als die Sonderschule für Lernbehinderte sich dieser Kinder anzunehmen hat. Eine differenzierte Betrachtung von Lernbehinderungen und Lernstörungen, wie sie Reiser vornimmt, findet durch die Schule zumeist nur unzureichend statt; letztere bedürften gerade in ihrem Anfangsstadium genauer Betrachtung und Analyse, um sie nicht als "umfängliche, schwerwiegende und dauerhafte Lernbeeinträchtigung" verfestigen zu lassen (vgl. Schmidtke 1978:38 und Reiser 1981:28).

Reiser weist auf bestehenden Wechselwirkungen zwischen Verhältnissen in Lebens- und Schul-Umfeld hin, welche eine beginnende Lernstörung verstärken können (ebenda:28). Sprachunsicherheiten, wie sie bei Kindern der ausländischen Arbeitnehmer auftreten, sind die Folge, da diese zwar sprachlich-akustisch, z.B. im Umgang mit anderen Kindern, problemlos mithalten können, sich über die Umgangssprache

---

30 Derartige Vorfälle sind in den Anamnesen mancher "Problemkinder" beim Italienischen Generalkonsulat festgehalten worden. Die Eltern hatten zum Teil sogar die Einwilligung zum Diagnoseverfahren unterschrieben, jedoch ohne dies zu wissen - da sie Analphabeten waren.

und auch die familiäre Sprachvermittlung jedoch derart gravierende Verständnisfehler eingeprägt haben können, daß ihre Kommunikationsfähigkeit im hochsprachlichen Bereich - und daraus folgernd in ihrer schulischen Lernfähigkeit - erheblich beeinträchtigt ist. Auch Glumpler hebt die große Diskrepanz zwischen fach- und umgangssprachlichen Deutschkenntnissen hervor, die häufig unterschätzt wird (Glumpler 1985:213).

Die meisten Institutionen, die im Laufe des Kindes- und Jugendlichenalters in erzieherischer und bildungsorientierter Hinsicht auf die süditalienischen Kinder Einfluß nehmen, orientieren sich leider weitgehend an einem Durchschnittsmaß von Anpassungsfähigkeit und Einfügungsbereitschaft bzw. an ihrem praktizierten Sozialverhalten. Für diejenigen Kinder und Jugendlichen, die ihr inneres Angespanntsein nicht verbergen können und beispielsweise Verhaltensauffälligkeiten zeigen, gestaltet sich der Verbleib in der Regelschule als sehr schwierig, sie gelten als "nicht tragbar". Nach einem Zurückstellen, "Sitzenbleiben" und nach der Einleitung des Sonderschul-Aufnahmeverfahrens (siehe 6.1) wird die Sonderschule für Lernbehinderte als besonders kompetente Teilinstitution angerufen. Äußere Bedingungen, wie kleinere Klassen, geringere Stundenzahl und sonderpädagogisch geschultes Lehrpersonal bieten sicherlich die Möglichkeit, das einzelne Kind mit seinen spezifischen Problemen gründlicher im Blickfeld zu behalten und es intensiver fördern zu können.

Zwischen Eltern und Schule vergrößert sich die Polarisierung mit der Überweisung des Kindes in die Sonderschule. Das elterliche Mißtrauen wächst, da sie ursprünglich eine "sehr hohe Bildungserwartung" (Schmidtke 1984:291) an die deutsche Schule richteten, sie interpretierten das Scheitern ihrer Kinder - dazu zählt die Sonderschuleinweisung - als eindeutige Konsequenz segregierender und diskriminierender Maßnahmen der deutschen Schule und ihrer Lehrer. Besonders irritiert und abwehrend mußten Eltern reagieren, wenn ihre Kinder in der Heimat schon einige Schuljahre erfolgreich absolviert hatten und in der Bundesrepublik nun mit der Diagnose 'Lernbehinderung' in die Sonderschule überstellt werden sollten.

Unter dem Aspekt, daß als Hauptkriterium zur Beurteilung der Jugendlichen, z.B. bei der Vergabe von Ausbildungsplätzen, von der außerschulischen Gesellschaft ihre schulische Qualifikation herangezogen wird, kann sich aus der Idee der Förderung sehr leicht ein gegenteiliger Effekt herausbilden. Für eine Festschreibung der Lernschwäche, die sich durch das gesamte weitere Leben des Kindes ziehen kann, ist hiermit gewissermaßen Grund gelegt worden. Obwohl von Sonderschullehrern immer wieder die angestrebte Rückführung in die Regelschule betont wird, läßt die Diskrepanz im Wissensstand zwischen Haupt- und Sonderschülern dies im Laufe der Pflichtschulzeit kaum zu. Nicht selten wird die Rückführung trotzdem versucht, dies allerdings mit nachhaltig negativer Wirkung: Der/die Jugendliche erfährt hier besonders deutlich, wie gravierend seine/ihre Defizite tatsächlich sind und daß ein Aufholen - jedenfalls unter "normalen" Bedingungen - unmöglich erscheint. Somit wird die Sonderschuleinweisung in jedem Falle als restriktive, ausgrenzende Maßnahme erlebt, außerdem liegt die Assoziation "Hilfsschule" noch immer nahe.

Da es trotz der erschreckend hohen Zahl ausländischer Schüler in der Sonderschule für Lernbehinderte auch noch eine Vielzahl ausländischer Schüler gibt, die mit Erfolg das Gymnasium absolvieren, wird in der Diskussion mit der Lehrerschaft über die selektive Funktion der Institution Schule gern als Beispiel dafür herangezogen, daß für die schulische Integration ausländischer Kinder bereits genügend getan werde. Es geht damit der Versuch einher, die Inhalte schulischer Anforderungen als vermeintlich objektiv darzustellen - Schulerfolg wäre dann einzig dem Fleiß des betreffenden Schülers zuzuschreiben, Schulversagen analog dazu Resultat geringen Interesses und fehlenden Engagements. Jetzt tritt der von Bichsel beschriebene Rechtfertigungsmechanismus der Regelschule in Kraft, der die hier verbleibenden Schüler als Argument für ihr wohlwollendes, förderndes Verhalten anführt (in: Milani 1970:11). Es kann jedoch aus derartigen Reaktionen der Lehrer die Vermutung abgeleitet werden, daß sie mit dem Erkennen und Berücksichtigen so verschiedener Bedürfnisse ihrer einzelnen Schüler tatsächlich überfordert sind und ihre Reaktion eine Abwehrhaltung darstellt.

Die Verantwortlichkeit des Lehrers teilt sich in zwei Bereiche: Zum einen soll den Bedürfnissen und Anforderungen jedes einzelnen Schülers Rechnung getragen werden, zum anderen gilt es, das Schul- und Bildungssystem zu stützen. Er muß also Interessen abwägen, die einander möglicherweise widersprechen, und zu einer Lösung gelangen (vgl. "intra-role-conflict" nach Dahrendorf in: Müller 1977:64). Die Frage ist, wem er sich zuerst verpflichtet fühlt, wessen Interessen für ihn Priorität haben; im Sinne des Schulsystems bedeutet die Sonderschuleinweisung ja nicht das Vorenthalten von Bildung, sondern eine gezielte, besonders intensive Förderung des lernschwachen Kindes. Sonderschule als speziell gestaltete Einrichtung des Schulsystems ermöglicht danach die individuellere Betrachtung des einzelnen Kindes durch speziell ausgebildete Lehrer, kleinere Klassenverbände und verlangsamtes Lerntempo. Unter diesem Aspekt betrachtet, bietet die Sonderschule für Lernbehinderte tatsächlich sehr viel bessere Voraussetzungen für die Förderung (nicht nur) der süditalienischen Kinder.

Der Lehrer trägt, sobald er seiner Rolle jedem einzelnen Schüler gegenüber gerecht werden will, die große Verantwortung, jeden entsprechend seiner Fähigkeiten zu fördern und zu unterstützen. Gleichzeitig muß er sich an Lehrplänen orientieren, die ihm die Zeiträume für den zu bewältigenden Stoff vorschreiben. Unterschiedliches Lerntempo der Schüler und grundsätzliche Bedingungen, wie sprachliche Defizite, soziale Hintergründe oder Verhaltensauffälligkeiten, erschweren seinen pädagogischen Einsatz dabei ganz erheblich. Zweifellos wirkt es da erleichternd, wenn Verhaltensregeln angesetzt werden können, die für alle Schüler gleichermaßen gelten. Daß hierbei die Gefahr besteht, sich in erster Linie an den eigenen, bürgerlichen Werten zu orientieren, wird dabei häufig außer acht gelassen (vgl. Schirmacher 1989:172). Die Schüler, die selbst innerhalb desselben Wertesystems aufwachsen, dienen dann gern als Bestätigung für die Allgemeingültigkeit dieser Verhaltensregeln. Schüler mit unterschiedlichem sozialen oder kulturellen Hintergrund, für die eine Anpassung an diese geforderte Norm tatsächlich einen schwierigen Lernschritt und eine große Leistung bedeutet, geraten dabei sehr schnell ins gesellschaftliche Abseits.

Bei der Problemanalyse sollte nicht außer acht gelassen werden, daß die Lehrer der Regelschule bereits durch die Schülerzahlen an sich, insbesondere jedoch, wenn in der Klasse mehrere "Problemfälle" zusammenkommen, stark überfordert sind. Übermäßiges Engagement für die ausländischen Schüler mit Lernstörungen wird, dies kommt erschwerend hinzu, im Kollegenkreis nicht unbedingt positiv anerkannt (vgl. Reiser 1981:58), sondern oft als "Sozialtick" belächelt oder gar abgelehnt. Zuweilen wird er als bemitleidenswertes Opfer des Helfer-Syndroms (vgl Schmidbauer 1977) eingestuft und kämpft sozusagen "auf verlorenem Posten". Zusätzlich ist dieses auch bei den deutschen Eltern umstritten, da sie befürchten, zu viel Rücksichtnahme auf schwache Schüler könne der intellektuellen Entwicklung ihrer eigenen Kinder schaden (Reiser 1981:59). So sehen sich engagierte Lehrer oft einer Kritik auf breiter Ebene ausgesetzt, es erscheint da wenig verwunderlich, wenn manch einer von ihnen "Dienst nach Vorschrift" praktiziert und die Konsequenz, daß einige seiner Schüler durch dieses grobmaschigere Netz hindurchfallen, billigend in Kauf nimmt.

Mit dem Einsatz muttersprachlicher Lehrer in der deutschen Schule tritt neben der deutschen Schule eine weitere Institution, die nationale Schulbehörde, in Erscheinung. Der muttersprachliche Unterricht ist in der Bundesrepublik nicht einheitlich geregelt, jedoch in den meisten Bundesländern auf maximal 5 Wochenstunden begrenzt. Damit soll versucht werden, die Belastung der Schüler durch den zusätzlichen Unterricht wie auch durch einen meist gänzlich unterschiedlichen Unterrichtsstil möglichst gering zu halten (Auernheimer 1984:281).

Sowohl die Gestaltung des muttersprachlichen Unterrichts nach den Richtlinien der Herkunftsländer wie auch seine Zielsetzung sind nicht unumstritten. So wird sowohl bezweifelt, daß er eine etwaige Remigration der Schüler unterstützen als auch, daß er die soziokulturelle Wirklichkeit der ausländischen Kinder in Deutschland, "deren Leben sich notwendigerweise zwischen zwei Sprachen und zwei Kulturen abspielt ...", ohne weiteres erfassen kann. Er sollte vielmehr an diese angepaßt sein. (Boos-Nünning in Auernheimer 1984:282).

Zwischen muttersprachlichen und deutschen Lehrern herrscht sehr häufig eine konflikthafte Beziehung: als Beispiel nennt Schmidtke das unkoordinierte Nebeneinander von beiden, das "anstelle einer Brückenwirkung zum Element der Trennung" wird (Schmidtke 1978:44). Die muttersprachlichen Lehrer werden größtenteils von ihrer nationalen Schulbehörde angeworben und für einen bestimmten Zeitraum verpflichtet; es handelt sich dabei um im Heimatland ausgebildete Pädagogen, deren fachliche Qualifikation mit derjenigen deutscher Lehrer oftmals kaum vergleichbar ist (Glumpler 1985:189ff und Zografou 1982:159ff). Zum einen beruht dies auf der sehr unterschiedlichen Ausbildung der Grundschullehrer in den Heimatländern; es sind vielerorts nicht-universitäre Ausbildungsgänge, zum anderen wählen die Behörden allzu häufig Lehrer ohne jegliche Auslandserfahrung für diesen besonders schwierigen Dienst aus (Zografou 1982: 163). Neuhaus und Sargut weisen darauf hin, daß muttersprachliche Lehrer sich häufig anwerben lassen, um die Arbeitslosigkeit im Heimatland zu umgehen bzw. Bonus-Punkte für eine feste Anstellung im Heimatland zu sammeln (1980: 113f). Zografou hält die finanziellen Anreize für bedeutsam, welche die Auslandstätigkeit für griechische Lehrer in Deutschland mit sich bringt (Zografou 1982:159); ihre Anwerbung ist daher häufig von "guten Beziehungen" zu einschlägigen Stellen in Politik und Verwaltung abhängig.

Hinzu kommt in der Literatur als durchgängige Erscheinung bei den muttersprachlichen Lehrern der verschiedenen Nationalitäten, daß meistens keine oder nur sehr schlechte Deutschkenntnisse vorhanden sind (Zografou 1982:163 und Glumpler 1985:192). Dies hat zur Folge, daß es für sie selbst erst einmal eine Vielzahl von Anpassungs- und Akklimatisierungsproblemen zu bewältigen gibt, bevor sie ihren "Problemschülern" offen und stützend zur Seite stehen können.

Boos-Nünning spricht von geringem Ansehen und latenter Diskriminierung der muttersprachlichen Lehrer (1980:67). "Die Uniformiertheit der ausländischen Lehrer und fehlende Beziehungen zwischen den einzelnen Schultypen gehen ganz eindeutig zu Lasten der Kinder, sowohl zu Lasten ihrer Schulleistungen ... wie auch zu Lasten ihrer sozialen Situation, in manchen Fällen sogar ihrer sozialen Identität, da die deutschen und ausländischen Lehrer eher gegeneinander arbeiten und unterschiedliche Wertsysteme vertreten" (ebenda:68).

Durch die Rotation im 5-Jahres-Rhythmus der griechischen (Zografou 1982:160) und türkischen (Glumpler 1985:189) muttersprachlichen Lehrer lebt die Anpassungsproblematik im regelmäßigen Turnus wieder auf. Zambonini weist auf die Kompetenzüberforderung des italienischen muttersprachlichen Lehrers bei der Überführung der Kinder von der Vorbereitungs- in die Regelklasse hin (1980:213) und nennt den muttersprachlichen Lehrer selbst als Leidtragenden innerhalb des widersprüchlichen Systems zwischen muttersprachlichen und deutschen Anforderungen (ebenda: 215).

Auch persönliche Gespräche der Verfasserin mit italienischen Lehrern unterstreichen die geschilderte Problematik. Tendenziell kann also davon ausgegangen werden, daß es sich hierbei um eine nationalitätenübergreifende Erscheinung der muttersprachlichen Lehrer bzw. des muttersprachlichen Unterrichts handelt. Es treten subtile Interessengegensätze zwischen dem Selbstverständnis des Bildungsauftrages zutage, die weder von den muttersprachlichen Lehrern, noch von der übergeordneten nationalen Schulbehörde und ebenso wenig von den deutschen Lehrern und Schulen aufgelöst werden können.

Ausnahmen bilden wohl am ehesten diejenigen muttersprachlichen Lehrer, die direkt von der deutschen Schulbehörde angeworben werden: sie haben meist vorher schon mehrere Jahre in Deutschland gelebt, z.T. als Arbeitsemigranten. Sie zeigen mehr Engagement und Einfühlungsvermögen hinsichtlich der Problematik der Kinder; es scheint ihnen zu gelingen, ihre eigene von derjenigen der Kinder zu trennen. Auch im Umgang mit ihren deutschen Kollegen geben sie sich versierter (Zografou 1982:164f und Glumpler 1985:189f).

Rückkoppelung oder Austausch zwischen deutschen und muttersprachlichen Lehrern findet kaum statt. Glumpler zitiert Tölle, der festgestellt hat, daß türkische Lehrer gegenüber ihren deutschen Kollegen nicht im entferntesten gleichgestellt sind; selbst bei gemeinsamen Unternehmungen reduzierte sich ihre Tätigkeit auf Übersetzerdienste, die Erklärung und Ausführung von Sanktionen oder die Organisation folkloristischer Einlagen bei Schulfesten (Glumpler 1985:196).

Echte Konfliktsituationen treten für die muttersprachlichen Lehrer dadurch auf, daß sie ihren Unterricht meist entsprechend dem des Heimatlandes gestalten, insbesondere die nationale Identität an die Kinder zu vermitteln versuchen und damit dem Anspruch der deutschen Lehrer, sie möglichst konfliktarm zu assimilieren, entgegenwirken. Das daraus entstehende Dilemma beschreibt u.a. Boos-Nünning (1976). Die deutsche Schulbehörde habe so gut wie keine Einflußmöglichkeit auf die Inhalte des muttersprachlichen Unterrichts.

In den Vorbereitungsklassen eingesetzte Lehrer halten weder Rücksprache mit den deutschen noch mit den muttersprachlichen Lehrern der Regelklasse. Eine Zusammenarbeit im Sinne der Kinder und ihrer schulischen und persönlichen Weiterentwicklung wird verhindert zugunsten machtpolitischer Überlegungen innerhalb des Kollegiums. "Kontakte [der Lehrer aus den Vorbereitungsklassen, Anm. d.Verf.] zu den deutschen Lehrern in der Regelklasse und zu den ausländischen Lehrern sind erschwert oder unmöglich, da jeder Einsatz für die Kinder in die Interessensphären dieser Lehrer eingreift" (Boos-Nünning 1980:38). Bei der Überleitung von Schülern aus der Vorbereitungsklasse in die Regelklasse verdichten sich die Probleme für die betreffenden Kinder: Der muttersprachliche Lehrer einer Vorbereitungsklasse unterstützt die Kinder bei einem bevorstehenden Wechsel oftmals nicht, er fühlt sich nicht mehr zuständig; der "Verlust" eines Schülers beeinträchtigt seine Position, er bedeutet für ihn in gewisser Weise eine Machteinbuße. Wenn er alle seine Schüler zur Regelklasse hinführte, machte er sich bald "überflüssig". Für den deutschen Lehrer der Regelklasse wiederum bedeutet das Überwechseln eines Schülers aus der Vorbereitungsklasse die mögliche Beeinflussung der Homogenität seiner Klasse. Der neue Schüler nimmt damit gleich zu Beginn seiner schulischen Laufbahn die Position des Störers und Außenseiters ein. Boos-Nünning/Hohmann zeigen auf, daß engagierte Lehrer, die sich für die Interessen der ausländischen Kinder einsetzen, von beiden Seiten abgelehnt werden (1980:39). Daraus ließe sich eigentlich nur ableiten, daß innerhalb des institutionellen Gefüges "Schule" die konkreten Interessen und Bedürfnisse der betreffenden Kinder eine sehr untergeordnete Rolle spielen: Die Schule als Bildungsinstitution wird bestimmt durch die verschiedenen erarbeiteten Richtlinien der

Kultusministerkonferenz (KMK), diese orientieren sich wesentlich mehr an der Funktionsfähigkeit des Schulbetriebs und weniger an den Belangen der Kinder, die es zu einem bewußten, eigenverantwortlichen Leben hinzuführen gilt (vgl. Friberg/Hohmann 1980:11ff und Glumpler 1985:159ff).

## 6.3 Pädagogische Interventionen im schulischen und außerschulischen Bereich: Hilfsprogramme oder Selbstzweck?

Kontakte mit außerschulischen Institutionen kommen mit den süditalienischen Familien zustande, wenn ihren Kindern mit Lernschwierigkeiten eine gezielte Förderung angeboten wird, in der Regel geschieht dies von Kommunen, Kirchen und Jugendverbänden aus (Glumpler 1985:240). Häufig wird dabei versucht, Bildungs- und Freizeitangebote zu koppeln, um sowohl direkt auf das Schulleistungsverhalten der Kinder als auch nachhaltig auf ihr Lebensumfeld einzuwirken.

In Ballungsgebieten mit hohem ausländischen Bevölkerungsanteil haben sich häufig kirchliche Verbände (Caritas, Diakonisches Werk) oder freie Wohlfahrtsverbände (Arbeiterwohlfahrt) der Problematik der ausländischen Bürger angenommen; z.B. wurden sie im Initiativausschuß "Ausländische Mitbürger in Hessen" gemeinsam mit ausländischen Organisationen auf kommunalpolitischer Ebene aktiv, indem sie das kommunale Wahlrecht für die ausländischen Mitbürger forderten (vgl. Lüderwald 1986:197), eine Forderung, der in Frankfurt und Umgebung mittlerweile stattgegeben wurde.

Die hier eingesetzten Mitarbeiter sind u.a. in beratender Form tätig, zuweilen werden auch Weiterbildungsangebote für Erwachsene vermittelt, Hilfestellungen gegeben zur Regelung ihrer aufenthalts-, wie auch miet- und arbeitsrechtlichen Situation (ebenda:194ff). An konfessionelle Kindergärten angeschlossene Horts bieten teilweise Hausaufgabenhilfe mit dem Schwerpunkt auf der Betreuung der ausländischen Schüler mit Lernproblemen an. Hier werden oftmals studentische Hilfskräfte auf Honorarbasis eingesetzt.

Vor vielen Jahren bereits haben sich in einigen deutschen Ballungsgebieten Initiativgruppen gebildet, die über diverse Freizeitangebote einen wichtigen Beitrag zur Integration ausländischer Eltern und Kinder in die deutsche Gesellschaft geleistet haben (Vink 1980:334ff). Ihre Entstehung ging u.a. auf engagierte Seminararbeit an Hochschulen oder pädagogischen Instituten zurück, die eine Zeitlang als wissenschaftliche Forschungsprojekte gefördert wurden. Die zeitlich begrenzte Finanzierung derartiger Projekte und eine daraus resultierende mangelnde Kontinuität wirkt sich jedoch besonders nachteilig auf die Schaffung einer Vertrauensbasis zu Schülern und Eltern aus. Hoffnungen werden geweckt, die dann nach Ablauf des Projektes einer tiefgreifenden Desillusionierung weichen müssen: das Ausbleiben der Gelder, die fehlende Zuständigkeit öffentlicher Einrichtungen (vgl. Hoppe 1992:139 und Drygala 1992:142). Die geringe finanzielle Belastbarkeit der Familien machen eine Fortsetzung der Betreuungsprojekte auf privater Ebene unmöglich, somit werden erreichte Fortschritte schnell wieder zunichte gemacht und lassen bei Eltern und Kindern eine tendenzielle Abwehrhaltung für spätere Fördermaßnahmen aufkommen.

Wie u.a. Glumpler (1985:240) beschreibt, sind bei außerschulischen Fördermaßnahmen verstärkt ehrenamtliche Mitarbeiter tätig. Im Rahmen nachbarschaftlicher Kontakte engagierter Zeitgenossen konnten private Initiativen entstehen (vgl. Kuhlen 1986:9ff, 29ff), die sowohl schulorientiert die Stabilisierung leistungsschwacher ausländischer Kinder wie auch Angebote zur gemeinsamen Freizeitgestaltung beinhalteten.

Gerade für den Fall akuten Schulversagens hat sich eine nationale Institution wie die Schulabteilung des Italienischen Generalkonsulats Frankfurt als unterstützende, helfende Adresse empfohlen. Entsprechend der Konzeption sollten auch diejenigen Eltern auf unbürokratischerem Wege Hilfe für ihre Kinder erhalten, die selbst nur geringe Deutschkenntnisse hatten und sich deshalb nur unzureichend um deren schulische Belange kümmern konnten (vgl. Tomaselli 1982:II und Liguori-Pace 1983 und 1986). Die Eltern ihrerseits erwarteten bei ihren Landsleuten dort in der Verwaltung zumindest, auf Verständnis für ihre teilweise recht verfahrene familiäre Situation zu stoßen und ein funktionierendes Rezept für die schulische Verbesserung ihrer Kinder vorgelegt zu bekommen. In Anlehnung an das Kühn-Memorandum von 1979 und im Hinblick auf die wachsende Zahl italienischer Schulabgänger mit geringen (oder gar keinen) Deutsch- und Italienischkenntnissen, den sogenannten "Analphabeten in 2 Sprachen" (v. Klitzing 1983:52) - Müller spricht in diesem Zusammenhang von einer "doppelten Sprachlosigkeit" (1973:97) - war 1980 durch den Schulausschuß des Italienischen Generalkonsulats (Co.As.Sc.It.) das Förderprojekt gegründet worden. Als Nachhilfelehrer wurden deutsche Honorarkräfte eingestellt, die ein abgeschlossenes Studium mit pädagogischem, psychologischem oder sozialwissenschaftlichem Schwerpunkt absolviert hatten, zumeist arbeitslose Lehrer, Diplom-Pädagogen oder -Soziologen.

Das Verhältnis der Institutionen untereinander - wie im speziellen Fall von nationaler Schulabteilung und deutscher Schule - ist durch ein großes Konfliktpotential belastet. Mit ihrem Interventionskonzept im Hausaufgabenbereich sowie im Lehrergespräch stellt die nationale Schulabteilung teilweise die Realisierung von Bildungsidealen und -inhalten in der deutschen Schule (vgl. u.a. Tomaselli in: Co.As.Sc.It. 1982:II) in Frage, nämlich allen Kindern gleichermaßen Kenntnisse, Wissen und Bildung zu vermitteln. Sie versucht nun ihrerseits, diese Lücke mit Hilfe der Betreuungsangebote zu schließen.

Eine Zusammenarbeit auf multinationaler Ebene würde dabei die Effektivität der Intervention erheblich steigern, in der Realität entsteht allerdings - wenn auch zum Teil unbewußt - sehr häufig eine Konkurrenzsituation zwischen nationaler Behörde und deutscher Schule bezüglich ihres ungeteilten Machtanspruchs auf. Deutsche Lehrer fühlen sich seitens der italienischen Schulabteilung zu sehr "auf die Finger geschaut" und von den pädagogischen Betreuern vorschnell kritisiert und stehen einer Zusammenarbeit oft reserviert gegenüber. Mit viel diplomatischem Geschick gelingt es den pädagogischen Betreuern zuweilen, ausgleichend zu wirken und die Vorbehalte zugunsten der

Kinder zu zerstreuen. Es besteht aber gerade an diesem Punkt die Gefahr, daß die Positionen um unterschiedliche Auffassungen und Zielsetzungen innerhalb der verschiedenen Institutionen sich derart verhärten, daß der entstehende Machtkampf für den Betreuer zu einer konflikthaften Gratwanderung wird (Siehe Kap. 6.4).

In der Grundschule, so zeigen Müllers und Reisers Untersuchungen (Müller 1973:95ff; Reiser 1981:33f), findet häufig eine Stigmatisierung der ausländischen Schüler statt. Nach Schrader et al. werden im Grundschulbereich vielerorts "Ermutigungszensuren" gegeben (Schrader et al. 1976:155), während anschließend im Hauptschulbereich eine sehr viel strengere Bewertung der ausländischen Schüler erfolgt - das offizielle Schulversagen wurde damit herausgezögert, die Lerndefizite haben sich in der langen Zeit jedoch aufgestaut. In dieser unterschiedlichen und wechselhaften Bewertung kommt die Unsicherheit vieler Lehrer zum Ausdruck, bereits zu Beginn der Schullaufbahn zu selektieren.

Im weiteren Verlauf mag die große Diskrepanz zwischen fach- und umgangssprachlichen Fähigkeiten der Schüler eine Ursache dafür sein, daß es dem Lehrer nur sehr schwer gelingt, Objektivität in der Beurteilung der tatsächlichen Leistungsfähigkeit seiner Schüler zu gewährleisten. Glumpler weist auf den Ermessensspielraum des Lehrers bei der Beurteilung hin und stellt im Leistungsvergleich deutscher und ausländischer Schüler keine "deutlichen Abstände" fest, die Bewertungen fielen jedoch zum Nachteil der ausländischen Schüler aus (Glumpler 1983:209).

Auch die vordergründig als schonende Maßnahme angewandte Praxis der Zurückstufung in eine niedrigere Klasse hat für den Werdegang der Schüler in erster Linie negative Konsequenzen. Von den Lehrern wird dies zumeist damit begründet, daß man dem Kind die Möglichkeit geben möchte, sich länger und ausführlicher auf die bevorstehenden Leistungsanforderungen vorbereiten zu können, leider wird dabei jedoch außer acht gelassen, daß sich gerade im Grundschulalter ein größerer Altersunterschied auf Grund des unterschiedlichen körperlichen und geistigen Entwicklungstandes für die Kinder auf ein gemeinsames Lernen negativ auswirkt. So tritt nach Glumpler nicht der Aspekt der Hilfestellung in den Vordergrund, der ein Zurückstufen empfehlen könnte, sondern derjenige, daß Orientierung in der Gruppe der Gleichaltrigen und positive Identifikation nicht ermöglicht werden, wenn z.T. mehr als 2 Jahre des Altersunterschieds zu überbrücken sind. Die negative psychologische Wirkung, erreicht durch die Überalterung der ausländischen Schüler, wird durch die sprachliche Überlegenheit ihrer jüngeren deutschen Mitschüler noch einmal verstärkt. Dies führt letztendlich dazu, daß Motivation, Konzentration und Durchhaltevermögen bei den ausländischen Schülern kontinuierlich abnehmen (Glumpler 1985:212), negative Auswirkungen drücken sich nicht zuletzt als verstärkte Aggressivität im Sozialverhalten aus. Der so entstehende und sich immer wieder selbst verstärkende Negativtrend liefert nicht selten so manchem vorurteilsbehafteten Lehrer immer wieder aufs neue den Beweis für die vermeintliche Untragbarkeit der betreffenden Schüler. Ein Argument für eine Sonderschuleinweisung basiert auf demselben Faktor 'großer Altersunterschied': Gerade weil in der Sonderschulklasse ein höherer Altersdurchschnitt vorlag und das Kind hier mit Gleichaltrigen Kontakt finden konnte, wurde die Sonderschuleinweisung befürwortet (Ude-Pestel 1981:165).

Für den täglichen Schulbetrieb sind Klassen mit hohem ausländischen Schüleranteil bei den Lehrern nicht sonderlich beliebt: Auf der einen Seite kann durch vielschichtige Problematiken der einzelnen Kinder der normale Unterricht nicht immer geradlinig und an "objektiven Lernstoffen" orientiert durchgeführt werden. Innerhalb des Klassenverbandes wächst das Konfliktpotential, das vom Lehrer unter Kontrolle zu halten und zu beschwichtigen ein hohes Maß an pädagogischem Geschick und Einfühlungsvermögen verlangt. Konfliktträchtige Klassenverbände implizieren dabei einen zunehmend arbeitsintensiven Lehrerjob. Auf der anderen Seite böte sich gerade durch die breite Palette an persönlichen Erfahrungen ein Lern- und Arbeitsfeld im Rahmen des situativen Ansatzes (vgl. Iben, Chassé), das für jeden Schüler des Klassenverbandes neue Horizonte eröffnen könnte. Doch auch im Kollegenkreis gilt besonders großer Einsatz für die "Konfliktfälle" und das Einschlagen neuer pädagogischer Wege eher als exotisch.

Auf die Kritik vieler deutscher Eltern, der für ausländische Kinder engagierte Lehrer vernachlässige seine deutschen Schüler (Reiser

1981:59), wurde bereits in Kap. 6.2 hingewiesen. Auch Boos-Nünning/Hohmann zeigen das strukturelle Problem auf, das sich ergibt, sobald stärker auf die spezifischen Anliegen der ausländischen Schüler eingegangen wird (1980:53), obwohl ihre Motivation, die Lern- und Leistungsbereitschaft erheblich ansteigen, sobald sie sich vom Lehrer aktiv unterstützt fühlen (ebenda:49). Stattdessen hat sich bei einem Großteil der Lehrer Resignation ausgebreitet, die ihr Engagement in dieser Richtung stark einschränkt (ebenda:44). Bezüglich der Förderung und Beurteilung in der Schule verweist Schirmacher auf die Freiräume des einzelnen Pädagogen. Diese bieten auf der einen Seite eine nicht zu unterschätzende Möglichkeit der positiven Auslegung und eines großen Handlungsspielraumes. Allerdings ist von ganz entscheidender Bedeutung, daß es sich dabei um "ein Spiel mit einer großen Unbekannten" handelt. Diese Freiräume, die er - Lehrer, Schulleiter, beurteilender Sonderpädagoge - nutzen kann, liegen in seinem subjektiven, mehr oder weniger wohlwollenden Engagement gegenüber den Schülern. Dagegen steht auf der anderen Seite das Bestreben des Schulsystems und damit implizit auch das jedes seiner Lehrer, die Handlungsfähigkeit des Schulsystems sicherzustellen (Schirmacher 1989:125).

Schirmacher fordert in ihrer Konzeption zum "Aufbau technischer Kompetenz" für die lernbehinderten ausländischen Schüler eine Offenheit in der Pädagogik, deren Zielsetzung einzig darauf ausgerichtet sein sollte, daß die betreffenden Kinder befähigt werden, sich in unterschiedlichen Gesellschaften zurechtfinden und sich am jeweiligen gesellschaftlichen Handeln beteiligen zu können. Dies ist zu verstehen als übergeordnetes Ideal von Bildung und Erziehung, das zwar theoretisch in verschiedenen Institutionen Eingang gefunden hat, seine Umsetzung in die Praxis jedoch ist nach wie vor weit zurückgeblieben. Zu dieser Problematik kommt erschwerend die gesellschaftspolitische Komponente hinzu: Schirmacher nennt in diesem Zusammenhang Kula, der die deutsche Ausländerpolitik als sehr unflexibel darstellt, da die durch die Migranten veränderten Strukturen im Bildungssystem einen viel zu geringen Niederschlag finden. "Die Realität ausländischer Schüler wird nicht anerkannt, sondern nur im Verhältnis der gelungenen Sozialisation gesehen. Daher rührt der Irrglaube, mit variierten administrativen Maßnahmen, mit einem 'ausländisch' ausgerichteten Förderungskatalog bekannter Machart eine durchgreifende Änderung ihrer Situation erzielen zu können ... Wir wissen heute noch buchstäblich zu wenig, wen wir fördern, und so ähneln viele Versuche und Maßnahmen einem Herumstochern im Nebel" (Schirmacher 1989:19f).

Mit der Einrichtung der Sonderschule für Lernbehinderte hat das Schulsystem einen Weg gefunden, den Verantwortungsbereich der Regelschule sehr einzugrenzen: Schüler, die auf Grund einer völlig unterschiedlichen Lebenswelt im Schulalltag mit großen Anpassungsschwierigkeiten zu kämpfen haben, sind die ersten, die dabei hinausfallen. Sobald die Förderung bestimmter Kinder in der Regelschule nicht mehr gewährleistet ist, werden Sonderschul-Aufnahmeverfahren eingeleitet; Reiser weist auf die eindeutige Verknüpfung von Lernbehinderung und Schule hin: "Lernbehinderung ist eine Behinderung, die nur in der Schule und erst in der Schule auftritt, z.T. durch die Schule verursacht wird und auch nur hier diagnostiziert wird ..." (Reiser 1981:28).

Ausgehend vom systemsoziologischen Erklärungsmodell ist Lernbehinderung nach Bleidick Resultat schulischer Leistungsselektion und Institutionendifferenzierung: "Schule als soziales System und Teilsystem von Gesellschaft verfolgt den Zweck, gesellschaftlich gesetzte Lehrinhalte zu vermitteln" (Bleidick in: Schirmacher 1989:125). "Schulrecht und Schulverfassung gewährleisten einerseits, daß optimaler gelehrt werden kann, andererseits produzieren sie Schulversager und Lernbehinderte. Dadurch reduziert sich die Komplexität des großen Systems" (ebenda:125). Die Institution Schule baut innerhalb ihrer selbst Kompetenzen, Zuständigkeitsbereiche auf, die entlastend gegenüber anderen Teilbereichen wirken sollen. Es drängt sich hierbei die Frage auf, was mit dieser Aufteilung erreicht werden soll, ob nicht dadurch zwangsläufig Wertigkeiten festgeschrieben werden, die aufzulösen im Nachfolgenden unmöglich sind, ohne dabei eine ganze Reihe problematischer Begleiterscheinungen mit beheben zu müssen.

Wissensdefizite über die Möglichkeiten der Förderung in der Sonderschule sind bei den Lehrern der Regelschule leider keine Seltenheit: Da sie überfordert sind, alle Kinder entsprechend ihrer Bedürfnisse zu fördern, sind sie froh über die Existenz der Institution Sonderschule, zumal hier der Umgang mit den spezifischen Problemen der "lernbehinderten" Kinder bekannt ist. In jedem Falle kann der Lehrer der Regelschule hierüber sein Gewissen entlasten. Schirmacher gibt innerhalb ihrer Forderung nach dem Aufbau technischer Kompetenz für lernbehinderte ausländische Schüler gleichzeitig mit Bleidick zu bedenken, daß die Beurteilung von Sonderschulbedürftigkeit eine besondere Künstlichkeit beinhaltet, da diese vom Sonderschullehrer mit einer vagen Vorstellung des "normalen Verhaltens einerseits und der Tragfähigkeit der allgemeinen Schule andererseits" (ebenda:171) vorgenommen wird, ohne die fehlende kulturelle Gemeinsamkeit beider Seiten zu berücksichtigen.

Den momentanen positiven Effekt, den die Überstellung in die Sonderschule für das betreffende Kind haben kann, wie geringere zeitliche Anforderungen bezüglich der Lerninhalte, kleinere Klassen o.ä., überdeckt nur allzu leicht die Konsequenzen, die sich für die Jugendlichen aus dem Sonderschulbesuch zukünftig ergeben können. Über diese sind nur die wenige Lehrer der Regelschule tatsächlich informiert. Damit spreche ich nicht von den theoretischen Möglichkeiten, die selbstverständlich in unserer modernen, offenen Gesellschaft einem jeden Bürger zur Verfügung stehen, sondern von ihrer Realisierung: Ein heranwachsender Mensch, der Erfolgserlebnisse intellektueller Art in seiner Familie nicht hatte erleben können, der innerhalb der Bildungsinstitution Schule gleichermaßen ausgegrenzt wurde, weil er auf die Bildung eben nicht bereits "von Hause aus" zurückgreifen konnte und auf diesem Wege als sonderschulbedürftig eingestuft wurde, konnte dort durch die geringere Leistungsorientierung und vielleicht eine menschlich aufgeschlossene Lehrkraft eine tiefere Zuwendung erfahren; die daraus geschöpfte Kraft wird sich möglicherweise später - in einer selbstbewußten Erweiterung des eigenen Horizontes als Erwachsener - auswirken können. Für das Selbstbewußtsein des jugendlichen Sonderschulabgängers erweist sie sich jedoch nur als bedingt tauglich, wenn für die Gesellschaft seine/ihre Ressourcen oberflächlich gesehen nicht von Nutzen sind, weil nicht mit den Maßstäben unserer Hochleistungsgesellschaft meßbar.

Dazu zählt beispielsweise die Tatsache, daß die Chancen bei der späteren Berufswahl für ehemalige Sonderschüler sehr gering Chancen sind (vgl. Reiser 1981:25). Eine gewisse Abhilfe kann zwar durch pädagogische Berater/Berufsberater geschaffen werden, die sowohl die Ausbildungsstätten kennen als auch über die Problematik der Sonderschul-Abgänger informiert sind und eine Vermittlerrolle übernehmen (vgl. Neise 1981:140ff). "Es hat sich gezeigt, daß mit einer persönlichen Einflußnahme [des Beraters, Anm. d. Verf.] viele Bedenken von potentiellen Ausbildern ausgeräumt werden konnten" (ebenda:148). Grundsätzlich ist jedoch in der heutigen Zeit die Berufswahl für Sonderschulabgänger sehr eingeschränkt. Es ist die Fortsetzung des Trends, der sich schon für jugendliche Hauptschulabgänger darstellt.

Auf den ersten Blick menschlicher und mehr an den Belangen der ausländischen Kinder orientiert, stellt sich der zweisprachige Ansatz, wie z.B. das Bayerische Modell, dar (Glumpler 1985:168ff). Die offizielle Argumentation beruft sich auf die gute Akzeptanz seitens der Eltern. Durch das starke Gewicht des muttersprachlichen Unterrichts ist es verständlich, daß viele Eltern dieses Angebot der Schule annehmen, schon allein, um eine "Brücke zur Heimat" auch für ihre Kinder aufrechtzuerhalten. Kontakte zu den muttersprachlichen Lehrern fallen ihnen darüber hinaus leichter als zu deutschen, sie werden als Bindeglied akzeptiert, da man bei ihnen Verständnis für die familiäre Situation in der Fremde voraussetzt. So erweckt dieses Schulmodell oberflächlich den Eindruck, das Bezugssystem zwischen familiärer und heimatlicher Lebenswelt aufrechtzuerhalten und mit dem muttersprachlichen Lehrer sogar noch einen "Anwalt" geliefert zu haben. Bei genauer Betrachtung fördert die Realisierung des Bayerischen Schulmodells jedoch eine über die Schulsituation hinausreichende Problematik, da die Institution Schule auf diese Art und Weise vermeiden kann, überhaupt Position zu beziehen zum Werdegang und der Rolle der ausländischen Schüler in unserer Gesellschaft. In dieser Weise äußerten sich Lücken innerhalb der Konzeption, daß die muttersprachlichen Klassen in einem bestimmten Jahrgang wegen zu geringer Nachfrage eingestellt wurden. Leidtragende waren in jedem Falle die betreffenden Schüler. Sie hatten kostbare Zeit in eine

"Bildungssackgasse" investiert und nunmehr keine Möglichkeit, sich gegen die Aufhebung ihrer muttersprachlichen Klassen zur Wehr zu setzen (Glumpler 1985:180ff).

Bezugnehmend auf muttersprachliche Klassen für die italienischen Kinder warnt Tomaselli vor dem Identitätskonflikt, der bei diesen durch Vorbereitungs- als auch durch muttersprachliche Klassen entsteht und verstärkt wird, weil sie "dadurch der objektiven Realität entfremdet werden, in der sie leben" (Tomaselli 1982:II). Er plädiert aus diesem Grund für Integration in die deutsche Schule und Gesellschaft unter Zuhilfenahme einer muttersprachlichen Beratung bzw. in Zusammenarbeit mit muttersprachlichen Lehrern.

Die Eltern haben weder genügend Selbstvertrauen, um für ihre Kinder die Rechte gegenüber der Schule durchzusetzen, noch fühlen sie sich kompetent, die schulischen Belange ihrer Kinder überhaupt zu beurteilen. Die Schule steht diesem elterlichen Verhalten eher verständnislos gegenüber und interpretiert es als mangelndes Interesse und Engagement. "Hauptschüler werden in der Regel nicht von ihren Eltern in diese Schulart [Hauptschule; Anm. d. Verf.] 'geschickt', sondern verbleiben dort, weil sie entsprechend der Übertrittsdiagnose ihrer Lehrkräfte für den Besuch einer Realschule oder eines Gymnasiums nicht geeignet sind. Der Besuch der Hauptschule stellt daher meist nicht eine aktive Entscheidung der Eltern gegen andere weiterführende Schulen dar. Er ist vielmehr, sofern er nicht durch endogene Faktoren bedingt ist, das Resultat geringer oder fehlender Planung und Förderung des Bildungsgangs." (ebenda:129).

Zu den Vorzügen des Bayerischen Offenen Modells zählt Glumpler die Möglichkeit, daß zweisprachige Klassen in der Anfangsphase der Schullaufbahn Verständigungsprobleme überbrücken helfen. Eine Kluft entsteht erst später durch die unterschiedlichen Qualifikationen, die zwischen zweisprachiger und Regelklasse erteilt werden. Auch ist die Weiterführung des zweisprachigen Ansatzes in Realschule oder Gymnasium nicht vorgesehen (Glumpler 1985:176). Die Wahlmöglichkeit der Muttersprache als erste Fremdsprache anstelle von Englisch oder Französisch stellt sich im weiteren Verlauf als Farce dar, denn damit ist eine "Bildungs-Sackgasse" bereits vorprogrammiert: Keine weiterführende Schule würde als Ersatz für fehlende Englischkenntnisse stattdessen perfektes Türkisch oder Italienisch akzeptieren.

Hier erscheint die Idee einer Entlastung der Schüler bei gleichzeitiger Aufwertung ihrer Heimatsprache im Endeffekt als doppelte Diskriminierung: Zuerst wurde die Illusion der Gleichwertigkeit der Heimatsprache vermittelt, doch zum Schluß ist durch das Fehlen der "echten" Fremdsprache der Weg beispielsweise zum Realschulabschluß verschlossen. Die Motivation für ein späteres Nachholen der Fremdsprache ist unter diesen Vorzeichen nur sehr schwer zu erreichen.

Muttersprachliche Schulmodelle verdeutlichen neben der Zielsetzung, Kultur und Tradition der Heimatländer zu vermitteln, die Zwangslage, in der sich die Erziehungs- und Schulpolitik befindet. Modelle werden nach ihrer theoretischen Ausarbeitung unter Vorgabe bestimmter formaler Bedingungen in die Realität umzusetzen versucht, ein Nicht-Erfüllen würde das gesamte Konzept zunichte machen. Hohmann/Linke (1975:30) beschreiben die Lehrer, die mit der Problembewältigung grenzenlos überfordert sind, als "Verwalter des allgemeinen gesellschafts-, bildungspolitischen und curricularen Notstandes". Zweisprachige Klassen übernehmen für die Kinder eine Inselfunktion, Kontakte werden nationalitätenspezifisch geknüpft, ein "natürliches Zusammenwachsen" innerhalb eines multikulturellen Klassenverbandes wird somit unterbunden (Zografou 1982:126ff). Angesichts fallender europäischer Grenzen auf der einen und wachsender ausländerfeindlicher Tendenzen (vgl. u.a. Lüderwald in: Kuhlen 1986:208f) innerhalb der Bevölkerung auf der anderen Seite ist die Forderung nach einer eindeutigen Standortbestimmung der deutschen Schul- und Bildungspolitik besonders wichtig.

Das Selbstverständnis der nationalen Schulbehörde zeichnet sich durch einige Besonderheiten aus, die durch Verstrickungen auf verschiedenen Handlungs- und Beziehungsebenen ihren Niederschlag finden.

Im praxisorientierten Arbeitsfeld bezieht sich dies auf das Verhältnis zu den

- deutschen Schulbehörden

- deutschen und italienischen Wissenschaftlern
- eingesetzten deutschen pädagogischen Betreuern
- süditalienischen Familien.

Weiterhin unterliegt die Schulabteilung des Generalkonsulats natürlich der hierarchischen Anordnung innerhalb der eigenen Institution. Hier werden intern Fördermittel für Projekte bewilligt, somit nimmt die gesamte Institution durch die Freigabe von finanziellen Mitteln auf die pädagogischen Hilfsangebote indirekt Einfluß. Für die vorliegende Untersuchung sind die erstgenannten Beziehungsstrukturen von größerer Bedeutung, da sie direkte Auswirkungen auf die pädagogische Praxis haben; mit ihnen sind Erfolge und Mißerfolge des pädagogischen Einsatzes, Unklarheiten und zum Teil nicht auflösbare Widersprüche verbunden.

Der Umgang mit der deutschen Schulbehörde ist sehr formell gestaltet und versucht meist mit Erfolg, über den Einsatz rechtlicher Maßnahmen projektierte Sonderschuleinweisungen zu verhindern oder zumindest aufzuschieben. Es herrscht zwischen den beiden Behörden eine Art stillschweigender Abmachung, gegenseitiges Respektieren erfolgt auch, um eine mögliche Auseinandersetzung mit diplomatischen Kreisen zu vermeiden. So hat die Schulabteilung in den Fällen, in denen sie rechtzeitig von drohender Sonderschuleinweisung erfährt, gute Chancen, diese zu verhindern.

Die Suche nach wissenschaftlicher Begleitung der Nachhilfe- und Betreuungsprojekte erwies sich im Falle des Italienischen Generalkonsulats Frankfurt für die Phasen von 1981 bis 1983 und von 1983 bis 1987 abhängig von mehreren Faktoren. In der ersten, psychoanalytisch orientierten Phase wurden sehr hohe Ideale verknüpft mit exakt ausgearbeiteten Programmen (vgl. Co.As.Sc.It. 1982). Die Betreuer verpflichteten sich zum Verfassen sehr ausführlicher Berichte, der Einsatz von Supervisoren gewährleistete eine relativ gute Aufarbeitung und Weiterentwicklung des Erkenntnisstandes für die pädagogisch-psychologisch tätigen Betreuer(innen). Es entstand jedoch im Laufe der Zeit eine gewisse Diskrepanz zwischen der Notwendigkeit einer aktuellen schnellen Erfolgsbilanz und der - analog zur psychoanalytisch/therapeutischen Praxis - wesentlich länger als auf Halbjahresfrist konzipierten Bewußtmachungsprozesse. Darüber hinaus war durch das Bereitstellen von Supervision und wöchentlichen Betreuer-Sitzungen, die anfangs auch vergütet wurden, der Kostenfaktor sehr hoch, so daß das Projekt bereits daran zu scheitern drohte, bevor sich Erfolge in den Betreuungen einstellten.

In den darauffolgenden Jahren versuchte man nun mit erheblich weniger finanziellen Mitteln und mit einer geringen psychologischen Unterstützung der Betreuer (keine Supervisionsangebote, keine Betreuersitzungen), ein effektiveres Konzept für die pädagogische Arbeit mit den süditalienischen Familien auszuarbeiten. Die Suche nach wissenschaftlichen Begleitern des Projektes führte zu Hochschullehrern, die in der pädagogischen Arbeit mit Randgruppen bzw. speziell mit ausländischen Kindern spezialisiert waren, doch war die längerfristige fachliche Begleitung des Projektes lange Zeit von dem "Schwebezustand" abhängig, ob es von seiten des italienischen Staates oder aus Mitteln der EG weiter finanziell unterstützt wurde.

Dieser ungewisse Zustand machte sich auch bemerkbar in der Anwerbung der deutschen Betreuer(innen): Darauf muß besonders hingewiesen werden, da man vom Comitato Assistenza Scolastica Italiana (Co.As.Sc.It.) italienischstämmige Nachhilfelehrer (u.a. Kinder der zweiten Generation, die den Sprung zum Bildungserfolg geschafft hatten) ablehnte[31].

Ein Grund hierfür kann in der indirekten Schuldzuweisung an die deutschen Pädagogen zu finden sein: Der Vorwurf der diskriminierenden schulischen Praxis in Deutschland konnte gegenüber deutschen Nachhilfelehrern leichter aufrechterhalten werden. Obwohl diese die weit verbreitete Praxis der verfrühten Sonderschulaufnahme verurteilten und mit ihrer Betreuungstätigkeit einen aktiven Beitrag zu einer Veränderung leisteten, entstand durch die italienischen Mitarbeitern

---

[31] Meine Angaben beziehen sich auf den genannten Zeitraum bis Ende 1987; mittlerweile hat diesbezüglich ein gewisses Umdenken stattgefunden. Ich persönlich sehe im Einsatz italienischstämmiger Nachhilfelehrer eine doppelte Chance für eine erfolgreiche Betreuungsarbeit mit Kindern und Eltern, da ihnen die Innenansicht des Widerspruchs zwischen Familientraditon und schulischen Anforderungen möglich ist und sie gleichzeitig durch ihre (süd)italienische Herkunft eine leichter zu akzeptierende Identifikationsfigur darstellen.

des Konsulates eine gewisse nationale Polarisierung: Unausgesprochen stand dahinter die Vermutung, daß, sobald die Betreuer selbst im beamteten Lehrberuf tätig sind, auch die diskriminierenden Maßnahmen verordnen werden, die sie in der aktuellen Betreuungsphase bekämpfen.

Das Verhältnis zwischen den Mitarbeitern der Schulabteilung und den süditalienischen Eltern war geprägt von traditionellen süditalienischen Beziehungsmustern wie dem *clientelismo*, der bereits weiter oben beschrieben wurde. Die Eltern nahmen sehr hoffnungsvoll die Hilfsangebote an, wurden jedoch durch die bürokratischen Anforderungen bald davon abgehalten, persönlich bei der Abteilung vorzusprechen. Dies war notwendig, um den Erhalt der Betreuungsstunden zu garantieren, die Eltern mußten trotz festgelegter Uhrzeit für jeden Gesprächstermin mindestens einen halber Tag Urlaub nehmen, da immer mit langen Wartezeiten zu rechnen war. Und dies konnte sich keine der süditalienischen Familien einmal monatlich leisten.

## 6.4 Der außerschulische Betreuer im Kreuzfeuer der Institutionen

Die in den meisten Fällen zumindest indifferente Haltung von Schule und Lehrern gegenüber ihren ausländischen "Problemschülern" wurde an anderer Stelle bereits erörtert. Mit dem Einsatz von pädagogischen Betreuern im Hausaufgaben- bzw. Freizeitbereich kommt von außen eine Möglichkeit hinzu, Kontakte und gegenseitiges Verständnis zwischen Lehrern, den betreffenden Schülern und deren Eltern zu verbessern bzw. überhaupt erst einmal aufzubauen.

Mit ihrem Einsatz ergibt sich jedoch auch ein neues Konfliktfeld: Da die Betreuer im außerschulischen Bereich agieren, treffen in der Auseinandersetzung zwischen ihnen und den Lehrern zwei unterschiedliche Interessenlagen aufeinander. Schule und Lehrer fühlen sich nicht grundsätzlich zur Zusammenarbeit verpflichtet, d.h. eine Betreuung muß hier erst einmal um Wohlwollen und Unterstützung bei den jeweiligen Klassenlehrern und Schulleitern werben, wobei offen bleibt, ob sie sich der betreuerischen Sichtweise anschließen. Trotzdem ist es unbedingt notwendig, daß die Betreuerpersonen zum Wohle der süditalienischen Kinder einer kontroversen Diskussion der Problematik in der Schule nicht aus dem Weg gehen. Indem sie diese beständig neu thematisieren, helfen sie mit, die Kinder ein Stück weit aus ihrer Anonymität herauszuheben.

Es treten hierbei ganz grundlegende Differenzen zwischen Betreuerperson und schulischer Institution auf, wenn die Vertreter letzterer keine Chance für das betreffende Kind zum Verbleib in der Regelschule sehen und deshalb einem Aufschub des Sonderschul-Aufnahmeverfahrens nicht zustimmen. Hier spielen eindeutig Machtfaktoren eine Rolle, die nicht unbedingt mit dem Bildungsauftrag vereinbar sind. Gleichzeitig entsteht daraus eine Polarisierung der pädagogischen Interessen von Schule und außerschulischem Hilfsangebot, die die Zusammenarbeit sehr belastet.

So beschreibt Tomaselli das Verhältnis zwischen Klassen- und Nachhilfelehrer als ein sehr gespanntes, besonders in dem Fall, daß die Integrationsversuche des Klassenlehrers fehlgeschlagen sind und er sich nunmehr entschieden hat, das betreffende Kind in der Sonderschule anzumelden. Er sieht im Nachhilfelehrer "häufig einen potentiellen Feind" (1982:II). Die Bewußtmachung dieses Phänomens sollte einen ersten Schritt zur Lösung der genannten Problematik darstellen. Dabei könnte als gemeinsamer Nenner die anzustrebende positive schulische Entwicklung des jeweiligen Schülers/der Schülerin dienen.

Da der Betreuer keiner schulischen Dienststelle direkt untersteht wie der Lehrer, besitzt er auch einen größeren Handlungsspielraum. Er kann ohne Rücksichtnahme auf Bestimmungen und Richtlinien sein Konzept des Förderprogramms nach den Belangen des jeweiligen Kindes und ausrichten und dessen Interessen mit einbeziehen. Er kann, ohne dabei auf Widerstand in der Kollegenschaft zu stoßen, in seinen Einzelbetreuungseinheiten die Ansätze des situativen Lernens (Iben) verwirklichen. Das Beziehungsfeld Kind-Betreuer wird auf die

Interessen, Bedürfnisse und Fähigkeiten des süditalienischen Kindes ausgerichtet. So kann auch hier eine Möglichkeit eröffnet werden, wie sie Chassé für die Arbeit mit sozial benachteiligten Kindern formuliert: "Uns scheint eine Chance darin zu liegen, die 'kindliche Form der Aneignung von Erfahrung' zu verlängern und so das Wissen zugänglich zu machen." (1992:162).

Unter der Lehrerschaft ist die Abwehrhaltung gegenüber dem situativen Lernen nicht durchgängig. Häufig kennt man die Möglichkeiten, die sich daraus für ein Kind ergeben, ohne daß es als "lernbehindert" diagnostiziert und in die Sonderschule eingewiesen wird. Doch gerade hier manifestiert sich die Diskrepanz zwischen den beiden Standpunkten: Es ist zum einen die Ratlosigkeit, derartige Ansätze in den Rahmen des Schulunterrichts zu integrieren, verbunden mit dem Gefühl eines möglichen Rechtfertigungszwanges gegenüber den "traditionellen" Lehrerkollegen, andererseits verhindert eine unklare Position gegenüber der Teilinstitution Sonderschule, die Kenntnis der Möglichkeiten und ihrer praktischen Umsetzung - die Auswirkung auf die Zukunft der Kinder - die Zusammenarbeit von Betreuer und Lehrer.

Parallelen zu den ambivalenten Erwartungen, mit denen Lehrer die Rolle der außerschulischen Betreuer ansehen, zeigen sich in den von Selvini-Palazzoli et al. (1978) geschilderten Erwartungen der Lehrer an die Schulpsychologen[32]: "Entweder soll der Psychologe die pädagogisch richtige Haltung der Lehrer und mithin, aufgrund seiner verbürgten wissenschaftlichen Autorität, die von ihnen bereits getroffenen Entscheidungen bestätigen; ... oder er soll die Verantwortung für den Fall selbst übernehmen, durch seine direkte Intervention den 'identifizierten Patienten' in seine Obhut nehmen und so die Lehrer von ihrer Verantwortung befreien" (ebenda:23). Der therapeutische Einsatz wird hier durch die Lehrer zwar positiv bewertet, aber nur, wenn sie durch ihn Selbstbestätigung erfahren. Als gegenteilige Reaktion - und damit als Konfrontation zwischen Lehrer und Schulpsychologen - kann der Schulpsychologe die Intervention ablehnen und sich weigern, "Fälle

---

[32] Ein gravierender Unterschied besteht natürlich darin, daß die erwähnten Schulpsychologen Teil des schulischen Apparates sind, und ihr Verhältnis zu den Lehrern eine völlig andere hierarchische Struktur aufweist als das Betreuer-Lehrer-Verhältnis.

von Nichtangepaßtheit zu übernehmen, da sie [die Therapeuten, Anm. d.Verf.] die Schule ja gerade als eine 'Fehlanpassung bewirkende' Struktur betrachten." (ebenda:41).

Der freiberuflich tätige Betreuer ist in erster Linie dem Wohl der Kinder unter Berücksichtigung ihrer familiären Situation und seinem eigenen Gewissen verpflichtet. Sein Aktionsradius erstreckt sich auf Familie, Kindergarten, Schulen und Sozialbehörden. Ihm kommt dadurch in mancher Hinsicht eine Schlüsselstellung zu: Bei ihm laufen Informationen über die familiäre Problematik zusammen, die den üblichen Rahmen institutioneller Einflußnahme weit überschreiten. Daher gehört zu seiner Betreuungsaufgabe Verschwiegenheit und eine absolute Loyalität gegenüber den Familien. Diese haben im gezeigten Zusammentreffen der verschiedenen Institutionen die schwächste Position und sind deshalb sehr auf Rückhalt und Wohlwollen durch den außerschulischen Betreuer angewiesen. Er gewinnt Einblick in die Familie, einen Bereich, der normalerweise für Außenstehende tabu ist (vgl. Oestreich 1978:17), und hat damit die Gelegenheit, das kindliche Verhalten in seinem konkreten Umfeld zu erleben, innerfamiliäre Reaktionsmuster zu erkennen und daraus Rückschlüsse auf die Lernstörungen des Kindes zu ziehen.

Innerhalb der Familien können Rollen- und Symptomverteilung erkannt und thematisiert werden. Für Eltern und Kinder lassen sich mit Hilfe von Deutungen bestimmte Verhaltensweisen und innerfamiliäre Inszenierungen und deren teilweise sehr einengende Funktion transparent machen. Mit dem Verbalisieren eigener Standpunkte ist ein erster Ansatz gefunden, die eigene Lebenssituation klarer zu erkennen. Inhalte, die auf Grund ihrer Neu- oder Andersartigkeit Angst machen und daher abgelehnt werden müssen, können durch eine offenherzige Auseinandersetzung mit der Betreuerperson bewußtseinsfähig gemacht, ursprüngliche Lebenskonzepte mit neuen Einsichten angereichert werden.

Zweites Aktionsfeld für den außerschulischen Betreuer ist die Schule. Im Gespräch mit Klassen- bzw. Fachlehrern erfährt er, wie sich das betreffende Kind innerhalb des Klassenverbandes verhält, seine Kontakte zu Mitschülern, Aktivitäten im Unterricht und - nicht zuletzt - die Wahrnehmung des Lehrers, seine Hypothesen über die Lernstörung. Je näher die Kontakte zu den Lehrern geknüpft werden können, um so mehr wird sich dabei herausstellen, wie weit die vorhandene Lernschwäche bereits fortgeschritten ist. Durch seine Darstellung könnten einzelne Konfliktsituationen herausgearbeitet werden, in denen die Beeinträchtigung der schulischen Lern- und Leistungsbereitschaft des Kindes besonders auffällig ist. Der Betreuer teilt - schon durch das unterschiedliche Umfeld der Intervention - nur einen kleinen Bereich mit dem Lehrer. Er arbeitet mit einzelnen Kindern, die das Lerntempo in der Klasse momentan nicht mithalten können. Innerhalb der Einzelbetreuung ist es ihm leichter möglich, auf die spezifischen Neigungen des Kindes einzugehen, seine individuellen Fertigkeiten zu verstärken und ihm Erfolgserlebnisse zu vermitteln. Seine Aktivitäten im Umgang mit dem lernschwachen Kind sind also völlig anders ausgerichtet als die des Lehrers in der Klasse. Trotz der vermeintlichen Unvereinbarkeit der beiden Positionen ist gerade hier die Chance zu sehen, den Teufelskreis der Lernstörungen außerhalb des schulischen Rahmens zu durchbrechen: Der Betreuer erlebt das Kind sehr viel intensiver und näher, sowohl in dessen häuslicher Umgebung als auch bezogen auf das reine Lernverhalten. In der Schulklasse hingegen sind Lern- und Sozialverhalten immer abhängig von der Auflösbarkeit der Widersprüche der verschiedenen erfahrenen Lebenswelten.

Mit dem regelmäßigen (auch telefonischen) Kontakt zu dem Lehrer durchbricht der Betreuer auch die "Sprachlosigkeit" (Müller) des Kindes. Indem er die Problematik des einzelnen Kindes (auch vieler einzelner) immer wieder aufs neue thematisiert, wird sie für den Lehrer in ihrer gesamten Bedeutung vermittelt. Es sind nicht mehr "die ausländischen Kinder" schlechthin, die in der Klasse für Unruhe sorgen, weil sie dem Unterricht nicht folgen können, sondern eigenständige Persönlichkeiten, die auf Grund ihrer spezifischen Problematik nur in dieser Weise aktiv am Unterricht teilnehmen können. Häufiges Nachfragen über einzelne Verhaltensweisen der Kinder im Unterricht, beispielsweise beim lauten Vorlesen, Rechnen oder im Sachunterricht, veranlassen den Lehrer, das Kind in der Klasse genauer zu beobachten. Plötzlich fallen ihm damit Verhaltensweisen auf, die als zaghafte Versuche, endlich dazuzugehören, verstanden werden können - für Klassenlehrer dann ein ganz neues Erleben, da sie das wenig teilnehmende kindliche Verhalten eher als Desinteresse bis hin zum regelrechten Boykott ihres Unterrichts interpretierten. Mit dem verstärkten Eingehen auf das Kind können sich Veränderungen im sozialen wie auch im Lernverhalten des Kindes wesentlich leichter entwickeln. Das Kind, das sich vom Lehrer als den anderen Klassenkameraden gegenüber gleichwertiger Teil akzeptiert fühlt, kann in seiner Umgebung genügend Selbstbewußtsein entwickeln, um neue Lernstoffe aufzunehmen.

Der außerschulisch betreuende Pädagoge wird so zum Bindeglied zwischen dem Lehrer und dem lernschwachen Kind, das dieser bereits aufgegeben hatte. Gleichzeitig kann der Lehrer den Betreuer als Unterstützer und Befürworter seines eigenen pädagogischen Auftrages betrachten, nämlich eine Schulklasse zu unterrichten, in der Kinder unterschiedlicher Herkunft und sozialer Gruppierungen gleichberechtigt nebeneinander vertreten sind. Selbst bei dem Versuch größtmöglicher Objektivität ist der Lehrer - schon auf Grund der Schülerzahl - oftmals versucht, Sympathien nach ihrer Anpassungsbereitschaft zu vergeben, gerade die lernschwachen Schüler fallen jedoch in ihrer Klasse häufig durch nicht angepaßtes Verhalten auf und provozieren dadurch beim Lehrer eine gefühlsmäßige Ablehnung, schon weil sie ihn mit ihrem Verhalten aus dem Konzept bringen können. Solche Gefühlsregungen bekommen nicht selten eine Eigendynamik, verstärken sich selbst und wirken sich nachhaltig auf die Lernschwäche dieser Schüler aus. Innerhalb dieses Mechanismus tritt dann die "self-fulfilling prophecy" ein: Das Erscheinungsbild des Schülers, der zu keiner Leistung zu motivieren ist, wird dem des "Störers" gleichgesetzt.

Der Gedankenaustausch mit dem Betreuer könnte dazu dienen, solche unbewußten Reaktionen aufzuklären und dem Lehrer eine differenziertere Sichtweise seiner Tätigkeit anzubieten. Das Aktionsfeld "Lehrerkontakt" ist für den betreuenden Pädagogen geprägt von diplomatischer Vorarbeit, wesentlich von seiner Überzeugungskraft hängt es ab, ob ein vom Lehrer bereits aufgegebenen Schüler doch weiter gefördert wird, um ihn aus der Rolle des "klaren Falles für die Sonderschule" herauszuheben. In vielen Fällen bedarf es einer Einstellungsänderung des Lehrers gegenüber dem betreffenden Schüler, damit dessen Fortschritte genügend Beachtung finden (vgl. Kap. 5.4.2.1: Familie A). Dieses Phänomen, das Iben mit dem von Merton geprägten Begriff der "self-fulfilling prophecy" beschreibt (1984:29), wird auch als *Pygmalion-Effekt* bezeichnet: "Die positive Erwartung ist wichtiger als noch so ausgefeilte Förderkonzepte" (ebenda:30).

Dritter Ort des Handelns ist für den Betreuer die übergeordnete, weil die Fördermaßnahme finanzierende Behörde. Unabhängig von der Art der Institution, ob deutsche Schulbehörde, kirchliche, oder aber - wie im Förderprojekt der italienischen Kinder mit Schulschwierigkeiten - eine nationale Schulbehörde, ist er mit ihr, weniger direkt als indirekt, verbunden. Formale Bedingungen, Ausarbeitung der Zielsetzung und theoretische Vorbereitungen werden mit den dort tätigen Mitarbeitern besprochen. In den meisten Fällen wird die theoretische Planung von der Institution in Zusammenarbeit mit Fachleuten erarbeitet, bevor die Intervention beginnt. Zwischen Betreuer und Institution besteht ein Abhängigkeitsverhältnis: Der Betreuer bezieht in der Regel sein Honorar von ihr. Er ist dabei durch eine relativ lose vertragliche Vereinbarung arbeitsrechtlich kaum abgesichert.

Die übergeordnete Verpflichtung, die Förderung der schulschwachen Kinder, die eigentlich niemals außer acht gelassen werden dürfte, tritt dabei sehr oft auch für die Institution in den Hintergrund: Das Interesse der Institution hängt neben dem pädagogischen Auftrag an ihrer eigenen Stabilisierung. Eingesetzte Betreuerpersonen sehen darin häufig eine Unvereinbarkeit mit ihrem pädagogischen Auftrag und beklagen sich über eine zu geringe Flexibilität der Institutionen.

Hoppe beschreibt die Konflikte, die sich aus der Interessen-Ungleichheit von Träger und Erzieher ergeben können. An letztere "wird die Anforderung gestellt, oft mit den geringsten Mitteln soziale Benachteiligung mit all ihren schwerwiegenden Folgen aufzuheben. Sie erleben sich daher oft als diejenigen, die gesellschaftliche Mißstände, deren Opfer die Kinder sind, allein beheben sollen." (1992:137). Einen Konsens zu finden, gestaltet sich unter diesen Bedingungen recht schwierig, zumal die Abhängigkeit der Betreuerperson von der Honorarstelle sie gegenüber der Institution auch in eine ökonomisch schwache Position setzt. Das Aufgabengebiet der Betreuerperson beinhaltet also auch die Absicherung der Inhalte und Arbeitsweisen durch den Träger, einen Wohlfahrtsverband o.ä.

Hoppe plädiert dafür, die Forderungen der Erzieher mit den Interessen des Geschäftsführers des jeweiligen Verbandes abzustimmen, um auch ihm die Chance zu geben, innerhalb des Verbandes Unterstützung für die Einrichtung zu bekommen (ebenda:138). Auch der Stellenwert, den sie innerhalb des Verbandes genießt, kann durch eine intensive Öffentlichkeitsarbeit gesteigert werden. Da die Einrichtungen für sozial benachteiligte Kinder meist nur geringes öffentliches Interesse auf sich ziehen, ist ein Ausbau dieses Bereiches besonders wichtig (ebenda:139).

Wie beschrieben, beinhaltet die außerschulischen erzieherischen Betreuertätigkeit, wie beinahe jeder andere Arbeits- und Lebensbereich auch, eine Fülle an Konfliktstoffen. Die besondere Brisanz der vorliegenden Problematik liegt jedoch darin, daß durch den Faktor *Zeit* innerhalb des Bildungsapparates eine wiederholte Reproduktion menschlicher Absteigerschicksale stattfindet. Die "Vorläufigkeit des Lebens", unter der die aktuelle Lebensgestaltung vieler süditalienischer Eltern noch heute leidet, wird damit auch hier wiederholt: "Einzelne Erziehungsfehler und Unterrichtsmängel sind mit Verstand und glücklicher Hilfe zu revidieren. Was aber Erziehung und Unterricht beziehungsweise was deren Verfehlung und Verkürzung in Kindheit und Jugend im Ganzen an Daseinsmöglichkeiten eröffnen oder verschließen, (...) das wird beim Aufwachsen, wird durch pädagogische Holzwege oder einen freigegebenen Bildungsgang wesentlich vorgezeichnet. Es ist nicht im ganzen wiederholbar, revidierbar, kompensierbar, beliebig zu verändern." (Ruhloff 1982:4).

# 7. Die familienorientierte Einzelbetreuung als Weg zur Behebung kindlicher Lernstörungen

## 7.1 Grundlegende Voraussetzungen

Die formulierte Zielsetzung der pädagogischen Intervention ist die Behebung der kindlichen Lernstörungen, die sich ansonsten - insbesondere im Hinblick auf die eingeschränkten Zukunftsaussichten des betreffenden Kindes - längerfristig als gesamtfamiliäres Problem darstellen würde.

Der Aufbau einer tragfähigen Konzeption, die in die Praxis umsetzbar und längerfristig realisierbar ist, beinhaltet die Verwirklichung des Rechtes der Kinder auf Erlangung von Lese- und Schreibkenntnissen bei gleichzeitigem Respektieren elterlicher Ängste und Abwehrreaktionen. Es bedarf dabei einer exakten Abstimmung der Methode auf die verschiedenen Wirkungskreise des Pädagogen. Ihrer besonderen Sensibilität hinsichtlich einer möglichen Bevormundung durch institutionelle Eingriffe in den familiären Bereich sollte dabei ebenso Rechnung getragen werden wie der Befürchtung eines elterlichen Autoritätsverlustes im familiären Bereich.

Durch die grundlegenden Überlegungen wird die Übertragung eines gravierenden Widerspruchs innerhalb der Lebenssituation der süditalienischen Arbeitsemigranten transparent, der auch in der Realisierung der Betreuungskonzepte seinen Niederschlag findet. Er beeinflußt in entscheidender Weise die Gratwanderung, in der sich die helfenden Pädagogen häufig befinden (Glumpler 1985; Cavalli-Wordel 1989. - vgl. auch Kap. 5).

Von außen an die Familien herangetragene Hilfsangebote legen oftmals eine Konzeption zugrunde, die nicht direkt an den Belangen der Familien orientiert ist. Diese Situation weist - wenn es sich auch um wohlgemeinte Angebote handelt - Analogien auf zu den aus der süditalienischen Heimat bekannten, institutionell geleiteten Formen der

Entwicklungshilfe, dem *sviluppo dall'alto* (Entwicklung von oben), mit "technokratisch-dirigistischem" Charakter (u.a. Harnack-Riaz et al. 1986:368). Er impliziert für die Betroffenen den Vorrang anderer - staatlicher - Interessen vor ihren tatsächlichen Bedürfnissen und wird eher assoziiert mit geringer Effektivität oder der Vergeudung von Geldmitteln[33]. Als Abwehr- und Schutzmechanismus dienen Beziehungsmuster wie das bereits weiter oben beschriebene des *clientelismo*. Von außen betrachtet beinhaltet dieses Verhalten bei den Eltern eine eher nehmende und konsumorientierte Haltung. Hilfsangebote werden in Anspruch genommen, bis sie "aufgebraucht" sind. Ihre Nutzung erfolgt nicht im Sinne einer gemeinschaftlichen oder am Gemeinsinn orientierten persönlichen Einstellung jedes Einzelnen[34], sondern entsprechend der weiter oben bereits erwähnten und von Giordano (1992) beschriebenen *Überlagerungsmentalität*, als Antwort und Reaktion auf jahrhundertelange Unterdrückung und Ausbeutung.

Seltener, aber durchaus erfolgreich in der neueren süditalienischen Geschichte verliefen Bestrebungen, die auf Ressourcen aus der Bevölkerung zurückgriffen: der *sviluppo dal basso* (Entwicklung von unten). So können z.B. Alphabetisierungskampagnen in Lukanien und Kampanien, bzw. in Sizilien durch die Sozialreformer Vinay, Duynstee und Dolci (vgl. Dolci 1965 und Reimann/Reimann 1985) als Beispiele dafür herangezogen werden. Das Erlernen gemeinsamen Handelns wurde oberstes Gebot für die betroffene Bevölkerung, Wissenschaftler und Techniker: "Doch wenn es den Fachleuten nicht gelingt, in die innere Welt dieser Menschen einzudringen, ihre Gefühle zu interpretieren und ihre Reaktionen vorauszusehen, mag ihre Arbeit wiederum umsonst sein. Die Leute müssen durch Erfahrung davon überzeugt werden, daß

---

33 Als Beispiel nennt Dolci die ERAS (Ente di riforma agraria siciliano), die in der Nähe von Roccamena 40 Häuser bauen ließ, diese wurden jedoch nicht an Strom- und Wasserleitung angeschlossen. Sie wurden daraufhin nicht genutzt, blieben unbewohnt, die Investitionen waren umsonst (Dolci 1965:354).

34 Parallelen hierzu finden sich in der Beschreibung von Schneider über den Aufbau von Kooperativen: "Weil der Höchstzuschuß zum Ankauf von Maschinen nur Genossenschaften gewährt wird, gründet man eine Kooperative, kauft einen Traktor, löst die Kooperative nach kurzer Zeit auf und gründet eine neue, bis reihum alle ihren 'persönlichen' Traktor haben." (1986:60)

diejenigen, die ihr Ziel erreichen wollen, gemeinsam suchen müssen." (Dolci 1965:16).

Bezogen auf gängige schulische und außerschulische Konzeptionen zur Behebung von Lernstörungen weisen die institutionellen Betreuungsangebote strukturelle Ähnlichkeiten zu dem oben genannten *sviluppo dall'alto* auf. Die Möglichkeit einer eigenen Beteiligung wird den Eltern kaum gegeben, was ihrem mangelnden Selbstvertrauen entspricht. Ihr vorhandenes bäuerliches "Miseria-Weltbild" erhält in dieser Konstellation vielmehr erneute Bestätigung, daß den Eltern für die Schulbildung ihrer Kinder keinerlei Kompetenz eingeräumt wird. Eine Veränderung wird - wenn überhaupt möglich - nach außen projiziert, denn eigentlich kann nur noch ein Wunder Abhilfe schaffen (Reimann/Reimann 1985:101). Doch selbst wenn dieses Wunder geschähe, könnte es als von außen kommend nicht angenommen, sondern müßte abgelehnt werden. Innerhalb dieses Auslagerungsmechanismus bleibt dann sowohl das Bewußtsein der eigenen Verantwortlichkeit als auch die Möglichkeit einer Veränderung verborgen.

Um Vorbedingungen zu schaffen, die einen anderen Weg eröffnen, muß die Kommunikation zwischen den Anbietern des Hilfsangebots und den süditalienischen Familien nach dialogischen Prinzipien ausgerichtet sein. Dieser angestrebte Dialog kann durch den Aufbau persönlicher Kontakte längerfristig eine Vertrauensbasis schaffen. Zur Verringerung der elterlichen Abwehrhaltung gegenüber institutionellen Aktivitäten kann er ein erster Schritt sein, die Betreuerperson muß jedoch mit einem tiefsitzenden elterlichen Mißtrauen rechnen. Das Gefühl des Ausgeliefert-Seins an eine Institution wie die Schule oder auch den Träger des Hilfsprogramms kann jederzeit wieder aufbrechen; so sind beispielsweise auch rein sprachliche Mißverständnisse oftmals Anlaß genug, bisherige positive Erfahrungen einer Einzelbetreuung in den Hintergrund treten zu lassen.

Die Kontaktaufnahme zwischen den süditalienischen Eltern und der Schule ist von einer grundlegenden Erwartungshaltung belastet, die bei dem Aufbau eines pädagogischen Betreuungskonzepts nicht außer acht gelassen werden darf: Die Eltern erwarten von der "Institution Deutsche Schule", daß sie ihren Kindern Wissen vermittelt und ihnen zu einem angemessenen Abschluß verhilft. Schlechte Schulleistungen bedeuten danach für sie in erster Linie, daß eine ungenügende Förderung der Kinder durch die Schule erfolgt ist, daß die Schule in ihrem Verantwortungsbereich versagt hat. Die elterliche Einsicht, selbst für den schulischen Werdegang der Kinder aktiv einzutreten, kann nicht vorausgesetzt werden, auf ihrer Seite fehlt die Kompetenz bereits bei der Beurteilung schulischer Anforderungen[35].

Die Schule als diejenige Institution, die zum einen den aktuellen Leistungsstand der Kinder beurteilt und die zum anderen mit den Eltern bereits in Kontakt steht, sollte die Empfehlung zur Aufnahme von Betreuungsstunden an diese weiterleiten. Dabei kann ein gemeinsames Vorgespräch zwischen Klassenlehrer(in) und Einzelbetreuer in der Schule oder auch ein Hausbesuch vorgeschlagen werden, die Möglichkeit der Wahl sollte jedoch bei der Familie liegen, so daß nicht der Eindruck des "Überfahren-Werdens" die Intervention einleitet.

Der Arbeit mit den Kindern, das Verstehen und In-Beziehung-Setzen ihrer Lebenswelt mit ihrem aktuellen schulischen Lern- und Leistungsstand gebührt der Hauptteil des zeitlichen Aufwandes. Eine zeitliche Begrenzung auf täglich 1 bis 1,5 Stunden, bzw. eine wöchentliche Stundenzahl von drei bis fünf Stunden, je nach individuellen Bedürfnissen der Kinder, sollte dabei nach Möglichkeit eingehalten werden, um eine Überforderung der Kinder zu vermeiden. Von pädagogischer Seite sollte dabei auch nicht der Eindruck vermittelt werden, daß die Betreuerperson ohne zeitliche Begrenzung zur Problemlösung ständig zur Verfügung steht.

Entsprechend der Konzeptionen des Italienischen Generalkonsulats Frankfurt (Tomaselli 1982; Liguori-Pace 1983 und 1986) sowie aus der langjährigen Erfahrung pädagogisch-psychologischer Einzelbetreuungen der Verfasserin (Kap. 5.4) stellen die Elterngespräche sowie der Kontakt zu Schulen und Lehrern die nächsten wichtigen Bereiche dar,

35 Wie u.a. auch in Kap. 5. beschrieben, sehen die Eltern sich selbst nicht in der Lage, Schulwissen zu vermitteln, da sie selbst nur über eine sehr geringe Schulbildung verfügen. In den persönlichen Kontakten der Einzelgespräche wird hierüber gesprochen und es kommt deutlich die großen Hoffnung zum Ausdruck, die sie mit der deutschen Schule verknüpfen. Die Gespräche mit Lehrern sind dagegen wesentlich geprägt von der größeren Distanz und der Scham, Analphabet zu sein.

die innerhalb eines Zeitplanes für die Betreuung einen festen Platz erhalten müssen.

Zum Einsatz der Betreuerpersonen innerhalb einer betroffenen Familie beinhaltet das Konzept eine Reduzierung formaler Anforderungen an die Eltern. Aus diesem Grund ist eine personelle Trennung der Aufgabengebiete, wie sie Tomaselli für das Projekt des Co.As.Sc.It. von 1982 zwischen Betreuer- und Elternberater-Funktion vorschlägt, nicht ratsam. Die Aufteilung würde vielmehr eine zusätzliche Verunsicherung der Eltern darstellen oder auf der anderen Seite den Weg für neue - innerfamiliäre - Irritationen freimachen. Der Grundgedanke der Trennung beider Funktionen liegt ohne Zweifel im Gewährleisten von mehr Objektivität bei der Betrachtung der familiären Problematik - zwei getrennt erarbeitete Beurteilungen helfen dabei, Vorurteile auszuräumen. Innerhalb des vorliegenden Aufgabengebietes sollte jedoch der Lernerfolg der Kinder die Priorität des pädagogischen Handelns bestimmen. Dafür ist die Beobachtung des kindliche Verhaltens innerhalb seines familiären Kontextes wie des innersystemischen Zusammenspiels der Familie unerläßlich. Eine auftretenden Voreingenommenheit oder Verhärtung der Positionen kann innerhalb der pädagogisch-psychologischen Aufarbeitung in den meisten Fällen schon vorab begegnet werden.

Ein weiterer Grund für die Ablehnung einer Trennung von Elternberater und Betreuer liegt darin, daß die süditalienischen Eltern den Elternberater in starkem Maße als Kontrollinstanz erlebten, während zum Nachhilfelehrer bereits ein guter Kontakt bestand (vgl. Co.As.Sc.It. 1982; IXb). Dies resultierte wohl zum Teil daraus, daß ihre wahrgenommene Zielsetzung der pädagogischen Intervention einzig die Beseitigung des Symptoms 'Lernstörung' bei dem Kind war und sie die regelmäßige Kontaktsuche des Elternberaters mit ihnen selbst nicht als notwendig erachteten. Das Bewußtsein dafür, daß die Beseitigung der kindlichen Störung durch ihre Teilnahme an den Beratungsgesprächen unterstützt wurde, konnte nicht aktiviert werden. Dadurch sind die Elterngespräche innerhalb des genannten Projektes nicht selten zu einer institutionellen Verpflichtung geworden, denn von ihrer regelmäßigen Teilnahme hing auch der Fortbestand der Nachhilfestunden ab.

Elterngespräche sollten innerhalb der Konzeption der familienorientierten Einzelbetreuung regelmäßig stattfinden, jedoch sollte der gemeinsam mit der Betreuerperson festgelegte wöchentliche Termin so unbürokratisch wie möglich abgehalten werden und für die Eltern nicht in erster Linie den Charakter einer Pflichtveranstaltung annehmen. Die Betreuerperson sollte dabei im Blickfeld behalten, daß nicht die Problemlösung von der Familie komplett an sie delegiert wird, sie darf jedoch auf der anderen Seite auch die Alltagsbelastung der süditalienischen Eltern nicht außer acht lassen. Die Gegensätze beider Lebenswelten, der alltägliche Lebenskampf und auch spezifische Eigenheiten wie das sizilianische "roba-Verhalten" müssen dabei verstanden werden - selbst dann, wenn die Eltern eine zusätzliche Nebenbeschäftigung als wichtiger ansehen als das regelmäßige Gespräch mit der Betreuerperson[36].

## 7.2 Familienorientierter Ansatz und teilnehmende Beobachtung als Arbeitsmethoden

Der Methode der teilnehmenden Beobachtung findet sich zum einen in sozialanthropologischen Studien (vgl. Mühlmann/Llaroya 1965 und Giordano 1986:7) zum anderen hat sie im Rahmen familientherapeutischer settings (vgl. u.a. Stierlin 1979 und 1980) große Bedeutung bekommen, wie auch für die pädagogische Arbeit. Stierlin beschreibt die

---

[36] Di Bella beschreibt das "roba-Verhalten" als eine typisch bäuerlich-sizilianische Verhaltensweise, die ein Akkumulieren möglichst vieler materieller Güter bedeutet. Die "roba" (Sache) wird zum Lebensziel, die Bauern leben in ständiger Sorge, sie zu verlieren (1989:117). Sie bietet eine Interpretationsmöglichkeit des Verhaltens derjenigen süditalienischen Familien, die außer ihrer beruflichen Tätigkeit noch bis spät abends mehreren Nebenbeschäftigungen nachgehen, wobei nicht immer ihre ökonomische Notlage ausschlaggebend ist, sondern das Ansammeln materieller Güter im Vordergrund steht. In Gesprächen trat dies immer wieder zutage, wenn auch die Angst, alles zu verlieren und in der "Miseria" zu enden, hierbei besonders betont wurde. Und damit trat ein selbstberstärkender Mechanismus in Kraft, noch mehr "roba" anzuhäufen.

Rolle des Therapeuten sowohl als eines Regisseurs wie auch eines teilnehmenden Beobachters[37]. So dirigiert er auf der einen Seite das Geschehen innerhalb des settings, bringt seine Wahrnehmungen jedoch auf der anderen Seite wieder in den gesamten Ablauf ein.

Hier werden auch Gemeinsamkeiten und Parallelen zu den Ansätzen aus der Handlungsforschung deutlich. Ausgehend von den "Erwartungen an die Dialogfähigkeit, das Engagement und die Gleichheit der Beteiligten" (Iben 1988:158) soll dabei von Forschern und Zielgruppen gemeinsam eine Problemlösung erfolgen. In der Realisierung stellen sich diesen Erwartungen jedoch Probleme entgegen, die erst in langsamen Schritten aufgearbeitet werden können. Insbesondere die Gleichheit der beiden Seiten ist nicht gegeben. Iben erkennt allerdings im Prozeß des gemeinsamen Handelns die Möglichkeit, "annäherungsweise eine Gleichberechtigung her[zu]stellen, wobei die symmetrische Kommunikation nur so etwas wie einen Durchschnittswert darstellt" (ebenda:158). Der sich entwickelnde Dialog zwischen Forschern und Erforschten besteht dabei im Austausch analytischer Fähigkeiten auf der einen mit Lebenserfahrung und praktischer Handlungsfähigkeit auf der anderen Seite. Iben hebt insbesondere hervor, daß keine Seite über die andere dominieren dürfe, wenn der gegenseitige Lern- und Austauschprozeß gewährleistet werden soll (ebenda:159).

Den Ansätzen gemeinsam ist für die Rolle des Wissenschaftlers/Forschers/Betreuers das Sich-Hineinbegeben in eine der eigenen völlig unterschiedliche Umgebung bzw. Lebenswelt: So erforscht beispielsweise der Anthropologe, der sich aus seiner eigenen in die fremde Kultur begibt, dort "die Aktualität der Geschichte" (Giordano 1986:7). Er verläßt seinen Kulturkreis, um in eine ihm völlig fremde Welt einzutauchen. Auf diese Weise erhält er Einblick in die kulturabhängigen Denk- und Verhaltensweisen der Bevölkerung, lernt ihre Lebensziele

---

37 "Als Regisseur steuert er [der Therapeut, Anm. d.Verf.] den dynamischen Prozeß; wo Stagnation droht, bringt er das Drama wieder in Gang. (...) Während er so das Geschehen dirigiert, schwingt er sich zugleich als teilnehmender Beobachter in die Familiendynamik ein, hört engagiert zu und registriert die oft widersprüchlichen Tendenzen, Kräfte und Gefühle der Familie. Die Daten, die der teilnehmende Beobachter auf diese Weise gewinnt, vermag der Regisseur dann sofort wieder in den sich entfaltenden Prozeß eizubringen." (Stierlin 1980:43).

und die dazugehörige Logik kennen und verstehen. In ganz ähnlicher Weise gestaltet sich das Aufgabengebiet des Pädagogen, der in den süditalienischen Familien tätig wird. Er wird hier mit Erziehungsmaßstäben und -prinzipien konfrontiert, die er zwar beobachten, aber nur fragmentarisch verstehen kann. Beiden gemeinsam ist die Einsamkeit, die durch die unauflösbaren Gegensätze beider Kulturen entsteht. Giordano beschreibt die Gefahr für den Anthropologen, selbst zum "marginalen Menschen, zum Invaliden der eigenen Gesellschaft" (ebenda:8) zu werden, sobald er das fremde Werte- und Normsystem für seine Forschungstätigkeit ein Stück weit verinnerlicht hat. Diese Gefahr besteht innerhalb der pädagogischen Betreuungstätigkeit in ähnlichem Maße und tritt insbesondere dann auf, wenn der Betreuer zwischen die Standpunkte und Bedürfnisse seiner Klienten und der gesellschaftlichen Anforderungen gerät.

In dem Konzept der familienorientierten Einzelbetreuung werden Erkenntnisse aus der Familientherapie eingesetzt, um die kindlichen Symptombildungen - die Lernstörungen und Blockierungen - aufzulösen. Sie bieten sich aus dem Grunde an, da das süditalienische Familiensystem - wie weiter oben beschrieben - durch seine Geschlossenheit die Veränderung nur eines Mitgliedes als Angriff auf das Gesamtsystem erleben würde. Innerhalb des süditalienischen Familiensystems, das sich durch Verbundenheit, Hingabe und Loyalität der Mitglieder untereinander auszeichnet, ist die "allmähliche Erosion der Qualität menschlicher Beziehungen" (Boszormenyi-Nagy/Spark 1992:28), unter der nach Meinung der Autoren unser Zeitalter im allgemeinen leidet, noch nicht so weit fortgeschritten. Dementsprechend sind hier Bindungen und Verbundenheit der einzelnen Familienmitglieder untereinander in sehr viel stärkerem Maße vorhanden. Eine systemorientierte Betrachtungsweise, die "individuelle psychische Strukturen in den Kontext ihrer Beziehungen" stellt (ebenda:39), kann Rückschlüsse von bestimmten familiären Verhaltensschemata auf Handlungsweisen des Einzelnen und umgekehrt ziehen.

Die verhärteten Konstellationen um die gesellschaftliche Rolle der Eltern und ihrem Selbstempfinden haben sich beim Kind in der Weise manifestiert, daß seine Persönlichkeitsentwicklung darunter stark leidet. Lernstörung, Lernverweigerung und Blockierung können dann teilweise als Ausdruck unerträglicher familiärer Verstrickungen betrachtet werden (vgl. Stierlin et al. 1980; 83f und 90f). Durch deren Aufschlüsselung und mit Hilfe einer gemeinsam erarbeiteten neuen familiären Rollenverteilung kann sowohl das Symptom des Kindes beseitigt als auch ein familiärer Neubeginn gestartet werden.

Die familienorientierte pädagogische Intervention setzt innerhalb der kindlichen Entwicklung zu einem Zeitpunkt ein, da die frühkindliche familiale Sozialisation bereits weitgehend erfolgt ist, während die schulische, sekundäre Sozialisation (Müller 1977:88) gerade im Gange ist. Hier treten bei den süditalienischen Kindern am häufigsten die Symptome in Form von Lern- und Leistungsstörungen auf.

Müller beschreibt Sozialisation als gleichbedeutend mit Interaktion und Kommunikation (ebenda:87). Wenn der Übergang von der Muttersprache zur deutschen Sprache in der Schule nicht reibungslos verläuft, entwickelt sich die Sprachlosigkeit des Kindes, sie äußert sich in der Lernstörung. Lernen als Kommunikationsphänomen (Bateson 1983:362) impliziert das Nicht-Lernen-Können als Ausdruck einer gestörten Kommunikation. Das heißt erstens, daß die im familiären Bereich erlernte Kommunikation mit der erlebten schulischen nicht übereinstimmt. Die zwischen den beiden Bereichen bestehenden gravierenden Unterschiede werden zweitens von der Schule nicht aufgelöst, sondern sie verstärken sich noch im Laufe der Schulzeit. Das Kind beginnt nunmehr, ohne diese Unvereinbarkeiten erkennen oder gar benennen zu können, unter den Symptomen zu leiden, gibt seine natürliche Neugier auf und reagiert mit Verweigerung oder Blockierung.

Von der Familie sind die Kommunikationsstörungen mit der Umgebung weitgehend als Teil gesellschaftlicher, auch schichtspezifischer Ausgrenzung erlebt und verinnerlicht worden. "Gefühle des Wert-Seins können nur gedeihen in einer Atmosphäre, in der individuelle Unterschiede geschätzt werden, Fehler toleriert und als Chancen gesehen werden, Kommunikation offen ist und die Regeln flexibel sind" (Satir nach: Bosch 1977:121). Da im elterlichen Arbeitsbereich in erster Linie strenge hierarchische Strukturen vorherrschen, die das Hinterfragen von Machtverhältnissen nicht gewohnt sind wie auch selbstverantwortliches Handeln für den einzelnen nicht mit allererster Priorität anstreben, haben die Eltern für den familiären Bereich kaum eine Möglichkeit erhalten, den Kindern Denk- und Verhaltensmuster nahezubringen, die eine differenziertere Betrachtung zulassen würden (vgl. Hoffmann/Trimborn 1979:88). Müller bezeichnet dieses Phänomen als "Vermittlungscharakter familialen Erziehungsgeschehens" (1977:91f): Erlebte Strukturen aus dem elterlichen Arbeitsbereich werden in der Familie über die Kindererziehung weitergetragen und verfestigen sich hier. Gleichzeitig reproduzieren die Eltern damit im familiären Bereich ihre eigene Lebens- und Arbeitssituation, leben sie nach mit wechselnden Rollen. So gesehen gewinnt die von den Eltern erfahrene Unterdrückung und Diskriminierung für die Kinder schon innerhalb der familialen Sozialisation große Bedeutung.

Cremerius weist auf die Ausbildung eines sehr strengen Über-Ichs bei Angehörigen der Arbeiterschicht hin, die therapeutische Arbeit wie auch auf die "extrem triebfeindliche, phantasie- und spontaneitätsbremsende Erziehung in den ersten Lebensjahren" und die teilweise sehr eingeschränkte Erlebensweise des "ersten zwischenmenschlichen Beziehungsfeldes mit der Mutter" (1979:63). Dies trifft auf die süditalienischen Kinder und Familien nicht unbedingt zu, da sich ihre Erziehungspraktiken in der frühen Kindheit sehr stark an den Bedürfnissen des Kindes nach Geborgenheit und Angenommensein orientieren. Ein Bruch innerhalb der frühkindlichen Erziehung kann jedoch durch das unzureichende Ersetzen der fehlenden verwandtschaftlichen Bezugspersonen entstehen, so daß hier dem Kind möglicherweise wichtige Identifikations- und Hintergrundfiguren fehlen.

Auch die Entwicklung eines strengen Über-Ichs bei Unterschichtspatienten (Cremerius 1979:63) kann nicht linear auf die Haltung der süditalienischen Arbeitsemigranten übertragen werden, da bereits ihr Umgang mit beherrschenden Autoritäten - wie weiter oben beschrieben - in besonderer Weise geprägt ist. Die historisch sich wiederholende Erfahrung einer immer wiederkehrenden Unterdrückung hat sich ganz entscheidend in der Mentalität der Sizilianer niedergeschlagen und macht ihre Sensibilität gegenüber Autoritäten aus und begründet ihr Abwehrverhalten. Gleichzeitig verbindet sich damit zwar auch die überlieferte Erfahrung der Vergänglichkeit einer jeden Unterdrückung. Es leitet sich hieraus jedoch die Grundüberzeugung ab, daß persönliche Freiheit im gesellschaftlichen Kontext niemals existieren kann. Diese Überzeugung ist ausschlaggebend für eine strikte Trennung von Außenwelt, in der Unterdrückung stattfindet, und der Familie.

Rigide Über-Ich-Strukturen lassen sich allerdings in dieser Trennung erkennen: Die hier vorherrschende patriarchalische Struktur läßt dem einzelnen für die Entwicklung eines autonomen Ichs nur wenig Spielraum. Im Interesse des familiären Subsystems treten die Bedürfnisse des einzelnen in den Hintergrund. Das strenge Über-Ich ist vorrangig am familiären Interesse ausgerichtet, verzögert somit "eine Entwicklung des Ichs zur Autonomie, weil es dem Ich Lern-Leid-Arbeit ... abnimmt" (Cremerius 1979:63).

Die elterliche, an das Kind gerichtete, Wunschvorstellung über den erfolgreichen Schulbesuch und das Erlernen eines Berufes drückt zuerst einmal eine realistische Situationsbetrachtung aus: Die Zukunftsaussichten, die heutzutage von einer immer besseren Qualifikation bestimmt werden, sind ohne Hauptschulabschluß oder mit absolvierter Sonderschule sehr schlecht (vgl. Reiser 1981). In sehr vielen Fällen wird noch eine weitere Erwartungshaltung an die Kinder herangetragen, die damit verknüpfte Delegation beinhaltet einerseits, daß das Kind die von den Eltern nicht erfolgte gesellschaftliche Anpassung erreichen soll, es verkörpert damit das elterliche Ich-Ideal (Richter 1969:158). Andererseits kann noch eine zweite Botschaft damit einhergehen, die das Kind gerade hindert, den ersten elterlichen "Auftrag" zu erfüllen. Richter nennt hierzu das Phänomen, daß "Eltern die Fähigkeit des Kindes zur kritischen Realitätsprüfung so weit einzuschränken [pflegen], wie sie es bei sich selbst getan haben" (ebenda:168). Das Kind gerät damit in eine typische Situation des von Bateson et al. (1956) entwickelten Begriffs des "double-bind" (u.a. Bateson 1983:353ff). Es erlebt dabei in der Beziehung zu seinen Eltern oder einem Elternteil, daß es etwas tun soll, aber nicht tun darf. Diese Beziehungsform ist "Folge und Ausdruck einer zwischenmenschlichen Verstrickung, die durch eine widersprüchliche - aber in ihrer Widersprüchlichkeit schwer durchschaubare - Kommunikation ermöglicht wird" (ebenda:7). Stierlin hat das Phänomen, das ein "zentrales

Element der schizophrenen Lebensform" (1979:53) darstellt, mit dem Begriff der "Beziehungsfalle" beschrieben.

Derartige Beziehungskonstellationen können sich ansatzweise auch in Situationen extremer psychischer Belastung zeigen, in denen Enttäuschungen, Ohnmachtsgefühle und Ausweglosigkeit momentan keine anderen Möglichkeiten des Rückzugs und der Abwehr mehr bieten. Aus diesem Grund ist innerhalb einer betreuenden Tätigkeit das Wissen um diese Phänomene sehr wichtig. Dagegen soll nicht eine Hypothese über den möglichen Bestand schizoider Beziehungsmuster von in Deutschland lebenden süditalienischen Familien aufgestellt werden.

Im familiären Kontext werden Rückschlüsse von der kindlichen Lernstörung auf die elterliche Unzufriedenheit darüber zugelassen, sich in ihrer deutschen Umgebung nicht heimisch und akzeptiert zu fühlen. Das gleiche bleibt dem Kind erhalten: Indem es beispielsweise die Schriftsprache nur unzureichend lernt, fehlen ihm für die Zukunft entscheidende Werkzeuge, um seine Rechte als Bürger wahrnehmen und sich selbst aktiv am gesellschaftlichen Leben beteiligen zu können. Damit erfolgt eine Perpetuierung der von den Eltern als unglücklich und ausweglos erlebten Situation auch für die nachfolgende Generation. Unter diesen Bedingungen muß das Kind geradewegs das Gefühl gesellschaftlicher Ausgrenzung verinnerlichen. Verunsicherung des Selbstwertes und Probleme bei der Identitätsfindung sind logischerweise die Folge. Durch sein Versagen führt es stellvertretend für die Eltern die Auseinandersetzung mit der sie umgebenden Gesellschaft (Richter 1969:168).

Die enge Familienkonstellation der süditalienischen Arbeitsemigranten hat durch das starke Gefühl von Zusammengehörigkeit für die Lösung der genannten Probleme eine besonders wichtige Bedeutung, da traditionell eine strikte Trennung und gleichzeitige Bewertung von innerfamiliären (=positiv) und außerfamiliären (=negativ) Interessen erfolgt. In den Schulproblemen ihrer Kinder, die eindeutig dem nach außen gelagerten Bereich angehören, können sich die Eltern mit ihren Kindern identifizieren. Die "unlösbare" Situation, in der sie sich selbst erleben, bleibt bestehen. Selbst wenn innerfamiliär den Kindern hierbei der Auftrag erteilt wird, das Problem der verunsicherten Identität zu lösen, wird ihnen andererseits die Möglichkeit dazu entzogen, dies tatsächlich zu tun. Die umgebende Gesellschaft wiederum bestätigt Eltern wie Kindern - wenn auch z.T. unbewußt - ihre Rolle als Mitglied einer gesellschaftlichen Randgruppe und verfestigt bzw. verstärkt bei ihnen damit das Gefühl von Ausgeschlossen-Sein.

Der entstandene Teufelskreis ist nur noch schwer zu durchbrechen. Handeln, insoweit überhaupt möglich und nicht einer resignativen, apathischen Haltung gegenüber den täglichen Anforderungen des Lebens gewichen (vgl. Kap. 5), kann von den Eltern nur schwer positiv - d.h. für die Verbesserung der aktuellen Lebensbedingungen - eingesetzt werden. Es konnte weder innerfamiliär noch in der äußeren Umgebung ein Verhaltensmuster erlebt werden, das Veränderungen durch aktives Handeln erreicht. Der familienorientierte Ansatz hilft, dies bewußt zu machen und zu aktivieren.

## 7.3 Steigerung der Lernbereitschaft durch Veränderungen im Familiensystem

Mit der Konzeption der familienorientierten Einzelbetreuung sollen Schulschwierigkeiten der süditalienischen Kinder trotz großer Leistungsschwächen im aktuellen schulischen Bereich behoben und damit grundlegende Fertigkeiten des Lesens und Schreibens vermittelt werden, die sie für ihre zukünftige private und berufliche Lebensgestaltung benötigen.

Zwar kommt die Aufgabe der Vermittlung von Lese- und Schreibkenntnissen grundsätzlich der Institution Schule zu, in erster Linie der Grundschule (vgl. Sandhaas, KMK 1989:32), trotz der von der Schule angestrebten Berücksichtigung der unterschiedlichen Lernvoraussetzungen und des individuellen Lernverhaltens (ebenda:33) sind bei den genannten Kindern jedoch Defizite entstanden, die innerhalb des schulischen Bereiches allein weder geschlossen noch verringert werden können. Eine außerschulische pädagogische Intervention hilft, die Lernfähigkeit der Kinder zu erweitern bzw. eine eventuelle Blockierung derselben zu beseitigen, so daß sie die an sie gestellten Anforderungen differenzierter einschätzen lernen. Damit sie als Antwort darauf nicht nur sich verweigern, sondern gezielt eine eigene positive Beteiligung daran erkennen können. Die Einbeziehung der Eltern kann dabei zum einen, auf längere Sicht gesehen, ihre Vorbehalte verringern, mit denen sie die geistige Entwicklung ihrer Kinder gleichsetzten mit deren Distanzierung von der Familie. Zum anderen kann sie dazu verhelfen, elterliche Abwehrreaktionen gegenüber Schule und Gesellschaft offenzulegen, ihre erlebte Position aufzuschlüsseln und Widerstände abzubauen.

Immer wieder belegt ist durch die Praxis, daß sich bei vielen italienischen Schülern in Grund- und Sonderschulen sich bereits Wissensdefizite verfestigt haben und diese - zumindest im Vergleich zum Entwicklungsniveau ihrer gleichaltrigen Mitschüler ohne Defizite - innerhalb ihrer Schullaufbahn auch nicht völlig beseitigen lassen. Mit Hilfe der pädagogischen Intervention können sie eingegrenzt, verringert werden, und dadurch wird Schritt für Schritt eine Annäherung an den durchschnittlichen altersgemäßen Wissensstand erfolgen. "Technische Kompetenz als quasi kommunikative Kompetenz" (Schirmacher 1986:199ff) bedeutet in diesem Zusammenhang die Überwindung der eingeschränkten Kommunikationsfähigkeit der italienischen Kinder unter Berücksichtigung und Einbeziehung ihrer spezifischen eigenen Lebenswelten. Selbstverwirklichung entsteht für sie durch eine Verknüpfung von Tun und Wissen, so daß sie sich einerseits an ihre vielfältigen Umgebungen anpassen können, zum anderen aber auch deren Mitgestaltung Veränderung bewirken (ebenda:200). So entwickeln sich Erkenntnis und Bewußtsein über die eigene Existenz, die Freire als Konsequenz des Zusammenspiels von Aktion und Reflexion sieht und die einer Gesellschaft die Möglichkeit der Veränderung offenbart (Freire 1973:71ff).

Aufbauend auf dem Erfahrungshintergrund ihrer Familien, entsprechend dem situativen Ansatz, der sich in der pädagogischen Arbeit mit verschiedenen Randgruppen bewährt hat (vgl. Iben 1992 und Chassé

1992), unter Hinzuziehen ihrer Lebenspraxis und der verfügbaren Fertigkeiten, können anhand spezifischer Schlüsselsituationen die Zusammenhänge bestehender Problemkreise erkannt, bewußt gemacht und neue Handlungsabläufe erlernt werden. Parallel dazu kann mit den Mitteln des Erzählens, Beschreibens und Interpretierens die Umsetzung im verbalen Bereich geübt werden (vgl. Iben 1980). Durch den engen und verbalen Kontakt zur Betreuerperson können Verständnisprobleme, Unklarheiten und Hemmungen thematisiert und bearbeitet werden.

Die familienorientierte pädagogische Intervention versteht sich als Erweiterung des bestehenden Bildungsangebotes unter Berücksichtigung der spezifischen Verhaltensmuster der italienischen Kinder und ihrer Eltern: Das umfassende Mißtrauen gegenüber jeder Form institutioneller Machtausübung, das ihre familiäre Struktur auszeichnet und nach innen festigt, hemmt ganz entscheidend die Bereitschaft, Angebote von der Schule anzunehmen bzw. dem institutionalisierten Lernen positiv gegenüberzustehen. Das heißt, das bestehende Bildungsangebot wird von den süditalienischen Familien nicht als solches erkannt und kann dementsprechend nicht wahrgenommen werden.

Die Ungewißheit und Sorge, daß sich die Kinder von den traditionellen familiären Bindungen entfernen könnte, schwanken viele italienische Eltern in ihrem eigenen Rollenverständnis und ihrem Zuständigkeitsbereich. So haben sich bestimmte Strukturen innerhalb des Familiensystems etabliert, in denen die Aufgabenbereiche der einzelnen Mitglieder nicht mehr exakt zu bestimmen sind, sich vermischt haben und - als ein Aspekt der gesamten Situation betrachtet - für die Beteiligten große Orientierungsprobleme mit sich bringen können. Dies trifft sowohl zu auf die alltäglich an die Kinder gestellte Anforderungen im Haushalt als auch auf die tendenzielle Einmischung der Eltern in die schulischen Aufgabenbereiche der Kinder.

Aus dieser Erkenntnis heraus wird eine weitere Zielsetzung formuliert, daß durch eine nachvollziehbare, logische Aufteilung der familiären und außerfamiliären Aufgabenbereiche zum einen die Kinder sich aus ihrer, sie psychisch überfordernden, Situation lösen können und etwaige daran gebundene Energien frei werden. Zum anderen bewirkt eine klare gemeinsame Definition der Aufgabenbereiche, daß sich die Eltern ihren Aufgabenbereichen widmen können, ohne ständig unter der Angst leiden zu müssen, ihre Kinder zu verlieren. Die dabei möglichen neuen Erfahrungen für die Eltern nach dem Lernschema "Versuch und Irrtum" (Selvini-Palazzoli 1978) geben ihnen die Sicherheit, selbst Veränderungen in ihrem Lebensbereich vornehmen zu können.

Die Realisierung der familienorientierten Einzelbetreuung befindet sich in dem Widerspruch, weder eine freiwillig eingegangene Beziehung - wie z.B. in der Familientherapie - zugrunde legen zu können, noch erfüllt sie die Kriterien einer zwangsverordneten familientherapeutschen Behandlung, wie sie Cirillo/Di Blasio (1992) für den Fall mißhandelnder Eltern beschreiben. Die Teilnahme an einer pädagogischen Intervention mit dem Ziel, die Lernstörungen des Kindes zu beheben, ist nicht gesetzlich verordnet, sondern basiert auf Empfehlungen. Vermittelt wird die Freiwilligkeit der Teilnahme an pädagogischen Interventionen jedoch zumeist so, daß sie eine der wenigen noch bestehenden Chancen darstelle, um ein schulisches Scheitern bzw. eine Sonderschuleinweisung o.ä. noch zu verhindern. Somit würde ein Ablehnen der Teilnahme der Eltern gleichbedeutend sein mit einem Verhindern der Förderung der Kinder, was nicht der elterlichen Zielsetzung entspricht. Eine Ambivalenz - d.h. kein uneingeschränktes Bejahen der Intervention - bleibt dann trotzdem bestehen.

Den Charakter einer unfreiwilligen Behandlung bekommt der Abschnitt der familienorientierten Einzelbetreuung, in dem die Eltern direkt mit einbezogen werden. Weiter oben wurde bereits bei Tomaselli (1982) auf den Einsatz von Elternberatern getrennt zu den eigentlichen Nachhilfestunden hingewiesen. Die elterliche Bereitschaft zur aktiven Mitarbeit ist eher begrenzt, zum Teil aus zeitlichen Gründen aber auch dann, wenn sie befürchten, daß ihre eigene Beteiligung am Entstehen des Symptoms nachgewiesen werden könnte. Im elterlichen Verhalten spiegelt sich häufig die Beobachtung, daß sie die direkten Kontakte zur Betreuerperson einfach "über sich ergehen lassen, Ziel ist dabei nur, ein noch größeres Übel zu vermeiden" (Cirillo/Di Blasio 1992:28). Daraus läßt sich die Zielsetzung formulieren, bei den Eltern zuerst einmal einen bewußten Zusammenhang herzustellen zwischen dem Schulversagen des Kindes und der familiären Konstellation. Aus diesem heraus muß der Betreuer dann "zunächst das Bedürfnis nach Veränderung wecken und dann Veränderung selbst in die Wege leiten" (Selvini-Palazzoli in: Cirillo/Di Blasio 1992:11). Erst die Kooperation von Eltern und Betreuer stellt eine sichere Basis für die Betreuung des Kindes dar und kann langfristig die Motivation zum Lernen aufbauen. Besonders wichtig ist an dieser Stelle jedoch der Hinweis auf die Gefährdung der Dialogebene innerhalb der Beziehung zwischen Eltern und Betreuerpersonen durch die sprachliche Überlegenheit der Betreuer. Diese müssen darauf achten, daß sie nicht in eine dominante Rolle verfallen, den Eltern Maßregelungen erteilen und damit eine Hierarchie innerhalb der Beziehung errichten (vgl. Iben 1987:158 und Hoppe 1992:87ff).

## 7.4 Problembeschreibende Elterngespräche

Die positive elterliche Einstellung zur Intervention erfolgt spontan in erster Linie dadurch, daß das Symptom "Lernstörung" neben der direkten Konsequenz für das betreffende Kind eine für die Familie existentiell bedrohliche Zukunft assoziiert wird: Das Versagen in Schule und Ausbildung kann später die Möglichkeiten einschränken, die Eltern im Alter zu versorgen. Sicherlich ist dieser nur ein zusätzlicher Aspekt, der neben der berechtigten Sorge, daß in der heutigen Zeit die Zukunftsaussichten der Kinder und Jugendlichen ohne eine gute Schulausbildung miserabel sind, eher von geringerer Bedeutung ist. Somit ist die Sorge um die eigene Zukunft eher eine unbewußte, während der - schulische und berufliche - Erfolg des Kindes auch innerhalb der eigenen ethnischen Gruppe als Beweis einer doch teilweise geglückten Arbeitsemigration bewertet wird. Trotzdem gewinnt die 'egoistische' elterliche Einstellung eine Bedeutung, wenn beispielsweise eine für die Eltern zu rasche Ablösung der Kinder, sei sie auch verknüpft mit einem sich einstellenden Erfolg auf schulisch-beruflicher Ebene, stattfindet. In diesem Moment können die Eltern mit den genannten Argumenten unbewußt das schulische und berufliche Weiterkommen der Kinder verhindern.

Bei Gesprächen mit der Betreuerperson schlägt sich die elterliche mißtrauische Grundhaltung in ihrer Reserviertheit nieder. Hier muß der Betreuer die süditalienische Tradition der strikten Trennung zwischen Familie und Außenwelt kennen. Ablehnende Verhaltensweisen, die nach familientherapeutischer Deutung als Abwehrverhalten im "mitteleuropäischen Sinne" verstanden werden müssen, erhalten innerhalb dieser Beziehungskonstellation eine völlig andere Bedeutung, wenngleich auch hier eine identitätsschützende und -erhaltende Funktion vorliegt.

Die Betreuerperson befindet sich in einer Ambivalenz, einerseits Vertreter der deutschen Bildungsgesellschaft zu sein mit dem formalen Auftrag, die Lernstörung zu beseitigen, deren Auslöser möglicherweise in der gesellschaftlichen Struktur selbst zu finden ist. Andererseits versucht sie, mit Eltern und Kindern im Rahmen eines freundschaftlichen Verhältnisses (vgl. u.a. Kuhlen 1986) einen Weg zur Behebung der kindlichen Symptome zu finden. Dementsprechend verkörpert sie für die süditalienischen Eltern unbewußt beides, und daraus ergibt sich bereits ein Ansatz ihrer ambivalenten Beziehung zur Betreuerperson: ein Wechselspiel zwischen Freundschaft und Feindschaft. Hier wird der Zwiespalt deutlich, der die Beziehung zwischen Betreuer und Familien entscheidend mit gestaltet und der kaum auflösbar ist: die Polarisierung seiner Position zwischen Angreifer und Helfer.

Der Betreuer begibt sich in die Familie hinein, er wird ein Stück weit hereingelassen, streckenweise "mit offenen Armen" empfangen, und die Familie signalisiert ihm ihre Bereitschaft zur Zusammenarbeit. Er muß sich jedoch darüber im klaren sein, daß die innerfamiliäre Kommunikation eine grundsätzlich unterschiedliche im Vergleich zu derjenigen zwischen Familie und Außenwelt ist. Das Wechselspiel ruft somit auch die an anderer Stelle beschriebene territoriale Verteidigungshaltung der Eltern hervor (Greverus 1979), sobald sein Erscheinen als Angriff auf die familiäre Stabilität empfunden wird. Ein Stück weit wird der Betreuer immer, d.h. auch nach vielen Jahren freundschaftlicher Auseinandersetzung, der Außenwelt angehören. Die Unsicherheit der Familie bleibt immer - wenn auch nur in geringem Maße - bestehen. Ihre Angst, daß er von der Außenwelt als Instrument eingesetzt wurde, um ihr in sich stabiles Familiensystem aufzuweichen und letztendlich zu zerstören. Der Betreuer selbst bleibt damit in der paradoxen Lage, zum einen bei der Familie das Bewußtsein wecken zu müssen, "ein gemeinsames, alle Mitglieder betreffendes Familienproblem zu haben" (Stierlin 1980:56), das es aufzuarbeiten gilt und dabei mit sehr viel Verständnis die familiären Interessen des Selbstschutzes zu erkennen, ihnen gegenüberzutreten und diese zu akzeptieren, damit keine Blockierung entsteht und sich der gemeinsame Dialog entwickeln kann.

Auf die Parallelen zu Paolo Freires Konzeption der Befreiungspädagogik wurde bereits an anderer Stelle hingewiesen, die Übertragbarkeit auf die Beziehungs- und Dialogebene zwischen den Betreuern und den süditalienischen Eltern ist jedoch keine lineare, sie muß erst geschaffen, d.h. gemeinsam erarbeitet werden: Den Dialog - nach Freire eine Fähigkeit, die "nur dem Menschen eigen ist" (Gerhardt 1988:155) - mit den süditalienischen Arbeitsemigranten aufzubauen, heißt im Laufe der Gespräche, außer der schulischen Lernstörung ihrer Kinder ihre eigene Problematik, ihre Sprachlosigkeit, zu thematisieren. Der unterstützende Kontakt zu den Eltern wird zum wichtigen Teilbereich der schulischen Stabilisierung der Kinder. Ihre kontinuierliche aktive Bereitschaft sicherzustellen, ist dabei eine wichtige Voraussetzung; wie bereits erwähnt, kann die Motivation zur Zusammenarbeit nur bedingt vorausgesetzt werden, da häufig eine große Diskrepanz besteht zwischen Erwartungshaltungen von Eltern und Betreuerperson.

Entscheidend für den Aufbau eines Dialoges zwischen der Betreuerperson und den süditalienischen Familien ist die Erkenntnis, daß zwischen beiden unterschiedliche kulturelle - schichtspezifisch <u>und</u> historisch bedingte - Voraussetzungen vorhanden sind. Gegenseitiges Begreifen als Subjekte ermöglicht das Entstehen eines Denkprozesses durch den Austausch von Wissen und Erfahrung.

Innerhalb des familienorientierten Ansatzes mit seinen Bestandteilen der Betreuung des Kindes und dem Elterngespräch kann eine phänomenologische Betrachtungsweise die jeweilige Situation des einzelnen offenlegen, seine Handlungsmöglichkeiten werden transparent gemacht und - auf längere Sicht - kann durch den Gedankenaustausch zwischen Betreuer, Eltern und Kindern eine Weiterentwicklung angeregt werden. Die aktuellen familiären Konstellationen haben sich durch Versuch und Irrtum (Selvini-Palazzoli et al. 1978:13) schon seit langer Zeit in Form eigener Regeln und Gesetze etabliert; das Erkennen und Deuten sind wichtige Schritte, die eine Veränderung ermöglichen. Durch die Erfahrung der individuell unterschiedlichen Betrachtungsweisen seines "In-der-Welt-Seins" (Laing 1976:15) und in der Auseinanderetzung mit seiner eigenen Betrachtungsweise können Zusammenhänge neu interpretiert, die eigene Rolle in der Gesellschaft geprüft werden. Diese Erkenntnisse sind notwendig, um Verhaltensänderungen wie auch Veränderungen der eigenen Erwartungen an die Umgebung vornehmen zu können. Gerade in den Projektions- und Delegationsmechanismen, in welche die eigenen Kinder verstrickt werden, können sich elterliche unklare, nicht aufgearbeitete Positionen ausdrücken. Zwar weisen Stierlin et al. ausdrücklich darauf hin, daß Delegation "Ausdruck eines notwendigen und legitimen Beziehungsprozesses" ist (1980:30), doch eignet sie sich in übertriebener, pathologischer Form auch dazu, eigene Wünsche, denen ehemals nicht Rechnung getragen wurde, auf diesem Weg doch noch erfüllt zu bekommen und damit die Kinder in ein ungeklärtes Beziehungsgeflecht zu verstricken.

Die emotionale Beteiligung der Eltern kann jedoch noch verschachtelter sein, wie im Falle vieler süditalienischer Arbeitsemigranten, hervorgerufen durch ihre noch nicht hinreichend geklärten Lebensumstände in Deutschland: Ihr Wunsch, selbst in der deutschen Gesellschaft besser integriert zu sein, ist - so in Gesprächen immer wieder zu hören - sehr stark vorhanden, er wird jedoch gleichzeitig bewußt als illusorisch abgetan, da er durch intensive negative Vorerfahrungen emotional sehr zwiespältig besetzt ist. Ähnlich Ambivalenzen sind in dem gegenüberstehenden Wunsch nach Rückkehr in die Heimat zu erkennen (vgl. Kap. 2.3).

Ihre Sicht- und Erlebensweise des manifesten Problems, der Stellung ihrer Kinder sowie ihre eigene in ihrem gesellschaftlichen Umfeld zu beschreiben können der Betreuerperson wichtige Anhaltspunkte liefern über ihre Erwartungen, Hoffnungen und Enttäuschungen bezüglich der Schulbildung ihrer Kinder. Die Fragestellung liegt also unbedingt in der Schaffung von Vertrauen und sollte sich primär an der schulischen Situation des Kindes orientieren, von den konkreten Lernstörungen ausgehend wird im Gespräch die starke Verunsicherung der Eltern über ein eventuell nicht mehr aufzuhaltendes schulisches Scheitern des Kindes thematisiert werden.

Die regelmäßige Teilnahme der Eltern an den Elterngesprächen ist jedoch auch von der grundsätzlichen, von den Eltern empfundenen, Brisanz des Falles abhängig: Sobald eine akute Angst vorliegt, daß ihr Kind beispielsweise in die Sonderschule überwiesen werden soll, zeigen sie sich engagiert und kämpferisch motiviert. Hingegen wird, wenn die akute Gefahr gebannt ist, schnell eine gewisse Lethargie erkennbar, die in etwa die Einsicht widerspiegelt, der Betreuer "habe die Situation schon im Griff". Hierbei können sich Delegationsmechanismen auftun, welche die Betreuerperson in die Bedrängnis geraten lassen, eine Entlastungsfunktion übernehmen zu müssen. Die Eltern hätten damit eine Möglichkeit gefunden, ihren eigenen Verantwortungsbereich an sie zu delegieren.

Während des Vorgesprächs innerhalb der Familiensituation wird der Betreuer bereits einen ersten Eindruck gewinnen über die spezifische Art der familiären Selbstdarstellung, das Verhalten der Familienmitglieder untereinander, ihre Kommunikation auf verbaler und non-verbaler Ebene und, nicht zuletzt, die innerfamiliäre Stellung des Kindes mit den Lernstörungen. Stierlin hebt die Notwendigkeit einer systemischen Sichtweise hervor, welche einerseits die bestehende familiäre Beziehungsdynamik betrachtet, in dem andererseits aber der "einzelne auch als Einzelsystem gesehen werden" muß (1980:42). Auch Selvini-Palazzoli et al. erkennen in der Wechselwirkung von gegenseitiger Beeinflussung des Systems durch jedes einzelne Mitglied und umgekehrt die Effektivität familiärer Kommunikation. Macht und Ohnmacht, innerhalb der Familie offensichtlich in bestimmter Weise verteilt, erwecken leicht den Eindruck, daß sich die Familienmitglieder in Überlegene und Unterlegene aufteilen. Doch ist möglicherweise genau hier die Irritation angesiedelt, der auch der Therapeut oder - wie im vorliegenden Fall -

die Betreuerperson erliegen kann. Wie Selvini-Palazzoli et al. erklären, liegt "die Macht in den Spielregeln, die sich in dem pragmatischen Zusammenspiel aller Beteiligten im Laufe der Zeit herausgebildet haben" (1978:15).

Innerhalb des vorbereitenden Gespräches stellt der Betreuer seine Arbeitsweise vor, dabei wird, neben der Empfehlung über die Anzahl der Betreuungsstunden mit dem Kind (siehe 6.1) auch der regelmäßige persönliche Austausch zwischen Betreuer und Eltern als wichtiger Teil der Intervention vom Betreuer formuliert. Er verknüpft dies mit dem Vorschlag, einmal wöchentlich im Anschluß an die Betreuungsstunde ein Elterngespräch zu führen. Nach Möglichkeit sollten daran beide Elternteile teilnehmen. Dies zu vermitteln verknüpft zwei Botschaften miteinander: erstens diejenige, daß ihm beide gleichermaßen wichtig sind und zweitens, daß für die Entwicklung des Kindes beide gleichermaßen kompetent und zuständig sind. Falls die Teilnahme beider Elternteile nicht realisierbar ist, sollte er sein tiefes Bedauern darüber ausdrücken, und auch im Laufe der Intervention den Vorschlag wiederholen, um seine tatsächliche Überzeugung darüber zu dokumentieren und sich doch mit der Zeit eine latente Bereitschaft beider zur Teilnahme zeigt.

Die Praxis zeigt, daß meist die Mütter derartige Gesprächstermine wahrnehmen. Einerseits können sie sich zeitlich meist eher darauf einstellen, andererseits geben sie sich anfänglich ein wenig aufgeschlossener gegenüber der pädagogischen Intervention. Sie selbst weisen nicht selten auf die konservative, traditionell orientierte Einstellung ihres Ehemannes hin, die eine stärkere Integration in die deutsche Gesellschaft bislang verhindert hätte.

Da die Betreuungsstunden nach Möglichkeit innerhalb der häuslichen Umgebung stattfinden sollen, berühren sie stärker den mütterlichen als den väterlichen Aufgabenbereich, was ihr größeres Engagement ein Stück weit erklären kann. Außerdem werden innerfamiliäre Schuldzuweisungen zwischen den Eltern über das kindliche Versagen sowie etwaige kindliche Verhaltensstörungen in erster Linie an sie gerichtet.

Ihre positive Haltung gegenüber der Betreuung ist für sie demnach verknüpft mit einer Stabilisierung ihres innerfamiliären Einflusses.

Die Kontaktaufnahme zu den Eltern findet in der Praxis also in erster Linie über den Kontakt zur Mutter statt. Parallel dazu wird sie die Kontrollinstanz sein, die über die entstehende Beziehung zwischen Betreuerperson und Kind urteilt, diese unterstützt oder zu begrenzen versucht. Anhand ihrer Reaktionen lassen sich fortschreitende Übertragungen bzw. Identifikationen des Kindes mit der Betreuerperson erkennen.

Obwohl der Kontakt der Mutter, insbesondere zu einer Pädagog<u>in</u>, recht aufgeschlossen ist, treten hier oftmals Irritationen zutage: In der Hoffnung, eine Unterstützung in der ansonsten feindseligen Umgebung gefunden zu haben, schließt sie nicht selten die Betreuerperson recht unvermittelt ins Vertrauen ein über Eheprobleme oder ihre Unzufriedenheit über ihre persönlichen Situation in der Familie, verknüpft mit dem Wunsch, etwas ändern zu wollen. Die Betreuerperson kann daraus leicht die Verpflichtung ableiten, für die Mutter aktiv werden zu müssen, was der Aufgabe "Behebung der kindlichen Lernstörung" möglicherweise entgegenläuft und eine Vielzahl an Konflikten mit sich bringen kann.

Dagegen ist die Kombination beider Aktivitäten nicht möglich und läuft der Zielsetzung entgegen: Im Sinne einer dialogischen Beziehung ist sie auch nicht anzustreben, da sie eindeutig eine Subjekt-Objekt-Beziehung darstellt und den beiderseitigen Lern- und Erfahrungsprozeß verhindert. Die Betreuerperson hätte damit eine übermächtige Position zugeschrieben bekommen, einerseits durch ihren Wissensvorsprung im Bildungssektor gegenüber Kind und Mutter/Eltern und andererseits durch den Versuch der Kompetenzübernahme innerhalb der alltäglichen Lebensbewältigung der süditalienischen Familien.

Ein Aspekt der freundschaftlich bis innigen Mutter-Betreuerin-Beziehung ist gezielt im Zusammenhang mit der familiensystemischen Betrachtungsweise zu interpretieren. Es handelt sich um die Interaktion mit allen - auch den nicht oder nur sporadisch anwesenden - Familienmitgliedern, die darüber hergestellt wird. Denn durch eine vertrauensvolle Beziehung, die sich im Laufe der Elterngespräche zwischen Mutter und Betreuerin entwickelt, hat erstere gegenüber ihrem Ehemann eine "Verbündete" gefunden könnte diese zur Inszenierung eines Machtkampfes benutzen.

Dieser Gefahr nach Möglichkeit bereits im Vorfeld zu begegnen bedarf vom Betreuer einer hohen Sensibilität und der Fähigkeit, die eigene Position im Umgang mit Distanz und Nähe zu der süditalienischen Familie zu erkennen. Hierbei wird die Gratwanderung sichtbar: Die Betreuerperson muß viel Kraft und Einfühlungsvermögen darauf verwenden, um die Distanz zur Familie zu verringern, das Innen und Außen zu verbinden. Das augenscheinlich große - mütterlicherseits entgegengebrachte - Vertrauen gibt ihr eine gewisse Sicherheit und macht sie gerade aus diesem Grund anfällig, die möglicherweise dahinter verborgene "Beziehungsfalle" (Stierlin) nicht zu erkennen (vgl. Kap. 5.4).

Veränderungen im familiären Verhalten können jederzeit auftreten, sobald das Kind beispielsweise aus seiner Versagerrolle herauskommt. Die damit in Gang gesetzte Dynamik läßt meist die anderen Familienmitglieder in Erscheinung treten, die vorher abwesend waren. Der Betreuer gerät hier oftmals in eine schwierige Situation, da er die Veränderungen der familiären Dynamik auch während der Betreuungsstunde immer genau beobachten muß, sie jedoch in solch einem Moment nicht zu steuern in der Lage ist; eine "Störung" durch andere Familienmitglieder kann theoretisch jederzeit erfolgen. Er muß damit rechnen und darauf reagieren können, und dies nach Möglichkeit, ohne eine Blockierung des betreffenden Familienmitglieds oder der gesamten Familie zu verursachen.

Um die Fehlerquellen beim Betreuer dabei möglichst gering zu halten, kommt der Supervisionsgruppe eine wichtige Aufgabe zu. In der geschilderten Betreuungskonstellation gerät auch ein erfahrener Betreuer immer wieder in Konflikte, wie sie Döhner und Tiefensee für den studentischen "Feldforscher" im Rahmen studienbegleitender pädagogischer Arbeiten benennen: Seine "persönliche Verstrickung ... und die systematischen Wahrnehmungsverzerrungen, die sich aus seiner lebensgeschichtlichen Begrenztheit und aus seinen Gegenübertragungsreaktionen ergeben, wird zum Instrument des Verständnisses eigener und fremder Subjektivität." (1988:121). Die familiären Verhaltensmodifikationen werden in direkten Zusammenhang zu der Beziehungsdynamik Betreuer-Kind bzw. Betreuer-Mutter/Eltern gestellt und theoretisch durchgearbeitet. Auch mit Hilfe von Rollenspielen können derart kritische Situationen nacherlebt werden. Der Betreuer kann sein Verhalten in den Rollenspielen der Supervisions-Sitzungen, beispielsweise anhand von Videoaufzeichnungen, danach noch einmal "von außen" überprüfen. Er schult damit Beobachtungsgabe und Sensibilität und kann seine Beteiligung an möglichen Fehlentwicklungen verringern; denn in der tatsächlichen Betreuungssituation im familiären Umfeld ist der Betreuer völlig auf sich allein gestellt und muß zuweilen spontan-intuitiv handeln, auch auf die Gefahr hin, möglichen "blinden Flecken" zu erliegen.

Im Unterschied zur Familientherapie hat der Betreuer innerhalb der familienorientierten Einzelbetreuung nicht die Möglichkeit, die Sitzung zu unterbrechen und sich beispielsweise zum Beratungsgespräch ins Team zurückzuziehen. Dieser gravierende Unterschied liegt zum einen in der relativ institutionsfernen Konzeption, die für den pädagogischen Einsatz die häusliche Umgebung z.B. einer Beratungsstelle vorzieht, zum anderen in der Einbindung des gesamten Supervisionsteams in die Therapiestunden durch ihre Beobachtertätigkeit hinter dem Einwegspiegel. Dies ist den Familien bekannt. Das Team, das von dort aus die Therapiestunde verfolgt, kann auch prophylaktisch bei einer vorherzusehenden Fehlreaktion des Interviewers, gegebenenfalls die Therapiesitzung unterbrechen und ihn zur Beratung mit dem Team hinter die Scheibe rufen (vgl. u.a. Stierlin 1980:52f). Damit sind weitaus bessere Bedingungen für einen Schutz vor Fehlreaktionen auf therapeutischer Seite vorhanden als in der Einzelbetreuungssituation.

## 7.5 Die Analyse der Lebensumstände als tragender Lernfaktor für Eltern und Kinder

Die Umsetzung des dialogischen Prinzips innerhalb des Eltern-Betreuer-Kontaktes erfordert sowohl eine sensible Vorgehensweise als auch die Berücksichtigung unbewußter Gehalte verschiedener Reaktionen, die stellvertretend an der Betreuerperson ausagiert werden können. Reiser beschreibt die "gegenseitigen Verhältnisse von Übertragung und Gegenübertragung, von Projektion und Delegation" als den "notwendigen Ausgangspunkt des heilerzieherischen Gruppenprozesses" (1988:34). Die Übertragungen und Gegenübertragungen, die innerhalb des Gruppenprozesses zwischen Eltern und Betreuerperson stattfinden, gestalten die gemeinsamen Kontakte als Objektbeziehungen - in Anlehnung an früher erlebte traumatische Situationen. Das dialogische Prinzip, das gegenseitige Wahrnehmen als Subjekte, muß innerhalb dieser Interaktion in einem gemeinsamen Lern- und Erfahrungsprozeß aufgebaut werden.

Innerhalb der konkreten Schulsituation spiegelt sich für die Wahrnehmung der italienischen Eltern und Kinder zu einem großen Teil ihre erlebte Diskriminierung und ihre gesellschaftliche Randstellung wider: in der Schule wird streckenweise ihre Lebenswelt, mit all ihren negativen Aspekten, nacherlebt. An diesem Ort kumulieren Diskriminierung und gesellschaftliche Randstellung sogar, da hier andere Fertigkeiten, Aspekte von Lebenskunst und Traditionsbewußtsein und allem, was nicht direkt mit dem Erlernen unserer Kulturtechniken in Zusammenhang steht, eine relativ geringe Bedeutung beigemessen wird. Eltern wie Kinder leiden darunter stark, wenngleich es für beide einen unterschiedlichen Stellenwert hat.

Die Kinder haben die Schule schon in vieler Hinsicht als ihren persönlichen Lebensbereich akzeptiert, der auch diverse Pflichten beinhaltet, dazu zählt u.a., wenn sie hier Grenzen zu erfahren versuchen, persönliche Abwehrstrategien erproben, sich verweigern. Sie erleben in der Schule, daß erlerntem, abrufbarem Wissen ein ungleich höherer Wert beigemessen wird als lebenspraktischen Inhalten, und daß eine nur geringe Beachtung derjenigen menschlichen Werte erfolgt, die sie innerhalb ihrer häuslichen Erziehung als wertvoll vermittelt bekamen. Diese traditionellen Normen und Werte, die nicht meßbar sind, können in der Beurteilungsform, wie sie die Schule vorsieht, nur schwer nachvollzogen werden. Für die Kinder wird innerhalb ihrer schulischen Laufbahn die Gewißheit entstehen, in der deutschen Gesellschaft nur als gleichwertig akzeptiert zu werden, wenn die genannten Anforderungen von ihnen erfüllt werden, das schulische Lernen erste Priorität bekommt. Das erfolgreiche Absolvieren der schulischen Laufbahn verknüpft sich für sie entweder mit einem zusätzlichen formalen Lernen ohne Hinterfragen der darin enthaltenen Widersprüche oder mit der teilweisen Aufgabe ihrer traditionellen, in der Familie praktizierten Lebensweise.

Für die Eltern beinhaltet die schulische Rollenvorgabe an die Kinder noch eine weitere, subtile Form der Kränkung. Sie beobachten einerseits sorgenvoll die potentielle Möglichkeit des Scheiterns ihrer Kinder, andererseits wird ihnen damit ihr eigenes relatives Bildungsdefizit gespiegelt. Die infolgedessen entstandene Distanz gegenüber Schule und Bildung bekommt hier den versteckten Gehalt der Unfähigkeit, das Leben zu meistern und wird damit für sie zur existentiellen Bedrohung: alle ihre Ideale, alle Prinzipien, nach denen sie bis dahin lebten, erfahren eine nahezu grundlegende Entwertung.

Diese Erfahrung kann - ja, sie muß beinahe zwangsläufig - negative Folgen für die Realitätsbewältigung der süditalienischen Eltern haben, zumal die damit verbundenen Ängste ganz massiv auf ihr Selbstwertgefühl wirken. Ihre fatalistische Grundhaltung wird dadurch noch einmal verstärkt und kann in der familienorientierten Einzelbetreuung in Form depressiver Schübe der Eltern immer wieder in Erscheinung treten. Die Hoffnung auf eine zufriedenstellende Problemlösung wird reduziert; zum anderen existieren jedoch starke Verleugnungstendenzen, die auch als Versuch der elterlichen Lebensbewältigung interpretiert werden können. Mit ihnen wird angestrebt, den Umfang des Problems so diffus wie möglich zu halten, ein Problembewußtsein so gut es geht zu unterdrücken.

Die komplexen Verflechtungen ihrer Lebenssituation in Deutschland mit dem geschilderten Problemkreis mag für die darin eingebundenen süditalienischen Familien eine besonders schmerzliche, geradezu lähmende Wirkung haben, die einer Problemanalyse mit dem Ziel, die eigene Situation zu ändern, entgegenläuft. Durch das Ansammeln langjähriger negativer Erfahrungen hat sich innerhalb der elterlichen Betrachtungsweise auch größtenteils eine Bitterkeit eingeprägt, daß, sobald sie bewußt wird, massive Gefühle von Wut und Rache hervorbrechen müssen.

Unterdrücktes Problembewußtsein der Eltern bedeutet also auch, die intensiven Gefühle weder vor sich selbst noch vor der Umgebung zu äußern. Das Schaffen eines Problembewußtseins bedeutet analog dazu für sie, in starkem Maße bereit zu sein, sich mit ihren eigenen negativen Gefühlen zu konfrontieren. Sie unterdrückt zu halten, dient gleichzeitig als Schutz vor massiven Wutausbrüchen, sowohl nach innen wie nach außen.

In dem geschilderten Phänomen zeigen sich die gegenläufigen Impulse, die bei den italienischen Eltern die Auseinandersetzung mit der schulischen Weiterentwicklung ihrer Kinder beeinflussen. Sie möchten eine Verbesserung der Situation erreichen, haben jedoch Angst davor, daß eine Veränderung derselben gleichzeitig die Verschlechterung ihrer eigenen Situation zur Folge haben könnte. Hieraus resultiert ihr Verhalten, das für die Lebenswelten der Pädagogen als abwartend und inkonsequent gilt: teils tiefe Resignation, teils Zuversicht, daß sich alles schon "irgendwie lösen wird". Ein Verhalten, das mit der Haltung des "arrangiarsi" gleichermaßen die Bereitschaft ausdrückt, in den gegebenen Mißständen zurechtzufinden, das wiederum den Umgang von Innen- und Außenwelt der süditalienischen Menschen wiedererkennen läßt[38]. Das persönliche Engagement innerhalb gesellschaftlicher Beziehungsstrukturen ist in erster Linie darauf ausgerichtet, möglichst

---

[38] Arrangiarsi = sich einigen, aber auch sich behelfen, mit etwas fertigwerden, sich arrangieren. (Übers. d. Verf. ).
Terranova beschreibt damit eine Haltung als typisch sizilianische Einstellung, die von Lehrern und Betreuern auch oftmals als Gleichgültigkeit interpretiert wird,. "Seit Jahrzehnten lebt man in diesem Ambiente und versucht, sich damit zu arrangieren, indem man schweigt." (1990:37).

wenig schmerzhaft einen Modus des "Nebeneinander-Lebens" zu finden, ohne einer Seite ernsthaft zu schaden, aber auch ohne die eigentliche Problemlösung anzustreben.

Elterliches Unterlassungsverhalten kann danach als (passives) Ablehnungsverhalten interpretiert werden, beispielsweise häufiges Zu-Spät-Kommen des Kindes, weil die Eltern verschlafen haben, oder das Vergessen von Beitragszahlungen für Ausflüge etc. Hier gerät das Kind innerhalb seiner Klasse in Zugzwang und in eine Rechtfertigungspflicht, die es kaum verkraften, geschweige denn erfüllen kann. Nach den Schilderungen der Eltern finden derartige Unterlassungen ihren Ursprung weniger in ihrer materiellen Not, sondern werden eher als Ausdruck von Vergeßlichkeit und Gedankenlosigkeit betrachtet, verknüpft mit dem Eindruck einer relativen Unwichtigkeit des Anlasses. Sie erkennen dabei nur unzureichend die Notwendigkeit der sozialen Kontakte für das Kind, in seiner persönlichen (außerfamilialen) Umgebung dazuzugehören. Für diese bedeutet es gewissermaßen das Boykottieren ihres Lebensbereiches Schule, was den Eltern allerdings unbewußt bleibt. Das Einlassen auf den Schulbetrieb wird hierdurch schon von Anfang an vermieden, die phantasierte Gefahr, die sich innerhalb des Schulbetriebs verbirgt, muß nicht verifiziert werden. Auf diese Weise erhält die vermeintliche Bedrohung durch die Schule Bestand, "die Vermeidung verewigt das Problem" (Watzlawick 1983:3).

Für einen großen Teil der Grundschullehrer existiert die Vorstellung, daß die geschilderte Vermeidung von Problemlösungen Teil unbeschwerter süditalienischer Lebenskunst und damit gewissermaßen eine süditalienische Charaktereigenschaft geworden ist. Dementsprechend sind ihre Reaktionen oftmals sehr machtorientiert und weniger an den möglicherweise dahinterstehenden Beweggründen des elterlichen Verhaltens ausgerichtet. Diejenigen Menschen, die in der Lage sind, "Pechsträhnen und Schicksalsschläge in ausgemachte Treffer zu verwandeln" (Fest 1992:248), die das Elend für ihren eigenen Profit auszunutzen verstehen, entsprechen m.E. in keiner Weise der Realität von in Deutschland lebenden süditalienischen Arbeitsemigranten.

Vielmehr ist die Vermeidung von Entscheidungen - diese Interpretation des elterlichen Unterlassungsverhaltens liegt nahe und impliziert keinen Affront gegen die Lehrpersonen - sehr häufig gekoppelt an die Angst vor der Unwiderrufbarkeit einer Entscheidung und vor den nicht überschaubaren Konsequenzen, an denen man für den Rest seines Lebens schwer zu tragen haben könnte (vgl. Watzlawick 1978:84).

In ihrem Leben haben sich Situationen der Enttäuschungen und nicht erfüllter Erwartungen aneinandergereiht. Diese machen in ihrer Summe einen großen Teil der Hoffnungslosigkeit und Resignation aus, die sich in den Lebensgeschichten der süditalienischen Eltern zeigt. Gleichzeitig findet sich jedoch in ihren unbewußten, immer wiederkehrenden Verhaltensweisen auch immer ein Grund für die Festschreibung der einengenden, unlösbaren Situation. Die Entsprechung des eigenen Verhaltens zu den Erwartungen der Umgebung bieten Erklärungsmuster dafür, weshalb bestimmte Mechanismen immer in der gleichen Weise in Gang gesetzt werden, der Teufelskreis beweist seine Unauflösbarkeit.

Innerhalb der Gespräche mit dem Betreuer können jedoch eigene Anteile wie auch diejenigen der Umgebung am Gelingen des genannten Mechanismus offengelegt und analysiert werden. Es kristallisieren sich dabei eigene, bisher versuchte Lösungsmodelle als extrem "problemerhaltend" heraus (ebenda:127).

Das Wiedererleben und Erkennen ihrer Vergangenheit - gerade im Hinblick auf ihre Rollenzuschreibung und Diskriminierung - kann schrittweise für die Eltern den Weg zu einem Neubeginn (Balint 1966:195) öffnen: Angefangen bei ihrem Weggang, dessen Motive individuell sehr verschieden waren, finden sich in starkem Maße ungeklärt gebliebene Situationen, die auf ihr aktuelles Empfinden und ihre Lebenssituation in Deutschland zurückwirken.

Desweiteren beinhalten die langen Jahre einer entbehrungsreichen Zeit in der Fremde ohne den Schutz ihrer traditionellen ländlichen Umgebung viele Gründe für eine tiefgreifende persönliche Verunsicherung. Die Lebensform, die oftmals über Jahre praktiziert wurde, zeichnet sich durch Vorläufigkeit aus: Wünsche und Sehnsüchte waren so lange Zeit in erster Linie gekoppelt an die kurzen Aufenthalte in der Heimat und für den Rest des Jahres wurde von der hieraus gewonnenen Energie gezehrt. Orientierung an neuen Lebensstilen wurde in erster Linie vermieden, die traditionell überlieferte, gewohnte Lebensweise duldete kein tieferes Hinterfragen, und erst das Heranwachsen der Kinder verhilft dazu, dieses Tabu zu brechen.

Die Aufarbeitung der eigenen Lebenssituation im Gespräch mit dem Betreuer wird im Laufe der Zeit Schlüsselerlebnisse bei den süditalienischen Eltern wiederaufleben lassen, ebenso offengebliebene Wunden erlebten Unverständnisses und Verlassenseins. Der Betreuer verhilft ihnen im Idealfall, die erlebten Situationen nachzuspielen und sie - unter den geschützten Bedingungen der speziellen Gesprächssituation - nicht als Verlierer zu erleben. Der situative Ansatz, das Erkennen und Formulieren der eigenen Lebenssituation verhilft den Familien, d.h. Eltern wie Kindern, zu einer neuen, komplexeren Betrachtungsweise ihrer Fähigkeiten: Aus der Verknüpfung von Reflexion und Aktion (Freire) erleben sie die Möglichkeit, diese zu nutzen, auch in einen Dialog zu treten mit der sie umgebenden Welt und daraus für diese und sich selbst Veränderungen vorzunehmen.

## 7.6 Die Einbindung der Institutionen bei der Verwirklichung der Konzeption

Die Hervorhebung des familiensystemischen Bereiches innerhalb der vorgestellten Konzeption als vorrangiges Arbeitsfeld für die Betreuerperson soll keinesfalls als Schuldzuweisung an die süditalienische Familie verstanden werden, daß sie für ihr gesellschaftliches Randgruppendasein selbst verantwortlich gemacht werden soll. Trotzdem kann, wie bereits weiter oben betont, eine Problemlösung nur im Zusammenwirken der verschiedenen beteiligten Interessengruppen erfolgen. Analog dazu sind die Veränderungen bestimmter familiärer Konstellationen in keiner Weise ausreichend, um der zweiten, bzw.

nunmehr schon bald der dritten Generation von süditalienischen Arbeitsemigranten den Zugriff auf akzeptable Bildungschancen in Deutschland zu ermöglichen. Hier sind in entscheidendem Maße Rolle und zukünftiges Selbstverständnis der verschiedenen beteiligten Institutionen angesprochen, die eine intensive pädagogische Förderung in der genannten Form unterstützen müssen, um ihre Realisierung zu ermöglichen.

In der Tat versucht die familienorientierte Intervention in ihrem Ansatz nur bedingt, die gesellschaftlichen Bedingungen aktiv zu bekämpfen. Gleichwohl kann sie in ihrem Rahmen wichtige Vorarbeiten leisten: Durch die persönlichen Kontakte der Betreuerperson mit Schulen, Lehrern und außerschulischen Organisationen kann die Sichtweise der Problematik bei diesen Institutionen verändert werden, was sich langfristig auf die gesamtgesellschaftliche Situation der süditalienischen Arbeitsemigranten und ihrer Kinder auswirkt.

Dem Kontakt des Pädagogen zu den Schulen gebührt - wie mehrfach herausgearbeitet - ein wichtiger Platz. Hierbei könnte die Anerkennung des Betreuungskonzeptes von der Schule als eine, die schulische Wissensvermittlung unterstützende Methode den Schritt erleichtern, daß nicht Betreuer und Lehrer gegeneinander arbeiten. Jeweilige Machtpositionen dürfen keine Priorität bekommen vor der pädagogischen Arbeit. Diese Aufgabe bedarf in der Anfangsphase nicht nur bei Lehrern, sondern auch besonders bei Schulleitern und übergeordneten Stellen starker Überzeugungsarbeit. Erst eine wohlwollende, untersützende Haltung gegenüber dem Konzept kann die Bereitschaft wecken, die festgefahrene schulische Situation der Kinder selbstkritisch unter Einbeziehung der eigenen Position zu betrachten und gegebenenfalls Veränderungen zuzulassen bzw. selbst vorzunehmen.

Kritik an der unklaren Standortbestimmung der Institutionen gibt es mehrfach, insbesondere, wenn die Bemühungen um einen Abbau von Vorurteilen, die Müller schon vor zwei Jahrzehnten als negativ stabilisierende Faktoren der vorhanden Sprachbarrieren ausländischer Kinder benannt hat (1973:117ff), mit der Ausrichtung eines "integrativen Sommerfestes" bereits aufgehoben sind (Borelli 1982:10).

Die Forderungen nach Integration der ausländischen Mitbürger bestehen seit langem und werden mittlerweile auch politisch durchzusetzen versucht, beispielsweise mit Hilfe des in vielen hessischen Städten und Gemeinden eingeführten kommunalen Wahlrechts für Mitglieder der EG[39]. Hier ist zumindest auf dieser Ebene ein erster Schritt getan, die Frage nach dem Stellenwert von Integration tiefgreifender zu beantworten. Borellis Benennung zweier "Integrationshindernisse" ist damit zu einem kleinen Teil - bezogen auf die Angehörigen aus EG-Mitgliedsstaaten - abgemildert: Nach seiner Darstellung scheitert Integration zum einen an politischen Ideologien und zum anderen an "ökonomischen Vorurteilen." (ebenda:17). Eine Realisierung der Integration betrachtet er insgesamt sehr pessimistisch, da die gesellschaftliche Randposition des Arbeitsemigranten aufrechterhalten und nicht in Frage gestellt wird (ebenda:27). "Ausländerpädagogik" bezeichnet er als Schlagwort und weist auf die Aufgabe der Pädagogik für alle Kinder gleichermaßen hin. Hierbei sollte Ich-Struktur gestärkt werden, damit Ich-Identität aufgebaut werden kann, sowie die "Entwicklung von Ich-Stärke, auf deren Basis Ich-Realisierung möglich ist." (ebenda:29). Die genannten Ich-Fähigkeiten können sich jedoch nur innerhalb eines Umfeldes entwickeln, wo "Desorientierung nicht ein erzieherisches Kontinuum bildet." (ebenda:29).

Ferner hebt Borelli die bestehende Dialektik zwischen Integration und Ich-Identität hervor. "Es gibt keine Integration für Kinder ausländischer Arbeitnehmer ohne Ich-Identität. Umgekehrt: Es gibt für diese Kinder keine Ich-Identität ohne Integration." (ebenda:29). Doch damit ist nicht gewährleistet, daß Integration dort, wo sie stattfindet, automatisch Ich-Identität vermittelt. Die Verantwortung bei der Problemlösung liegt also im gesamtgesellschaftlichen Zusammenwirken und in der Bewußtmachung des "politisch-ökonomischen Phänomens Auswanderung" bei der ausländischen und deutschen Bevölkerung: "Erst wenn

39 Diese Tendenz in der öffentlichen Meinung nimmt fatalerweise auch aus dem Grunde zu, um eine Abgrenzung zwischen Kindern von Arbeitsemigranten und Flüchtlingskindern herzustellen. Danach gelten insbesondere Kinder süditalienischer Arbeitsemigranten als weitgehend integriert, andererseits fehlt ihnen der "Bonus der Exotik", was ihre Leistungsbeurteilung in den Schulen verschärfen kann. Man geht einfach davon aus, daß durch die lange Zeitspanne, während der die Eltern bereits in Deutschland leben, für die Kinder eine Angleichung an den kulturellen deutschen Hintergrund gegeben ist.

(...) ausländische Arbeitnehmer im Kontext der Marktsituation und Marktbeherrschung im In- und Ausland gesehen werden, (...) ist die Aufhebung des Vorurteilssyndroms nicht auszuschließen." (ebenda:31).

Die Schule als wichtiger Ort sekundärer Sozialisation für das Kind hat eine nachhaltige, entscheidende Wirkung "durch die Gewährung oder Verweigerung von Bildungs- und Berufschancen" (Müller 1977:88). Zur langfristigen Veränderung der schulischen Situation der süditalienischen Kindern müssen wichtige Impulse von ihr ausgehen. Dabei müssen u.a. die unterschiedlichen Sozialisationsformen verstärkt berücksichtigt werden (u.a. Borelli 1982:30). Integration sollte dabei grundsätzlich bedeuten, Toleranz zu üben gegen die Menschen anderer Kulturkreise und ihre Sozialisationsformen zu respektieren, so daß die ausländischen Arbeiterkinder trotz der "paradoxen Sozialisation" (Müller 1977:87), die sie erfahren, ihre Identität als (Welt-)Bürger finden können.

Die Beteiligung von Schulen und außerschulischen Institutionen ist bei der Bewältigung des Problemkreises unbedingt notwendig, denn nur durch eine Bewußtmachung auf breiter gesellschaftlicher Ebene können Veränderungen eintreten. Die unterschiedlichen Interessenlagen von Eltern und Schule setzen ihre jeweiligen eigenen Prioritäten verlaufen. Im Zuge einer vernünftigen Zusammenarbeit sollte einzige Priorität die bestmögliche Förderung jedes einzelnen Kindes sein. Formale Interessen, die den Umfang der Intervention und den Einsatz der Institutionen betreffen, sollten dahinter zurücktreten.

Die Frage nach einer die Betreuung finanzierenden Trägerschaft kann - wie sehr häufig in der pädagogischen Arbeit mit Randgruppen, so auch in der Arbeit mit den süditalienischen Familien - zu einem eigenständigen Problem werden. Da die Problematik sich im Laufe der letzten zwei Jahrzehnte nicht grundlegend geändert hat, sind sowohl die Bedürftigkeit wie auch die Hoffnungslosigkeit gleich groß. Von öffentlicher Seite stehen oftmals nur geringe Finanzmittel zur Verfügung oder die Wirkung einer pädagogische Intervention auf das gesamtgesellschaftliche Umfeld ist durch ihre zeitliche Begrenzung - beispielsweise im Rahmen eines Hochschulprojektes - von vorn herein begrenzt. Die Effektivität einer situationsbezogenen pädagogischen Arbeit wird dadurch sehr beeinträchtigt.

In ihrem Resümee über die Aktualität von Lebensweltansatz und Handlungsforschung räumt Drygala der lebensweltorientierten Randgruppenarbeit in der heutigen Zeit nur geringe Chancen ein, da beispielsweise Forschungsmittel weit mehr "in für Technologieentwicklung relevante Bereiche" fließen und damit die wissenschaftliche Arbeit auf dem vorliegenden Gebiet eingeschränkt wird (Drygala 1988:187). Sie weist jedoch auf die besondere Notwendigkeit von Dialog und Lebensweltanalyse gerade in der heutigen Zeit hin, um Unterdrückung und Entfremdung innerhalb gesamtgesellschaftlicher Zusammenhänge abzubauen.

Bei der Einbindung von Institutionen in die geschilderte Betreuungskonzeption muß in ähnlicher Weise für Zuspruch und Unterstützung geworben werden wie weiter oben geschildert innerhalb des Kontaktes mit Lehrern und Schulleitern. Hier liegt ein Hauptaspekt jedoch auf dem finanziellen Bereich. Sobald Verbände als Träger der genannten Förderprojekte auftreten, werden diese indirekt durch formale und organisatorische Probleme beeinflußt, was in manchen Fällen zur vorzeitigen Auflösung der Trägerschaft führen kann (Iben/Chassé 1981:83).

In welchem Maße sollte die Intervention direkt von der Schulbehörde als bereits beteiligter Institution ausgehen, oder ist nicht vielmehr eine strikte Trennung der institutionellen Kompetenzbereiche anzustreben, um womöglich festgefahrene Beziehungsstrukturen zwischen Kind, Eltern und Schule durchbrechen zu können und eine neue Machtverteilung damit zu erreichen? Zumindest auf familiärer Ebene könnte somit die Möglichkeit eher genutzt werden, Verhaltensmuster zu erkennen, welche die eigene gesellschaftliche Rolle betreffen, und diese gegebenenfalls, verknüpft mit einer erneuten Realitätsprüfung, zu ändern und einen Neubeginn zu versuchen.

Der Bereich Schule, genauer gesagt, die Grundschule, ist am stärksten in den genannten Problemkreis involviert, hier manifestieren sich die Lernstörungen und werden diagnostiziert (vgl. Reiser 1981:28). Für das Lesen- und Schreibenlernen gelten grundsätzlich die ersten beiden

Grundschuljahre als besonders wichtig (vgl. Giese 1986:19 und Schwänke in: Namgalies et al. 1990:10). Was hier an negativen oder positiven Erfahrungen mit dem Lernen gemacht wurde, beeinflußt auch die weitere Persönlichkeitsentwicklung, kann nicht mehr ausgelöscht werden.

Die süditalienischen Eltern sehen die Schule auch als Verursacher der Lernstörungen, ein Grund, das Betreuungskonzept unter ihrer Trägerschaft abzulehnen. Cavalli-Wordel schlägt als Überleitung zwischen Schule und Eltern einen "Informations- und Koordinationsdienst" vor (1989:187), der die besondere Hemmschwelle der italienischen Familien vor schulischen und anderen Institutionen berücksichtigt, seinerseits auf die Familien zugeht und um ihre Teilnahme wirbt. Ihr Vorschlag, das Konzept allen emigrierten Familien zur Verfügung zu stellen und den Datenaustausch zwischen deutschem Einwohnermeldeamt und italienischem Konsulat zu verstärken (ebenda:188), um - quasi als prophylaktische Maßnahme - alle Familien erreichen zu können, würde den Institutionen eine Allmachtsstellung gegenüber den Familien einräumen, losgelöst davon, ob Probleme aufgetreten sind oder dies für die Zukunft befürchtet wird. Es würden damit in die Leistungsbeurteilung andere, schulfremde Institutionen in ein institutionen-übergreifendes Informationssystem einbezogen, das mit Sicherheit bei den süditalienischen Eltern eher Angst- und Verfolgungszustände als Zustimmung auslösen und ihre Abwehrhaltung innerhalb des *Überlagerungscharakters* weiter festschreiben würde.

## 8. Schlußbemerkung / Ausblick

Die Untersuchung hat es mehrfach gezeigt: Für die süditalienischen Kinder und ihre Eltern erweist sich die tiefgehende, unter sozialpsychologisch/ethnopsychoanalytischen Erkenntnissen herausgearbeitete Verfestigung ihrer familiären Bindungen als die einzig gültige. Das sich daraus ableitende Werte- und Normensystem trägt der Erwartungshaltung der deutschen Schule an die süditalienischen Familien nur bedingt Rechnung. Es existieren für sie zwei unterschiedliche Welten mit ebenso unterschiedlichen Wertigkeiten - eine Tatsache, die in der pädagogischen Arbeit mit süditalienischen Kindern dringend Beachtung finden sollte. Das besonders häufige schulische Scheitern süditalienischer Kinder in deutschen Schulen ist Resultat der Unvereinbarkeit beider Positionen.

Familiäres Verschließen gegen die Außenwelt gilt gerade für die meridionalitalienische Lebenswelt als einziger Ausweg vor der Übermacht äußerer, gesellschaftlicher Gewalt schlechthin. Historisch und aktuell stellt es die einzige Möglichkeit dar, mit verschiedensten Arten des Beherrschtwerdens und der Unterdrückung fertigzuwerden. Ausgehend von der Tatsache, daß Überlagerungsmechanismen im süditalienischen Raum bereits jahrhundertelang wirksam waren, aus denen sich die "historische Marginalität und deren Denk- und Handlungsstrukturen" (Giordano 1992:28) im Bewußtsein der Menschen gefestigt hat, kann die vorliegende Problematik als ein weiteres Überlagerungsphänomen betrachtet werden. Die Untersuchung zeigt, daß die Alternative, die Giordano für die "Betrogenen der Geschichte" formuliert hat, "die Chance, sich auf die bewährten Kulturtraditionen als Erwiderungs- und Widerstandsstrategien zu berufen, oder die Möglichkeit auszuwandern" (ebenda:512), sich in der Realität der Migration häufig auf die Persistenz der traditionellen Denk- und Verhaltensweisen reduziert.

Die Erfahrung im Umgang mit staatlichen Stellen in Deutschland haben diese Tendenz gefördert. Mißtrauen und Unsicherheit der süditalienischen Eltern haben sich im Laufe der Jahre eher noch einmal verstärkt, nur sehr selten konnte hier eine positive, wohlwollende Haltung gegenüber ihren Interessen und Belangen erlebt werden. So gewinnt auch die intuitive Abwehrhaltung der süditalienischen Eltern gegenüber institutionellen Förderangeboten für ihre Kinder eine viel weitreichendere Dimension, die sie daran hindert, auch frühzeitig angebotene Hilfsmaßnahmen, die zur einer Leistungsstabilisierung beitragen würden, als solche verstehen und annehmen zu können. Das von Lehrern oftmals angenommene elterliche Desinteresse hingegen läßt diese Deutung nur schwer zu. Hierbei tritt zwischen Eltern und Lehrern eine Kommunikationsstörung zutage, die, oftmals von Vorurteilen auf beiden Seiten angereichert, unauflösbar erscheint (u.a. Liguori-Pace 1986:173).

Die Initiative der nationalen italienischen Schulbehörde zum Stützunterricht in der familiären Umgebung stellte einen wichtigen Schritt dar und erkannte die Zusammenhänge zwischen der Lebenswelt und den Lernstörungen der süditalienischen Kinder. Die sichtbaren Gründe für die elterliche Unsicherheit konnten zum Teil beseitigt werden, und durch das Aufbauen einer vertrauensvollen Beziehung zwischen Nachhilfelehrer und Familie wurden die subjektiven Lernbedingungen für das Kind verbessert. Doch gerade im Zuge eines in der Anfangsphase positiv verlaufenden Stützunterrichts trat beinahe zwingend die Polarisierung in zwei grundsätzlich unvereinbare Positionen - der familiären und der institutionellen - wieder auf; letztere wurde schließlich auch dem Nachhilfelehrer zugeschrieben.

Die außerschulische pädagogische Intervention bietet eine längerfristige Möglichkeit, diese verhärteten Konstellationen aufzubrechen und eine Ebene des Dialoges zu finden. Dieser ist notwendig, um neue - bessere - Lernbedingungen für die süditalienischen Kinder zu schaffen, um ihnen eine volle Teilhabe an der Gesellschaft zu ermöglichen und Diskriminierungen abzubauen (Iben 1988:365). Die für sie relevanten, unterschiedlichen Lebenswelten geraten damit ins aktuelle Blickfeld, immer wiederkehrende Schlüsselsituationen im Sinne Freires können als neue Lernbereiche genutzt werden.

Die Konzeption der familienorientierten Einzelbetreuung macht sich diesen Ansatz zunutze und geht damit weit über den Einsatz der Betreuerpersonen in den süditalienischen Familien hinaus. Sie setzt sich mit ihren traditionell gewachsenen Verhaltensweisen auseinander und bezieht diese in die Arbeitsmethode mit ein. Im Austausch mit den Familien vermittelt sie ihnen ihren Anspruch auf die Bildung ihrer Kinder und gesteht ihnen im Rahmen eigenverantwortlichen Handelns zu, diesen auch einzufordern.

Wichtige Teilaspekte im Aufbau des Dialogs sowohl mit den Lehrern als auch mit den süditalienischen Eltern sind Veränderungen in der Wahrnehmung des Gegenübers und den zugehörigen Erwartungen. Hier treten selbstverstärkende Mechanismen in Kraft: Der Kontakt zwischen süditalienischen Eltern, Betreuern und Lehrern ermöglicht die schrittweise Auflösung von Vorurteilen, so daß die beiden unterschiedlichen Lebenswelten für die Kinder weniger konflikthaft erlebt werden. Gleichzeitig wirken sich veränderte Erwartungshaltungen der Lehrer auf die schulischen Leistungen der Kinder positiv aus und können darüber hinaus auch die elterliche Motivation erhöhen, die "familiäre Umklammerung" ihrer Kinder zu lockern.

Eine regelmäßige psychologische Supervision sollte in jedem Fall als fester Bestandteil die familienorientierte Einzelbetreuung begleiten, da mit ihrer Hilfe Konflikte bereits im Vorfeld ihres Entstehens erkannt und aufgearbeitet werden können. Das häufig gegen den Einsatz von Supervision ins Feld geführte Argument zu hoher Kosten sollte zurückstehen hinter der grundsätzlichen Überlegung, ob ohne ihren Einsatz das Gelingen der pädagogischen Intervention überhaupt gewährleistet werden kann.

Die entwickelte Konzeption versteht sich als Teil eines interkulturellen pädagogischen Ansatzes, der in dem gleichberechtigten Miteinander einen Dialog der in Deutschland lebenden Mitglieder verschiedener Kulturen anstrebt, eine Aufgabe, die - gerade in Anbetracht einer in der Bevölkerung streckenweise festzustellenden zunehmenden Resignation gegenüber aktuellen ausländerfeindlichen Tendenzen - für die nächste Zukunft eine besonders große Herausforderung darstellt.

# 9. Bibliographie


Abate, Carmine: Schwimmen, schwimmen. In: Biondi et al. (1981), a.a.O.,S. 93-99

Abate, Carmine (Hrsg.): In questa terra altrove Cosenza 1987

Abate, Carmine und Behrmann, Meike: Die Germanesi. Frankfurt 1984

Adams, Ursula und Haas, Thea: Schülerhilfe. In: Iben (1970) a.a.O., S. 56-60.

Aichhorn, August: Verwahrloste Jugend (5. Auflage) Bern 1966

Alario, Luigi: Vormittagsunterricht in italienischer Muttersprache. In: Dt. Institut f. Fernstudien a.a.O., S. 105-110

Argan, Giulio Carlo und Romano, Ruggiero.: Die Gleichzeitigkeit des Ungleichzeitigen. Frankfurt 1980

Amodeo, Imacolata: La signorina tedesca calabrese/Das deutsche Fräulein aus Kalabrien. In Giambusso (1983) a.a.O., S. 108-109

Apitzsch, Gisela: Schulerfolg und Sonderschulaufnahme. In: Sachunterricht und Mathematik in der Primarstufe 11, 12/1990

Arlacchi, Pino: Emigration und traditionelle Gesellschaftsordnungen in: Zibaldone 2/1986

Auernheimer, Georg (Hrsg.): Handwörterbuch Ausländerarbeit. Weinheim 1984

Auernheimer, Georg: Einführung in die interkulturelle Erziehung Darmstadt 1990

Balint, Michael: Angstlust und Regression Reinbek 1972

Balint, Michael: Die Urformen der Liebe und die Technik der Psychoanalyse. Stuttgart 1966

Barbero-Avanzini, Bianca e Lanzetti, Clemente: Problemi e modelli di vita familiare. Milano 1980

Bateson, Gregory: Ökologie des Geistes (2. Auflage) Frankfurt 1983

Bausinger, Hermann (Hrsg.): Ausländer - Inländer Tübingen 1986

Bechtle-Kühnemund, Karin: Rückkehr nach Monopoli
Frankfurt 1989

Beck, Ulrich: Risikogesellschaft. Auf dem Weg in eine andere Moderne.
Frankfurt 1986

Di Bella, Maria Pia: Arbeit und Männlichkeit. Die Konstruktion der Reputation bei den Bauern Süditaliens. In: Giordano/Hettlage (1989) a.a.O., S. 111-124

Bernsdorf, Wilhelm (Hrsg.): Wörterbuch der Soziologie.
(2. Auflage) Stuttgart 1969

Bertram, Wulf: Angehörigenarbeit. Familientherapie für die psychologische Alltagspraxis. (2. Auflage)
München/Weinheim 1986

Biondi, Franco: Deutsche Sprache, schwergemachte Sprache.
In: Naoum et al.(1981) a.a.O., S. 44-46

Biondi, Franco: Passavantis Rückkehr
Fischerhude 1982

Biondi, Franco: Zur lyrischen Arbeit Giuseppe Giambussos.
In:Giambusso (1985), S. 8-9.

Biondi, Franco et al. (Hrsg.): Im neuen Land
Bremen 1980

Biondi, Franco et al. (Hrsg.): Zwischen Fabrik und Bahnhof.
Bremen 1981

Biondi, Franco et al. (Hrsg.): Zwischen zwei Giganten.
Bremen 1983

Bonavista, Petra: Donna Sicilia
Pfaffenweiler 1993

Boos-Nünning, Ursula: Schulbildung ausländischer Kinder.
Bonn 1976

Boos-Nünning, Ursula: Lernprobleme und Schulerfolg
in: Hohmann, M. (1980) a.a.O., S. 57-88

Boos-Nünning, Ursula und Hohmann, Manfred: Probleme des Unterrichts in der Grund und Hauptschule aus der Sicht der Lehrer in Vorbereitungs- und Regelklassen. In: Hohmann (1980) a.a.O., S. 26-56

Borelli, Michele: Ausländerpädagogik - Ersatz für politisch-ökonomischeVersäumnisse? In: Ruhloff (1982) a.a.O., S. 10-32

Borris, Maria: Ausländische Arbeiter in einer Großstadt
Frankfurt 1973

Bosch, Maria: Ansätze der entwicklungsorientierten Familientherapie. Frankfurt 1977

Boszormenyi-Nagy, Ivan und Spark, Geraldine K.: Unsichtbare Bindungen. (3. Auflage) Stuttgart 1992

Brink, Lisa und Thies, Leonore: Nachforschungen in Barbiana. Weinheim/Basel 1984

Brusten, Manfred und Hohmeier, Jürgen: Stigmatisierung. 2 Bände. Darmstadt 1975

Bukow, Wolf-Dietrich und Llaroya, Roberto J.: Mitbürger aus der Fremde. Opladen 1988

Busch, Angelika: Migration und psychische Belastung Berlin 1983

Caballero, Maria; Thiem, Helga; Weßel, Maren: Sizilianische Frauen In: Giordano/Greverus (1986) a.a.O., S. 271-324

Cardella, Lara: Ich wollte Hosen Frankfurt 1990

Campagna, Ignazio: Der muttersprachliche Unterricht in seiner alltäglichen Realität. In: Dt. Institut für Fernstudien (1986) a.a.O., S. 98-100

Cavalli-Wordel, Alessandra: Schicksale italienischer Migrantenkinder. Weinheim 1989

Cederna, Camilla: Reise in die Geheimnisse Italiens. (2. Auflage) Freiburg 1986

Censis - Materiali di ricerca: Gli anni del cambiamento Roma 1982

Chassé, Karl August: Was heißt situativ vorgehen? In: Iben (1992a) a.a.O., S. 152-162

Chassé, Karl August; Drygala, Anke; Schmidt-Noerr, Anne: Randgruppen 2000. Bielefeld 1992

Chiellino, Gino: ad un amico / An einen Freund. In: Giambusso (1982) a.a.O., S. 50-51

Chiellino, Gino: Literatur und Identität in der Fremde. Augsburg 1985

Cinanni, Paolo: Emigration und Arbeitereinheit Frankfurt 1979

Cirillo, Stefano Und Di Blasio, Paola: Familiengewalt: Ein systemischer Ansatz. Stuttgart 1992

Comitato Assistenza Scolastica Italiana (Co.as.sc.it.) Frankfurt: Projekt Psychoanalytisch/pädagogische Nachhilfe für italienische Kinder. (2. Überarbeitete Auflage) Frankfurt 1982

Cornelisen, Ann: Frauen im Schatten (Taschenbuchausgabe) Frankfurt 1980

Cremerius, J.: Schichtspezifische Schwierigkeiten bei der Anwendung der Psychoanalyse bei Unterschichtspatienten. In: Cremerius et al. (1979) a.a.O., S. 83-96

Cremerius, J.; Hoffmann, S.O.; Trimborn, W.: Psychoanalyse, Über-Ich und soziale Schicht. München 1979

Crescenzo, Luciano de: Oi Dialogoi Zürich 1987

Dally, Ann: Die Macht unserer Mütter Stuttgart 1979

Delhaes-Guenther, Dietrich von: Internationale Arbeitskräftewanderungen: eine Analyse der süditalienischen Außenemigration. Saarbrücken 1984

Dethlefsen, Thorwald und Dahlke, Rüdiger: Krankheit als Weg. München 1983

Deutsches Institut f. Fernstudien an der Universität Tübingen: Projekt Ausländerkinder in der Schule. 3 Bände. Tübingen 1986

Devaux, Katja und Halva, Jürgen: Die ehrbare Familie - Veränderungen im Zentrum sizilianischen Selbstverständnisses. In Giordano/Greverus (1986) a.a.O., S. 237-270

Dikmen, Sinasi: Gastarbeitersatire in Deutschland. In Polynationaler Kunstverein (1985) a.a.O., S. 20-23

Döhner, Otto und Tiefensee, Irmgard: Übertragung und Gegenübertragung in pädagogischen Beziehungen - vernachlässigte Aspekte in der Ausbildung von Pädagogen für Behinderte. In: Iben (1988) a.a.O., S. 116-122

Dörner, Klaus U. Pflug, Ursula: Irren ist menschlich oder Lehrbuch der Psychiatrie/Psychotherapie. Wunstorf/Hannover 1978

Dolci, Danilo: Vergeudung Zürich, 1965

Drygala, A.: Die Interessen des Trägers. In: Iben (1992a) a.a.O., S. 140-142

Eberwein, Hans (Hrsg.): Fremdverstehen sozialer Randgruppen. Berlin 1987

Eckstaedt, Anita U. Klüwer, Rolf (Hrsg.): Zeit allein heilt keine Wunden. Frankfurt 1980

Elias, Norbert: Nachwort in Abate/Behrmann (1983) a.a.O., S. 197-202

Elschenbroich, Donata (Hrsg.): Einwanderung, Integration, Ethnische Bindung (Dt. Auswahl aus Harvard Encyclopedia of American Ethnic Groups). Basel/Frankfurt 1985

Elschenbroich, Donata: Einwanderungsland USA - Einwanderungsland Bundesrepublik. Hagen 1988

Endruweit, Günter; Trommsdorf, Gisela (Hrsg.): Wörterbuch der Soziologie. 3 Bände. Stuttgart 1989

Erdheim, Mario: Die gesellschaftliche Produktion von Unbewußtheit. Frankfurt 1982

Erikson, Erik H.: Kindheit und Gesellschaft Stuttgart 1978

Erikson, Erik H.: Identität und Lebenszyklus (12. Auflage) Frankfurt/Main 1991

Esser, Hartmut: Nur eine Frage der Zeit? In: Esser/Friedrichs (1990) a.a.O.,S. 73-100

Esser, Hartmut und Friedrichs, Jürgen (Hrsg.): Generation und Identität. Opladen 1990

Fink, Humbert: Tränen unter der Sonne München 1979

Freire, Paulo: Pädagogik der Unterdrückten (Taschenbuchausgabe) Reinbek 1973

Freud, Anna: Das Ich und die Abwehrmechanismen München 1977

Freud, Anna: Wege und Irrwege der Kinderentwicklung. Bern / Stuttgart 1968

Freud, Sigmund (1914): Zur Einführung des Narzißmus. In: Ges. Werke Bd. X. Frankfurt 1977

Friberg, Detlev und Hohmann, Manfred: Schulpflicht und Schulrecht. Die Situation in den einzelnen Bundesländern. In: Hohmann (1980) a.a.O., S. 11-25

Frigessi-Castelnuovo, Delia: Zwischen zwei Welten gefangen. Emigration und Geisteskrankheit. In: Zibaldone 2/1986

Frigessi-Castelnuovo, Delia und Risso, Michele: Emigration und Nostalgia. Frankfurt 1986

Fromm, Erich: Die Furcht vor der Freiheit. (12. Aufl.), Frankfurt 1980

Fromm, Erich: Die Kunst des Liebens
Frankfurt/Berlin/Wien 1980

Gerhardt, Heinz Peter: Paolo Freires Dialog mit den Unterdrückten. In: Iben (1988) a.a.O., S. 153-166

Giambusso, Giuseppe: Wurzeln, hier - Le Radici, qui.
Bremen 1982

Giambusso, Giuseppe: Nach dem Gestern - Dopo ieri.
Bremen 1983

Giambusso, Giuseppe: Jenseits Des Horizonts - al di là dell'orizzonte
Bremen 1985

Giese, Heinz W.: Ursachen und Konsequenzen des Analphabetismus bei jungen Menschen in der Bundesrepublik Deutschland. Oldenburg 1986

Giordano, Christian: Vom Reisebericht zur systematischen Anthropologie. Mediterrane Gesellschaften als verkehrte Welten. In: Giordano/Greverus (1986) a.a.O., S. 15-52

Giordano, Christian: In: Giordano/Hettlage 1989

Giordano, Christian und Hettlage, Robert: Bauerngesellschaften im Industriezeitalter. Berlin 1989

Giordano, Christian et al.: Kultur anthropologisch
Frankfurt 1989

Giordano, Christian und Greverus, Ina-Maria (Hrsg.): Sizilien - die Menschen, das Land und der Staat. Frankfurt 1986

Giordano, Christian: Die Betrogenen der Geschichte
Frankfurt/New York 1992

Gläss, Bernhard: Alphabetisierung in Industriestaaten.
(2. Auflage) Bonn 1990

Glumpler, Edith: Schullaufbahn und Schulerfolg türkischer Migrantenkinder. Hamburg 1985

Goetze, Dieter: Probleme der Akkulturation und Assimilation. In: Reimann/Reimann (1987) a.a.O., S. 67-94

Goffman, Erving: Stigma.
(Taschenbuchausgabe) 10. Auflage Frankfurt 1991

Gramsci, Antonio: Zu Politik, Geschichte und Kultur
Frankfurt 1980

Gregorovius, Ferdinand: Wanderjahre in Italien
München 1967 (4. Auflage 1986)

Greverus, Ina-Maria: Der territoriale Mensch
Frankfurt 1972

Greverus, Ina-Maria: Auf der Suche nach Heimat
München 1979

Greverus, Ina-Maria: Tradition der Traurigkeit und anarchische List. In: Giordano/Greverus (1986) a.a.O., S. 455-513

Greverus, Ina-Maria: Kulturdilemma. Die nahe Fremde und die fremde Nähe. In:Greverus/Köstlin/Schilling (1988) a.a.O., S. 49-57

Greverus, I.-M.; Köstlin, K.; Schilling, H. (Hrsg.): Kulturkontakt - Kulturkonflikt. Zur Erfahrung des Fremden. Frankfurt 1988

Grinberg, Léon und Grinberg, Rebeca: Psychoanalyse der Migration und des Exils. München, Wien 1990

Hamburger, Franz: Der Kulturkonflikt und seine pädagogische Kompensation. Mainz 1988

Harandt, Stefan: Schulprobleme von Gastarbeiterkindern. In: Reimann/Reimann (1987) a.a.O., S. 243-263

Harnack-Riaz, Belinda; Rohr, Barbara; Werdecker, Erika: Sottosviluppo und sottoequilibrio. In: Giordano/Greverus (1986) a.a.O., S. 367-398

Henseler, Heinz: Narzißtische Krisen
(2. Auflage) Reinbek 1980

Heydenreich, Titus: "Italien an Bord". Edmondo de Amicis als Reporter der Massenemigration. In: Zibaldone 2/1986

Hernando, Conchita: Wo liegt unsere Sehnsucht?
In: Biondi et al (1981) a.a.O.,S. 162

Hess, Henner: Mafia. Zentrale Herrschaft und lokale Gegenmacht
(2. Auflage) Tübingen 1986

Hof, Wolfgang: Der ferne Staat - Ein Mißtrauensvotum. In: Giordano/Greverus (1986) a.a.O., S. 345-366

Hoffmann, S.O. und Trimborn, W.: Die Bedeutung sozialer Faktoren für die Entstehung psychischer Substrukturen (Instanzen). In: Cremerius et al. (1979) a.a.O., S. 55-66

Hohmann, Manfred (Hrsg.): Unterricht mit ausländischen Kindern
(3. Auflage) Düsseldorf 1980

Hoppe, J.R.: Sie haben ja keine Ahnung! Elternarbeit In: Iben (1992a) a.a.O., S. 87-103

Iben, Gerd: Randgruppen der Gesellschaft
München 1971

Iben, Gerd (Hrsg.): Soziales Lernen. Praxishefte Bd. 4-6
Ravensburg 1980

Iben, Gerd: Verhaltensstörungen als abweichendes Verhalten
Hagen 1984

Iben, Gerd: Momente des Dialogischen und kommunikative Kompetenz - Versuch einer Zusammenfassung. In: Iben (1988) a.a.O., S. 356-369

Iben, Gerd (Hrsg.): Das Dialogische in der Heilpädagigik
Mainz 1988

Iben, Gerd (Hrsg.): Erzieheralltag (Ravensburg 1981)
(2. Auflage) Mainz 1992a

Iben, Gerd und Chassé, Karl August: Wir würden ja gerne, aber ... Über institutionelle Grenzen. In: Iben (1981) a.a.O., S. 82-85

Iben, Gerd; Drygala, Anke; Bingel, Irma; Fritz, Rudolf: Gemeinwesenarbeit in sozialen Brennpunkten
Weinheim/München 1992

Italiaander, Rolf: "Fremde raus?" Fremdenangst und Ausländerfeindlichlkeit - Gefahren für jede Gemeinschaft. Frankfurt 1983

Kammerer, Peter (Hrsg.): Italien. Menschen, Landschaften
Berlin 1988

Kienzle, Barbara und Galluzzo, Maria Theresa: Frauen gegen die Mafia
Reinbek 1990

Klitzing, Kai von: Risiken und Formen psychischer Störungen bei ausländischen Arbeiterkindern. Weinheim / Basel 1983

König, Karin: Tschador, Ehre und Kulturkonflikt
Frankfurt 1989

Kuhlen, Hans-Wilfried (Hrsg.): Ausländische Arbeiterfamilien in Hessen
Frankfurt 1986

Laing, Ronald D.: Das geteilte Selbst
(Taschenbuchausgabe) Reinbek 1976

Laing, Ronald D.: Die Politik der Familie.
(Taschenbuchausgabe), Reinbek 1979

Laplanche, J. U. Pontalis, J.-B.: Das Vokabular der Psychoanalyse Bd. 1 und 2. (3. Auflage) Frankfurt 1977

Larramendi, J.: Larramendi. In: Taufiq (1983) a.a.O., S. 106-112

Ligouras, Sissis: Familien zwischen zwei Kulturen.
Frankfurt 1981

Liguori-Pace, Rosa Maria: Analyse und Vorschläge zur Situation italienischer Schüler an Frankfurts Schulen. Manuskript, Ital. Generalkonsulat Frankfurt/M. 1983

Liguori-Pace, Rosa-Maria: Proposto per un'intervento a favore di alunni italiani per un migliore rendimento scolastico e per evitare il trasferimento nella Sonderschule f. Lernbehinderte. In: Dt. Institut für Fernstudien a.a.O., S. 171-180

Lüderwald, Detlev: Der Initiativausschuß »Ausländische Mitbürger in Hessen« - Aktivitäten und Argumente für ein gleichberechtigtes Zusammenleben von Ausländern und Deutschen. In: Kuhlen (1986) a.a.O., S. 185-242

Marino, Pasquale: Nostalgia. In: Abate (1987) a.a.O., S. 91-92

Mentzos, Stavros: Interpersonale und institutionalisierte Abwehr (2. Auflage) Frankfurt 1977

Miller, Alice: Am Anfang war Erziehung (Taschenbuchausgabe) Frankfurt 1983

Miller, Alice: Das Drama des begabten Kindes Frankfurt 1979

Miller, Alice: Du sollst nicht merken Frankfurt 1983

Mitscherlich, Alexander: Auf dem Weg zur vaterlosen Gesellschaft (13. Auflage) München 1980

Mitscherlich, Alexander: Die Unfähigkeit zu trauern München 1967

Monferrini, Mario: L'emigrazione italiana in Svizzera e Germania nel 1960 - 1975. Roma 1987

Moravia, Alberto: La Ciociara (Taschenbuchausgabe III. Edizione) Milano 1980

Mühlmann, Wilhelm Emil und Llaroya, Roberto J.: Strummula Siciliana Meisenheim am Glan 1973

Müller, Hermann: Überwindung von Sprachbarrieren Freiburg 1973

Müller, Hermann (Hrsg.): Ausländerkinder an deutschen Schulen Stuttgart 1974

Müller, Hermann: Deutsch für ausländische Kinder - Integrationskonzepte und ihre Auswirkungen auf den Sprachunterricht. In: Müller (1974) a.a.O. S. 158-170

Müller, Hermann: Sozialisation und Idividualität München 1977

Nagera, Humberto (Hrsg.): Psychoanalytische Grundbegriffe (Taschenbuchausgabe 2. Auflage) Frankfurt 1978

Namgalies, L., Heling, B., Schwanke, U.: Stiefkinder des Bildungssystems. Hamburg 1990

Naoum, Yusuf und Werkstätten Ffm (Hrsg.): Sehnsucht im Koffer. Frankfurt 1981

Narzi, Heiderose: Ausländerkinder an deutschen Schulen München 1981

Neise, Heinrich: Ausländische Jugendliche mit Lernschwächen in der Berufsschule. In: Reiser (1981) a.a.O., S. 140-152

Neuhaus, Herbert und Sargut, Sener: Ausländische Lehrer an deutschen Schulen. In: Müller (1974) a.a.O., S. 113-126

Niedermeyer-Ansaloni, Silvia: Schule und Umwelt der italienischen Grund- und Hauptschüler. In: Müller (1974) a.a.O., S. 42-49

Oestreich, Gisela: Elternladen Hamburg 1978

Ostermann, Anne U. Nicklas, Hans: Vorurteile und Feindbilder. (2. Auflage) München/Wien/Baltimore 1982

Pasero, Ursula: Familienkonflikte in der Migration. Wiesbaden 1990

Piaget, Jean U. Inhelder, Bärbel: Die Psychologie des Kindes. (Taschenbuchausgabe, 2. Auflage) Frankfurt 1978

Piccolo, Fruttuoso: Non c'è più posto. In Abate (1987) a.a.O., S. 107-108

Polynationaler Kunstverein: Lachen aus dem Ghetto. Katzenelnbogen 1985

Projekt Gastarbeiterkinder: Freunde und Fremde Gelnhausen 1983

Raith, Werner und Raith, Xenia: Süditalien und Sizilien Köln 1987

Reich, Hans H. Interkulturelle Erziehung als Partner pädagogischer Reform. In Bausinger (1986) a.a.O. S. 83-98

Reimann, Helga u. Reimann, Horst: Sizilien. Studien zur Gesellschaft und Kultur. Augsburg 1985

Reimann, Helga u. Reimann, Horst (Hrsg): Gastarbeiter. Opladen 1987

Reiser, Helga R.: Sonderschulen - Schulen für Ausländer? Berlin 1981

Reiser, Helmut: Dialog im Gruppenprozeß - Zur Vermittlung dialogischer Philosophie und pädagogischer Praxis. In: Iben (1988) a.a.O., S. 23-70

Richter, Horst-Eberhard: Eltern, Kind, Neurose (Taschenbuchausgabe) Reinbek 1969

Richter, Horst-Eberhard: Familie und seelische Krankheit Reinbek 1976

Richter, Horst-Eberhard: Patient Familie Reinbek 1970

Riemann, Fritz: Grundformen der Angst (13. Auflage) München 1978

Romberg, Alice und Wunderlich, Monika (Hrsg.): Testi d'emigrazione Bielefeld 1983

Ruhloff, Jörg (Hrsg.): Aufwachsen im frenden Land Frankfurt/Bern 1982

Sandkühler, Hans Jörg (Hrsg.): Europäische Enzyklopedie zu Philosophie und Wissenschaften. 4 Bände. Hamburg 1990

Sandhaas, Bernd (Hrsg.): Alphabetisierung und Grundbildung in der Bundesrepublik. Institutionen - Organisationen - Verbände. Stuttgart 1990

Sandhaas, Bernd (Hrsg.): Beseitigung oder massive Reduktion des Analphabetismus. Bericht zur Vorbereitung der 42. Internationalen Erziehungskonferenz Genf - September 1990.

Sandler, Joseph et al.: Die Grundbegriffe der psychoanalytischen Therapie. (2. Auflage) Stuttgart 1979

Scharff, Roland: Gegenwartsgesellschaften: Italien Stuttgart 1989

Schenda, Rudolf und Schenda, Susanne: Eine sizilianische Straße Tübingen 1965

Schirmacher, Annerose: Lernbehinderte ausländische Schüler. Weinheim 1989

Schmidbauer, Wolfgang: Die hilflosen Helfer Reinbek 1977

Schmidtke, Hans-Peter: Der Sonderschulüberweisung vorbeugen! Aufsatz in: Ausländerkinder 3/1980. Forschungsstelle Ausländische Arbeiterkinder an der PH Freiburg

Schmidtke, Hans-Peter: Förderung verhaltensauffälliger Ausländerkinder. Düsseldorf 1980

Schmidtke, Hans-Peter: "Sonderschulüberweisung/Sonderschule" In: Auernheimer (1984) a.a.O., S. 289-292

Schmidtke, Hans-Peter: "Tests, sprachunabhängige" in: Auernheimer (1984) a.a.O., S. 323-324.

Schneider, Georg: Roccamena - luogo di divertimento / Vergnüglicher Felsenort. In: Giordano/Greverus (1986) a.a.O., S. 53-76

Schnorr, Ilse H.: Probleme der Beobachtung von Lernstörungen bei ausländischen Kindern. In: Hohmann (1980) a.a.O., S. 319-333

Schrader, Achim et al.: Die zweite Generation (2. Auflage) Königstein 1979

Schulte, Axel: Produktive Rückkehr? Berlin 1986

Schulte, Axel; Müller, Monika; und Vink, Jan: Ausländer in der Bundesrepublik. Frankfurt 1985

Scuola di Barbiana: Lettera a una professoressa Firenze 1967. (Übersetzung: Die Schülerschule. Brief an eine Lehrerin. 2. Auflage, Berlin 1980)

Searle, Chris: Mein Lehrer ist wie ein Panzer Berlin 1975

Selvini-Palazzoli, Mara et al.: Der entzauberte Magier. Stuttgart 1978

Selvini-Palazzoli, Mara et al.: Paradoxon und Gegenparadoxon. (2. Auflage) Stuttgart 1978

Spitz, René A.: Vom Säugling zum Kleinkind Stuttgart 1976

Stasio, Giannino Di (Hrsg.): Ti sono scritto questa lettera. Milano 1991

Sternecker, Petra: Kulturelle Identität und interkulturelles Lernen. Opladen 1992

Stierlin, Helm et al.: Das erste Familiengespräch. (2. Auflage) Stuttgart 1980

Stierlin, Helm: Delegation und Familie Frankfurt 1978

Stierlin, Helm: Von der Psychoanalyse zur Familientherapie. (2. Auflage) Stuttgart 1979

Stirn, Hans: Ausländische Arbeitnehmer in der Bundesrepublik Opladen 1974

Stölting, Erhard: Goldene Stadt und arkadische Heimat. Mechanismen im Emigrationskurs. In: Zibaldone 2/1986

Tagung: "Funktionaler Analphabetismus. Fakten - Zahlen - Strategien". Bern, 24.09.86

Taufiq, Suleman (Hrsg.): Dies ist nicht die Welt, die wir suchen. Essen 1983

Terranova, Giovanna: Vom Opfer zum Engagement. In: Kienzle/Galluzzo (1990) a.a.O., S. 23-40

Tomaselli, M. in: Comitato Assistenza Scolastica Italiana (Co.As.Sc.It.) Frankfurt: Projekt Psychoanalytisch/pädagogische Nachhilfe für italienische Kinder. (2. überarbeitete Auflage) Frankfurt 1982

Treibel, Annette: Migration in modernen Gesellschaften Weinheim/München 1990

Trimborn, W.: Der progressive Abwehrcharakter des Über-Ichs. In: Cremerius et al. (1979) a.a.O., S. 97-143

Tsiakalos, Georgios: Kulturrassismus in der Erziehung. In: Italaander (1983) a.a.O. S. 207-211

Ude-Pestel, Anneliese: Ahmet - Geschichte einer Kindertherapie. München 1981

Vink, Jan: Außerschulische Sozialisationshilfen. In: Hohmann (1980), a.a.O., S. 334-352

Vink, Jan und Wennekes, Renate: Vorschulische Erziehung. In: Hohmann (1980) a.a.O., S. 216-234

Vivanti, Corrado: Zerrissenheit und Gegensätze. In: Argan/Romano (1980) a.a.O., S. 139-225

Watzlawick, Paul: Anleitung zum Unglücklichsein München 1983

Watzlawick, Paul: Die Möglichkeit des Andersseins Bern/Stuttgart/Wien 1977

Watzlawick, Paul: Wie wirklich ist die Wirklichkeit. (19. Auflage) München 1991

Weidacher, Alois U. Lopez-Blasco, Andres: Ausländerpolitik und Integrationsforschung in der Bundesrepublik. München 1982

Wilpert, Czarina.: Die Zukunft Der 2. Generation Königstein 1980

Winnicott, Donald Woods: Die therapeutische Arbeit mit Kindern. München 1973

Winnicott, Donald Woods: Kind, Familie und Umwelt. München/Basel 1969

Zambonini, Gualtiero: Anmerkungen zum muttersprachlichen Unterricht. In: Hohmann (1980) a.a.O., S. 209-215

Zibaldone - Zeitschrift für italienische Kultur der Gegenwart Nr. 2. München 1986

Zimmermann, Emil: Emigrationsland Süditalien Tübingen 1982

Zografou, Andreas: Zwischen zwei Kulturen Frankfurt 1982